SD選書259

人間主義の建築

趣味の歴史をめぐる一考察

ジェフリー・スコット＝著
邉見浩久＋坂牛卓＝監訳

鹿島出版会

Architecture of Humanism: A study in the history of taste
by
Geoffrey Scott
Original English edition published 1914
by Constable, London
Published 2011 in Japan
by Kajima Institute Publishing Co., Ltd.,

訳者まえがき

一九一四年初版の本書は版を重ね現在まで読み継がれてきた古典建築を読み解く名著のひとつである。初めて本書を手にする読者へ本書の概容を伝える意味で建築史家デヴィッド・ワトキン（一九四一〜）による一九八〇年版の序文を紹介したい。ワトキンはそこで本書の要点を以下の四点にまとめている

① 一九世紀に建築を説明、正当化するための根拠として用いられるようになった倫理学、生物学、力学を誤謬として批判。
② 感情移入心理学に基づく建築美学を紹介。
③ バロック建築を理想的な人間主義建築原理の表現である措定。
④ 建築を空間という観点から解釈。

これらのなかで最も重要なポイントは①である。それは①こそが本書全体の論理的骨格をなすたて糸のようなものだからである。一方、②から④は当時の美学・芸術学のトピックをなす項目であり、本書を理解するうえで欠かせないよこ糸のようなものである。そこでまずこれら

のよこ糸をスコット自らその著作を参考にしたと明言する美術史家ハインリヒ・ヴェルフリン（一八六四〜一九四五）との関係を示しながら瞥見しておきたい。

② 感情移入美学を体系化した立役者はテオドール・リップス（一八五一〜一九一四）といわれている。しかしリップスの主著『心理学入門』が一九〇三年に著される二十年近く前の一八八六年にヴェルフリンはすでに『建築心理学序説』を博士論文として著し、建築における感情移入理論の嚆矢を切り開いている。スコットは本書において心理学的な観点からの建築の読み解きを随所で行っている。

③ バロックの評価がヴェルフリン初期の主著『ルネサンスとバロック』（一八八八）で初めて明確に位置づけられたことはよく知られるところである。また後期の主著『美術史の基礎概念』（一九一五）ではバロックとルネサンスの芸術的特質が対比的に論じられている。一方、スコットは本書でバロックをルネサンスの延長――ルネサンスの衰退ではなく古典建築の一変奏――として評価していた。これは両者の間に形式差を見いだそうとするヴェルフリンの姿勢とはやや異なるものの、バロックを評価する点では類似のものである。

④ 建築の特質を空間によるとする見方は コンラート・フィードラー（一八四一〜一八九五）、アドルフ・フォン・ヒルデブラント（一八四七〜一九二一）、ヴェルフリンへと続く一連のドイツ形式主義の流れに乗るものである。スコットは「空間」「量塊」「線」などの建築の形式的側面を重要視している。

以上のとおり、本書のよこ糸を織りなす三つの項目のすべてが当時のヴェルフリンの仕事と並行に位置づけられることは留意しておいてよいだろう。

さて本書のメインテーマともいえる①に話を戻してみたい。つまり本書の出版時である二十世紀初頭において建築を説明するうえで主流だった倫理、生物学、力学を誤謬として批判したことについてである。ワトキンのまとめには明記されていないが批判には続きがある。スコットはこうした説明概念が建築に外在する要因であり、本来建築に内在する設計者の感性などが等閑視されていている点を問題としたのである。

二十世紀初頭のこうしたスコットの批判は半世紀後にデヴィッド・ワトキンに受け継がれる。ワトキンは主著『モラリティと建築』（榎本弘之訳、鹿島出版会、一九八一、原著一九七七）において、十九世紀後半のゴシック・リヴァイバルから二十世紀後半までの建築家、美術史家などの言説を概観した。その結果それら説明原理が建築領域の外側に求められていることを指摘し、次の三項目を示した。

一　宗教・社会学・政治的解釈
二　時代精神による解釈
三　合理的、あるいは技術的な正当化による解釈

そして建築の創造過程における建築に内在する原理（建築家の美学や建築の歴史など）の存在が隠蔽され、外在要因で説明し尽くされることの虚偽性を批判した。

外在要因による説明と内在要因の隠蔽という二重性への批判をワトキンはスコットから引き

継いでいる。加えて外在要因の内容は半世紀の時間によって変化してはいるものの、共有する部分も多く見てとれる。スコットはモダニズムが始まらんとした時代にゴシック・リヴァイバルを仮想敵として闘いを挑んだ。ワトキンは主としてそれに続くモダニズムと闘った。二つの様式は理性の建築という意味で連続しており、そこにスコットとワトキンをつなぐ糸が見え隠れする。

ではワトキンから約三十年、スコットから約百年を経た現在、すでに述べた二重性の状況は変化したのだろうか？　おおざっぱにいえば「否」である。建築は相変わらずその外在的条件で語られる部分が少なくない。しかし一世紀前にスコットが着目した三つの要素が現在でも同様に扱われているわけでもない。生物学、力学、倫理学のなかで生物学、力学は建築が科学への憧憬の念を抱いていた二十世紀初頭においては強い意味を持ち、ワトキンの言う合理性、技術性へと連続した。しかし二十一世紀の現在においてそれらはかつてほどの強い意味を持ちえない。また倫理というのは社会の理でありワトキンのあげたすべての項目に少しずつ重なる。そしてこれは二十一世紀にかけて大きな変化を見せている。

この変化の意味を示す一冊の本がある。ジョージ・マイアソン著、野田三貴訳『エコロジーとポストモダンの終焉』（岩波書店、二〇〇七、原書、二〇〇一）である。本書の主旨は以下のようなものである。モダニズムとは強い倫理観があった時代のイズムでありポストモダンはそうした倫理が薄れた時代だった。しかし昨今、再びエコロジーと言う抗えない倫理観が登場した。それは第二のモダニズムの到来に等しくその意味でポストモダニズムは終焉したというものである。

　現在われわれは理性の時代の残滓に加えエコロジーという概念を受け取った。そして多くの建築家がそれを錦の御旗に掲げ設計を進めている。エコロジー・コンシャスであることはもちろん現代において重要なことである。ただし危険なのはそのことが建築の必要条件ではあっても十分条件ではないことを忘れてしまうことである。われわれはスコット、ワトキンに指摘された建築解釈の二重性に横たわる虚偽を再度確認し、強い倫理観によって見えにくくなる建築の本質を再考せねばなるまい。

　一世紀前、建築は理性的外在条件に大きく依存した。そしてその条件が翳りながらも継続する現代において新たな倫理観が付加された。こんな時代だからこそ、われわれは建築を建築の外からだけではなく、敢えてもう一度その内側から熱い情熱でのぞいてみる必要がありそうだ。説明しやすい理性的な乾いた言葉を並べて建築をわかったつもりになるのではなく、言葉にならない言葉を模索しながら自らの感性の上をどう歩いたらよいのかを見つめ直す時期かもしれない。本書はそのヒントを与えてくれるはずである。

坂牛卓

凡例

・（　）……原書の（　）を表す。
・「　」……原書の（‘ ’）、記事、論文のタイトルを表す。
・『　』……原書の引用符中の引用符（“ ”）、および書物、紙誌のタイトルを表す。
・〈　〉……原文において大文字で始まることによって強調された語を表す。
・〔　〕……訳者による補足を表す。
・原書のイタリック体による強調は傍点、一部ゴシック体を用いた。

本文ＤＴＰ＝舟山貴士

著者まえがき

この書物の射程については、若干の説明を要するだろう。というのも、ごく単純な目的から出発したこの書物は、いささか複雑な問題へと発展していったからだ。私の当初の意図は、建築における古典的デザインの主要な諸原理を定式化することにあった。だが、いまだその真実に納得していない人々にとって、われわれの思考の現状においていかなる芸術理論も説得力を持っておらず、ましてや明確ですらないということに私はすぐに気づいたのだ。

現状では、建築に関する趣味というものは欠落しているのかもしれない。それに対し、不幸なことに、建築にまつわる意見はいささかも欠けていない。建築は「その用途を表現」していなければならない、「あるがままの構法を表現」していなければならない、「それが用いている材料を表現」していなければならない、(それが気品のあるものであるか否かを問わず)「国民の生活を表現」していなければならない、(それが国民的であるか否かを問わず)「気品のある生活を表現」していなければならない、あるいは、職人の気質、ないし所有者の、建築家の気質を表現していなければならない、あるいはその反対に、建築は「学術的」でなければならず、これらの諸要因から周到に距離を置かなければならない、とも言われる。建築は左右対称でなければならない、とわれわれは教えられてきたし、それは絵画的《ピクチュアレスク》でなければならない――つまり、何にも増して非対称的でなければならない、とも教えられてきた。建築は「伝統的」で「学術的」でなければならない、すなわちギリシアの、ローマの、中世の、あるいはジョージ王朝時代の建築家たちによってすでにつくられたものに似ていなければならないとも教えられてきたし、それは「独創的」かつ「直感的」でなければならない、すなわちこのように似てしまうことをどうにかして回避せねばならない、とも教えられてきた。あるいはさらに、これらの相反する諸要素の間でなんとか満足のいく妥協点を見いださなければならない、などなど、こうした意見が無限に続くのである。

もしもこれらの公理が明らかに誤りであるのだとしたら、これらを退けるのは容易である。また、もしもこれらの公理が十分に筋の通った理論に基づいているのだとしたら、これらについて議論するくらいは容易なことだろう。しかし、そのいずれも当てはまらない。われわれは「十分に筋の通った」理論というものをほとんど手にしておらず、この先で見るように、それらは説明されるべき諸事実とははなはだしく食い違っているのである。われわれは、さまざまな建築的慣習、伝統の破片、気まぐれや偏見、そして何よりも、多かれ少なかれもっともらしい公理の寄せ集めの中にある。これらの公理は、欺瞞的かつ相互に無関係で、批判されることもなく、しばしば矛盾している。こうした状況では、どんなに悪い建物でも少しの工夫があれば正当化できるし、どんなによい建物ももっともらしく非難できるのである。

このような状況においては、議論することなどほとんど不可能だし、批判が独断的になるのも致し方ないことだ。けれども、独断的な批判は不毛である。そして、いかなる価値基準をも欠いた建築の歴史もまた不毛である。

もしわれわれがこの問題をより明瞭に理解しようと思えば、ア・プリオリな美学から趣味の歴史へと、そして趣味の歴史から観念の歴史へと促されるように私には思われる。つまり、趣味と観念の真の関係、そしてそれぞれがお互いに及ぼす影響を適切に評価できなかったことに、われわれの現在の混乱が起因しているということである。

したがって、私はこの本が扱う非常に限定された領域において以下の探究を試みた。つまり、われわれの見解の博物誌をたどり、それら固有の前提がどれほど正しいか誤っているかを理解し、もし誤っている場合にはなぜ依然としてそれらの見解がもっともらしく、影響力が強く、多くの人々にとって説得力を持ちえているのかを説明することである。

この試みは、最初の問いからは遠い道のりをたどることになる。しかし、私はこの探究は絶対に必要なものだと信じており、ひとつの論点のみという厳格な制限のなかにその探求をとどめようと努めてきた。これらの点については、読者の判断を仰ぎたい。

この研究がイタリア・ルネサンスの文化にかかわる以上、私は、全ての学徒がそうしなければならないように、まず第一にブルクハルトにその議論を負うている。また、ヴェルフリンの『ルネサンスとバロック』からも示唆を受けた。そして、バーナード・ベレンソン氏との友情に、それを共有したものしか理解しえない刺激と激励を負うている。大英博物館のフランシス・ジェキル氏は、丁寧に私の草稿を校正してくださった。

テルメ通り　五番地　フィレンツェ

一九一四年　二月十四日

第二版まえがき

巻末のエピローグに私がこの第二版においてつけ加えようと考えたことが含まれている。テキストについては多少の変更がなされた。しかし、これらは本書の議論に影響するものではない。

G・S

一九二四年　三月

目次

訳者まえがき……3
著者まえがき……9
序章……17
第一章　ルネサンス建築……31
第二章　ロマン主義的誤謬……51
第三章　ロマン主義的誤謬（つづき）　自然主義とピクチュアレスク……77

第四章　力学的誤謬……105
第五章　倫理的誤謬……131
第六章　生物学的誤謬……175
第七章　アカデミズムの伝統……197
第八章　人間主義の価値……221
第九章　結論……253
エピローグ　一九二四年……263
訳者あとがき……273
索引……288

序章

「よい建物は、用〔Commodity〕、強〔Firmness〕、美〔Delight〕の三つの条件を満たす」。英国の人文主義者*1のこの言葉から建築の理論を展開することができよう。建築は三つのそれぞれ別個の意図が収束した点である。それらはひとつの方法論に融合され、ひとつの結果のなかで成就する。しかしそれぞれの性質においては、深く、変わることのない差異によって区別されている。建築批評は、その展開において不明瞭なものにさせられてきた。批評は、その芸術〔建築〕に関して異様なほど多彩な理論を構築してきたし、それが言明する意見はこのうえなく矛盾に満ちていた。その失敗を招いた要因のなかで最も重大なものは、建築では現実的にありえない目的の統一性を無理強いしようとしたことである。建築の批評は、「用、強、美」の三つの価値の間を不安定に揺れ動いた。そこでは、それぞれの価値を必ずしも明確に識別することなく、相互関係についての発言もまれで、またそれらによって生じる影響に関して最後まで探求することもなかった。それはあるときはこちらへ、また別のときはそちらへと傾き、これらの同一基準で測ることのできない美徳をさまざまな点で、その場しのぎの折り合いをつけた。

このうえなく複合的な芸術としての建築は、批評家が研究に取り組むにあたってのさまざまな道を提供すると同時に、その目指すべきものを避ける機会も多く提供する。この分野における新たな研究を始めるにあたって、衒学的と見なされようとも、これらの道がどこへ向かっているかを明確にすることが望ましいだろう。

建築は「強〔強靭さ〕」を必要とする。この必要性によって、建築は科学ならびにその規範との関連の下にある。建造物にかかる力学的な拘束は、その成長を細かに制約してきた。推力と均衡、圧力とその支持は建築が用いる言語の根幹にある。大理石、レンガ、木、鉄それぞれに固有の性質がその形状を形づくり、できることの限界を設定し、またその装飾的ディテールすらもある程度規定してきた。あらゆる側面において、建築の研究は物理学、静、動双方の力学に直面するのであり、それらはデザインに示唆を与え、制御し、正当性を付与する。したがって、われわれは建物に材料特性や物質の法則の論理的な表現を自由に探し求めることができる。これらなしでは、建築は実現不可能であると同時にその歴史も解読不能となってしまう。材料特性や物質の法則に関して言うと、もしわれわれがそれをつねに最重要特性であると見なし、それらに建築の歴史の記述だけでなく、建築そのものの価値を判断することを求めることになれば、建築は建設上の事実の表現ならびに建設上の法則への適合性において、それをいかに正確かつ誠実に表現しているかによって判断されることになる。それこそが、建築における科学的基準であるといえよう。それは建築が科学と関連する範囲での論理的な基準であるが、それ以上の何物でもない。

しかし建築には「用〔有用性〕」が求められる。建築そのものに内在する首尾一貫性、すなわち抽象的な建設の論理にこたえれば十分というわけではない。建築は建築の外部にある要求にこたえるために誕生したものである。それも、建築史のひとつの事実である。建築は人間のさまざまな使い方に従属するものである。すると、政治と社会、宗教と典礼、民族の大きな移動と彼らが日ごろ従事していることなどの要素がただちに観察の対象となる。これらが、建てられるべきものと、そしてあるところまでその方法を決定する。このように文明の歴史は、建築のなかにきわめて無意識であるがゆえにもっとも正確な記録を残す。さて、もし建築を力学法則の表現として捉えることが正当であるのならば、同様に建築のなかに人間の生活の表現を見ることもちろん正当である。これは科学とはまったく異なる価値基準を提供することになる。建物は、それが満たすべき実用的な目的の達成の度合いによって評価することができる。あるいはその自然な帰結としてその目的そのものの価値、すなわちそこに反映される外的な役割によって評価することができる。これらは実際には二つの大きく異なった論題である。後者には、前者が回避した精神への言及が含まれているが、両者とも、ウォットンが「よい建物のための条件」のなかで有用性と称した、建築と生活とのつながりから必然的に発生している。

そして建築には「美〔喜び〕」が求められる。実用的な目的とそれらの力学的な解決に織り交ぜられた三つ目の異なる要素、すなわち美に対する無私な欲求の痕跡を建築に見いだすことができるのはそのためである。確かに、この欲求はその頂点においてもなお純粋に美学的な結果には至らないが、それは実用から発生する具体的な原則に対応しなくてはならないからである。とはいえそれは純粋な美的衝動であり、建築が同時に満たすであろうほかの衝動とはまったく性質の異なるものである。それは建築が芸術と見なされる根拠ともなる衝動である。それはまったく別の本能である。時にはそれは強〔強靭さ〕や用〔有用性〕の原理からの示唆を取り入れ、またあるときはそれに逆らったり、そういった原理に決定された形態に不都合を感じたりする。それは独自の基準を持ち、みずから判断することを主張する。したがって、いかなる建築様式においても、この美的衝動がどこまで体現され、どの程度成功したかを問うことができる。どこまで、というのは、ほかの芸術では当然のごとく制約なしに働いている本能が、このより複雑かつ制約のある表現手段において、みずからの表現にどれくらい成功したかということである。そしてさらにわれわれは、美的本能のうちに、この制約のある表現手段においてのみ唯一独特な表現をもたらすようなものがないかどうかを問いかけることができる。これこそが建築を厳密な意味で芸術として研究することである。

ここに示したのは、三つの「よい建築のための条件」とそれぞれに対応する三つの批評のあり方と三つの思考の領域である。

では、実際のところ結論はなんであろうか。われわれの研究における素材となるデータは確かに豊富にある。建築の統計、実在する作品の歴史、それらの形、規模、作者は、長きにわたってもっとも高い学識をもって研究されてきた。しかし、ここでわれわれが歴史ではなく批評の提示を求めるとき、すなわちそれら自身から、あるいは相互の比較のなかから、これら芸術作品の価値とは何かを知ろうとするとき、あるいはなぜそれがある特別な注目に値すると見なされるのか、あるものがほかのものよりその注目に値するのはどういった根拠からなのかを知ろうとするとき、即座に数多くの回答を得ることができるだろうが、それらはまったく一貫性のあるものでも明確なものでもない。

建築の批評には二つの種類がある。ひとつは基本的に歴史的な立場にとどまるものである。それは過去の様式が誕生した条件を記述することで満足している。それは実際のところ建築が支離滅裂で、その一部は偶然による現象であることを受け入れており、その現象の評価にあたってもそれと同じくらい支離滅裂で偶発的な手法を用いる。それは三つの思考の領域を行き来し、その対象を時には科学、時には芸術、時には生活へと関連づける。それは、ある建物を建設技能によって評価し、別のものにはリズムとプロポーションの基準を当てはめ、さらにもうひとつには実際に役立つかどうかという基準、または施工者の精神的衝動を適用するといったように、これらを同一平面上で扱う。多様かつ基準が異なったままにとどまるこうした要素の寄せ集めは、全体的な評価や正確な様式比較を提供することができない。

確かに、歴史的事実として、建築は特定の先験的《ア・プリオリ》な美学にしたがって出現したわけではない。それは人類の現実的な要求を中心に成長し、それらの要求を満たすなかで、まずは力学的法則の執拗な主張によって、また今度は気まぐれな美の探究によって紆余曲折してきた。しかし、ここにおける建築家の問題と批評家のそれとは本質的に異なるものである。建築家の仕事は総合的である。彼はわれわれの三つの「よい建物のための条件」を同時に考慮に入れ、それぞれの要求の間に適当な和解が保てるようなんらかの妥協点を見いださなくてはならない。それに反して、批評家の任務は分析である。彼はそれぞれの領域における理想的な価値基準を見いだし、明確にし、堅持しなくてはならない。このように建築における三つの基準は、実践においては合体しているが、分離可能であり、思考のなかでは別々でなくてはならない。歴史学的なタイプの批評において、理想的で一貫した分析を採用できないのは、建築の実践が必然的に一貫性を欠き理想的なものでなかったからだという不十分な理由が挙げられている。これらの批評のすべてが誤解を招くものであるというわけではない。むしろその欠点は、往々にして批評が実を結ばないというところにある。その判断は個々において正確かもしれないが、固定的な立脚点を採用することをしないので、大局を提示することができない。それは単純でもなく、包括的でもなく、一貫性に欠けるものである。したがって、それは様式の理論を提供することができない。

二つ目のタイプの批評はより危険である。それは単純化のために建築の趣味におけるいくつかの「法則」を規定する。たとえばそれは、建築におけるよい設計は、「建物に意図された役割を表現すべきである」、「建設にあたっての事実を忠実に表現すべきである」、あるいは「高貴な文明の生活を反映すべきである」などと主張する。そして、こういったもっともらしい仮説を立てた上で結論へと論を一気に進め、主張を補強する事例を詳論し、これを一貫した主張とするためにその理論が確認できないすべての建築を糾弾する。このような全面的な拒絶は、その著者同様その読者にとって痛快なものである。それは主題を非常に単純化する。そこには一応論理が表現されている。しかしそれは、それが糾弾すべきと判断した様式が現実に創造され、そして称賛されてきた理由を説明できない。流行は、必然的にこれらの欠点のない議論に背くことになる。なぜなら一度真に気に入られたものは往々にして再び気に入られるものだからである。芸術とその楽しみは非難された道をうろたえることなく歩み続ける。そして批評に委ねられるのは、それらを是認するものを見つけることである。できれば、最初のものと同じくらい、簡潔で論理的で不十分な、何か新しい理論のなかで。

批評の真の任務は、実際に感じられるような美的快を理解し、その理解からなんらかの規則や結論を導くことにある。しかし、いくら論拠を並べ立てても美的体験を創造することはできないし、それを解消することもできない。なぜなら諸芸術の目的は論理ではなく、喜びを与えるところにあるからである。したがって、建築の理論には論理が必要であるが、それ以上に必要とされるのが美に対する自律的な感覚である。残念ながら自然はこれらの性質を結びつけるのにはきわめて消極的だと思われる。

混乱の余地があるのはむろんのことである。建築における「喜びの条件」、すなわち建築の芸術としての価値が存すると考えられるものは、建築の強〔強靭さ〕や用〔有用性〕のなか、あるいはその両方のなかかもしれない。またそれは、それらに従属した別の何か、あるいはまったく独立したものなのかもしれない。いずれにせよ、これらの要素は一見して、はっきりと識別できるものである。それらの間に事前に確立された調和が存在すると考える自明な理由はなく、したがってすべてに余すことなく適用できる完璧な建物の原理が規定できるわけではない。そしてそういった原理原則がないなか、芸術が科学や実用性に対して行うべき譲歩について独断的に宣言することは勝手なふるまいである。これらの一見異なる価値観が実際には釣り合いの取れるようなものであることが証明されない限り、三つの独立した批評の枠組みがあるべきだろう。第一は建設に基づき、第二は利便性、そして第三は美学というように。そうすればそれぞれは合理的で、完結したものとなり、おのおのの領域のなかで正当なものとなることができるだろう。現在確実に不足しているもの、すなわち趣味の歴史によって即座に否定されてしまうことのない建築理論のためのデータは、このようにして徐々に獲得されるのかもしれない。

もっかの研究はその歴史の一節を説明することを目的としている。それは限定された時代の建築を単一の視点から取り扱うものである。

それは、ある一定の明白な統一性があらわれた時代である。それは、十五世紀のブルネレスキの手による古典主義的な形態の復興から、四〇〇年後のゴシック運動の復活によって輝きが失われるまで続いた。古い中世主義とその復興が、われわれの主題の境界を指し示す。この間の四世紀、建築史のうえでこの二つの点ほど、はっきりと歴史の流れを分断する裂け目は他になかった。そして、その二点の間には、真の意味での停止点はない。「ルネサンス建築」という用語は、元来はこの初期の段階以外を指し示すことはなかったが、次第にこの期間全体の作品にまで拡大適用されることは自然の流れであった。

この期間に、目的が反対であったり、印象が相反するさまざまな建築様式が次々と出現したことは確かである。しかし、これらが論争するにあたって採用していた言語はひとつであり、そこで用いられた方言は、すべて似通ったものであった。そしてそのどの時点においても、それらが偉大な伝統を共に参照し、ある観念の複合体に誰もが参加しているという点においては、後から来るものが前に起こったことと関連性がないとは言えない。プリミティヴ、古典、バロック、アカデミック、ロココといったこれらいくつかの局面はその最盛期において互いに相容れないものであるかのように見えるが、往々にしてそれらは前後の段階的な変化を経て成長したものである。それらを分ける境界は、不思議なことに規定することが難しい。それらは、実際のところ、連続したひとつのまとまりとして読まれるような、建築における完結したひとつの章を形成する。しかし、われわれの研究の始点と終点では建築の連続性が徹底的に断たれている。フィレンツェのパッツィ家礼拝堂の建設は、過ぎ去った中世との明確な断絶を表している。この建設とともに、根本では放棄されることのなかった伝統が甦り、それは十九世紀において伝統主義自体が排斥されるまで続いた。

われわれは、ルネサンス建築発祥の地であるイタリアにおける、この伝統を追跡調査することにする。十七、八世紀フランスや、あるいはそこまではいかないにしろ英国ジョージ王朝時代も、同じ様式の建物のすばらしい事例を提供してくれるだろう。イタリアでの実験は、より望ましい環境にあったフランスの建築家が一連の、ある意味においてより豪華で、確実に洗練された完成度の高い様式を生み出すことを可能にした。しかし建築的なエネルギーがもっとも濃密で、いきいきとしていて、かつ独創的な場所を観察しようとするならば、われわれはイタリアに目を向けなくてはならない。そして、ルネサンス建築の歴史ではなくその原理を扱おうとする研究においては、その範囲をこのように限定するほうが好都合である。

その統一性と意図をもっとも効果的に明らかにするには、この建築をどのような視点から審査するべきであろうか。その時代の全般的な調査がそれを判断する根拠を示してくれるであろう。そして力学的な分析や社会的な分析はルネサンス建築の数多くの側面に光をあてるだろう。しかし、その歴史を判読可能にし、われわれの喜びを完全なものとしてくれるのは、もっとも厳密な意味での美学的分析のほかにはない。もしこの建築的伝統の単なる偶然の出来事ではなく、その本質が認識され、そしてそこでその考えを完全に曲解していないある推測が得られるとすれば、そのときの分析の立脚点は一貫して保持されなければならない。以下ではこの結論に至る理由を見ていくことになるであろうが、ルネサンスの建築を構造の原理に基づく実用的な要求の結果として研究することが可能である一方、それを美的法則に則った美的衝動として研究することは必須である。そしてそれが最終的に正当化されるか、非難されるかは美学的批評によってでなくてはならない。つまり、それは芸術として研究されなくてはならないのである。

しかしながら、ここにこそ難しさの核心がある。建築の科学や歴史の研究はその手法になんら異論がないものである。しかし建築の、ここで言う厳密な意味での芸術的側面に関しては、ひとつとして合意事項が存在しない。なぜなら、何度となく解決済みとされてきた事柄がことを難しくするからである。あまりにもたくさんの建築美の定義がすでにその主張を立証し、人気を謳歌し、反対者を挑発してきた。そしてそれは、芸術の語彙にその偏見、愚弄、混乱の遺産を残していった。建築においては、公正に判断を下したり、はっきりと見ようとしたりする試みはそれほど頻繁に行われることではなく、際立ったものでもなかった。そして、仮にそれを試みたとしても、そこで使わざるをえない用語は誤用によって硬直し、そこで想起される展望はうんざりするような議論を取り巻くあらゆる先入観によってゆがめられてしまっている。われわれは過去の論争の残骸を引き継ぐだけではない。それらの論争そのものがより英雄的な戦いの粉塵によって霞み、詩や道徳、哲学、政治そして科学の騒々しい喊声に満ちているのである。なぜなら、以下のことは残念ながら事実だからである。すなわち、往々にして芸術に対する考え方は、より刺激的で切実な関心事に対する人間の考え方の移り変わりのなかの偶発的な出来事、あるいはその帰結にすぎない。純粋に技術に関する事柄を除けば、いまだ建築は建築そのものとして真剣に研究されたことがない。それゆえ建築に関するごく単純な見解でさえも、不明瞭な思考からなる歪んだ環境のなかから生み出されている。芸術以外の分野において正しく、歴史的にもそういった分野で発生した公理が、一連の誤った類推によって、建築の分野にまで拡張されてきた。こういった未分析で相互に一貫性を持たないこれらの公理は、われわれの実際の体験をその源において混乱させる。

ゆえに、その混乱の全貌をたどり、可能であればそれを修正するということが、本書の第一の目的である。古く、亡霊のような教条主義の、死滅しているにもかかわらずいまだ振り払えない論争の賽の河原へとわれわれは立ち入っていく。これらの存在はほとんど気づかれることがないので、批評家の意見にもっとも効果的に影を落としていく。いままさに、これらの亡霊を封じるか、もしそうしないのであれば、必要とされるより精緻な思考という献酒を供えて、真の意味で生き返らせるときが到来したのである。

そうなれば、ルネサンス建築の基礎となった美学的価値に関する記述を、より誤解の恐れが少ない仕方で試みることが可能になってくる。

この「人間主義の建築」を具体的に細かく追跡し、ここで概説される原理がイタリアの建設者達の実践によっていかに裏づけられているかを確認し、それらが次第に発見されていく様子を確かめるのは、別の巻での作業となるであろう。

＊1　Sir Henry Wotton, *Elements of Architecture*. 彼はここでウィトルウィウスの第一書の第三章を翻案している。

第一章　ルネサンス建築

ヨーロッパ建築は、われら西洋文明が古典主義の支配下にあった諸世紀に、驚くべき多様性と簡潔さと力強さを備えた諸段階を途切れることなく連続して経験してきた。これはイタリア建築にこそあてはまった。〔たとえば〕ブルネレスキの形態は、大胆な様式回帰によってイタリアの建物を北方の異質な伝統から解放したとおり、熟達していた。しかしそれから二世代を経てしまうと、それは若干のためらいを含んだ、ブラマンテのより決定的な芸術にとっての前兆にすぎないとみえる。そのブラマンテの手法はほとんど主張されず、古典的プロポーションの安定と平衡もほとんど達成されなかったが、それは、その精妙な調整をする間もなくミケランジェロを源とする奔流に押し流されてしまったからである。イタリアが舞台となったこれ以降の創造の醸成の過程において、巨匠はさほど重要ではない。パラディオはイングランドの古典的建物に規範を与え、われわれにとって古代の建物の最上の解釈者となる運命にあったが、その彼もここでは競合する諸信念のなかの一時的な立場をなしたにすぎない。彼の形態への探求が情熱的だったとしても、創造の活力が依然として極度に荒れ狂った時代にあってそれはあまりに反動的だったし、その帰結もあまりに学究的で型にはまっていた。この乱流のために、迅速ではなく、いきいきとした魅力もない芸術はみないまや遅れをとらざるをえなかった。サンミケーリが予示したような、計算づくの抑制の建築が長く注意を集められた時代は去ってしまった。さらにペルッツィの芸術は決して尽き果てぬ可能性に富んでいたにもかかわらず、追求されぬまま死に絶えたようだ。いわばそのテンポが遅すぎ、その興趣もあまりに控えめだったからである。ヴィニョーラはあるいはこれらの建築家より強かったかもしれないが、遠からずベルニーニの前に忘れられる。建築は構造と装飾という理念をめぐる論争の場となり、その肥沃な葛藤から、急速に飽きてしまう趣味を楽しませるべく、新たな発明がつねに現れようとする。流行は死ぬ。しかしルネサンスそのものは、みずからが生み出したいかなる力にもまして圧倒的であり、自身の勢いを生み、自己破壊的かつ自己再生的な、生来のほとんど放縦なまでの繁殖力によって先に進むのだ。

われわれはここで、大胆かつ衒学的な建築の時代に、また職業の持つ正統性と実践における放埒がしばしば同等視されてしまう一連の巨匠たちに対面している。思考の自由や強い個人主義にもかかわらず、ルネサンスはいまだ権威の時代なのだ。そしてローマ、ただしここでは異教のローマが、再び権威者となっている。建築家はそれぞれに古代への忠誠を告白するし、誰もウィトルウィウスからの着想に異議を唱えようとしない。多くの人々にとって、アウグストゥス帝時代の批評家〔ウィトルウィウス〕の規範は、信仰に関する法皇の説教のような効力を持つ。しかし一見したところ同一にみえる熱狂を表現しようという彼らの努力は、〔それぞれ〕極端に矛盾している。ひとつの芸術の局面のなかで、これほど多様なものはなかった。というのもルネサンスは、その多くの理論にもかかわらず、首尾一貫性に致命的なまでに無関心だったからだ。確かにその活力はいつでも激しかったため、建築のみに限らず一般に使われる事物すべての形態が、同時的で共感的な表現に押し込められたが、しかしそれは確実かつ全般的な方針には一切導かれていない。ルネサンスのより大きな計画もまたしばしば、こうした連続性が欠如し、継承された原則への従属が足りないことの証拠となっている。サン・ピエトロ大聖堂の問題にはブラマンテ、ミケランジェロ、ラファエロ、ペルッツィ、サンガッロ、フォンターナ、マデルノ、ベルニーニといった知性の持ち主が携わった。しかしそんなにも多くの独創性が一点に集中することには危険が伴った。ブラマンテの後継者のうち、幸運にも計画の実践にかかわることのできたものたちは、ブラマンテが彼らに伝えた大枠の着想を、無視はしなくとも曖昧にしてしまった。サン・ピエトロ大聖堂の歴史はこの時代の典型である。この時代の発明の衝動は、強烈かつつかみどころのない欲望によってつくられたため、いまだ汲み尽くされずにいる。また、みずからの創造が実現するのを我慢できないほど素早く、落ち着かない想像力の働きを満たそうという努力のうちに、様式は様式を次々と引き継ぐ。この点でルネサンスは際立っているのだ。確かに中世のゴシックも同等に速く、過去を同等に忘却していたが、あまりにそうだったため、主要な建物はほとんど着手されたままの様式では完成しなかった。それでもゴシックは、建設上の進化という迷わぬ一本道をたどっていた。この科学への熱情と比べると、イタリア人建設者たちの達成は一目で、発明において肥沃だったのと同じくらい、目標において混乱していたとみえよう。それを集約的な労働、徹底した専念と対比してみよ。これらによって、何度も反復されたギリシア建築の理念が完成へと研ぎ澄まされる一方、イタリアのルネサンスはすばらしい示唆に満ちた見世物にしかみえないのだ。また東洋の古代様式と並べよ、エジプトにおける建築の伝統のなかで十八世紀もの間保たれた堂々たる不動性《モニュメンタル》と比較せよ。平静を失った軽薄な勢力とみなされるに違いない。それでもそうした形態の短い連続のどの瞬間をとっても、イタリアのルネサンスは強烈で自信に満ちている。そしてその影響下から、ヨーロッパは虚しくも解放されようとあがいてきたのだ。

　われわれは芸術に外的な諸条件のなかからでは、あまりに多様で激烈で広汎な結果にふさわしい原因を探るのに成功しないだろう。建築がイタリアで十五〜十八世紀に経験した変革は、いかなる民族運動にも対応しなかった。また同等に突然かつ完全な社会変化にも伴われなかった。つまりそうした変革はたいてい、いかなる外的必然性にも指図されなかったし、建設技術においても手持ちの材料においても、新しいとか破壊的だとかの発見に予告されもしなかった。むろんこれらすべて、また他のそのような状況も、実際に建築上の帰結に貢献した。時には達成されたものに制限をつけ、時には可能性を与えた。しかしそれらはみな、個別でも全体としても、運動全体または連続的なおのおのの歩みの本質的な性格を十分に説明できず、またその動きの諸段階の連鎖についてなんの手掛かりも与えない。そうした諸段階はまるで、うねる水流の道筋を形づくるような、地形の凹凸のようだ。しかしイタリアの建築は氾濫した川である。民族、政治、社会変化、地理的事実、物理法則だけではこの事態の要因を語り尽くせない。趣味――建築形態への関心なき熱狂――はこれらでは説明できないし、これらに統制される必要もない。それでもこれら外的要因を参照することによって、ルネサンスの建築形態はしつこく説明されてきた。

　そうした説明がどの程度正当性を保てるかを見てみよう。イタリアでの建築の「ルネサンス」が民族的な背景からして不可避だったのは、恐らく事実だ。十二世紀にはすでに古典的な様式の偽りの夜明けがあった。現に、ごく僅かしか真正のローマの系統を正当に誇れなかったとはいえ、自分たちの文化の根源がローマ文明に根ざしている人々の間では、中世芸術がほんの一時の支配しか及ばなかったのは事実のようだ。イタリアの古典的形態は土着のもので、繰り返し出現するものなのだ。一方でこの事実は重要だ。これによりわれわれはルネサンス建築についての、一時の流行を得ていまでもたまに提唱される、かの稚拙な見方を退けられるのだ。その見方とはルネサンス建築を衒学的な見せかけとか、異質で廃れた建物の流儀への邪道な回帰などと考えるものである。しかし他方でこの事実は、ルネサンスが想定した古典的な文化の精確な形を理解するのには、まったく役に立たない。それはその諸段階の性格、数、多様性を説明しない。それ自身では古典的な文化について何も語らない。民族に関する考慮はここではあまりに一般的であまりに曖昧なのだ。

政治の分野はもう少し有益にみえるかもしれない。新様式の発展はフィレンツェ、ミラノ、ナポリや他の都市国家では、それ自体古代のもうひとつの反響であるイタリア人の「暴君」の権力の増大と、個人性や権力への礼讃に伴う他のルネサンスの特徴的な顕れに間違いなく関連している。ミケロッツォがヴェネツィアに亡命するために追いかけた(メディチ家の)大コジーモやジュリアーノ・ダ・サンガッロの守護者ロレンツォ、南にアルフォンソ、北にスフォルツァ家——彼らやその他の同等の人々は、確かに影響力あるパトロンだった。しかし彼らやその政府が芸術の性格に対しみずからの深い刻印を残したと主張するのは難しい。リミニの専制君主シジスモンド・マラテスタ、ゴシック教会を異教の寺院と同等に変更して彼の愛人に捧げ、葬られたギリシアの哲学者や文法家たちの骨でそれを囲んだ荒ぶる戦士は、確かにその個性によってわれわれに強い印象を与える。しかし彼と彼の建築家、自身高貴な家の出身であり当時の偉大な人文主義者の一人だったアルベルティのケースと同じように、専制君主と建築家のあいだのどこに傑出した想像力があるかはほとんど疑いの余地はない。芸術に対するパトロネージの影響はたやすく誤認されるものだ。芸術は国家やその支配者に供されるかもしれない。しかし支配者が芸術の本質を定めるべくなしうる最大のこととは、はっきりと上品な性格と強く集権化された組織に由来する首尾一貫性とを芸術に負わせることでしかない。たとえばわれわれがもしこの要因を無視するならば、確かに新古典主義期の芸術、あるいはルイ十四世の芸術の秘められた本性を誤解するかもしれない。しかし同じことはルネサンスの都市国家にはまったく該当しない。ここでの状況とは単に、本質的につまり芸術としての性格において、状況から独立し続けた建築に活動の自由を与えるためでしかない。想像にかかわるいかなる意味においても、唯一の集権化する影響とは教会の影響であり、これでさえそう感じられたのは、芸術がみずからの本性に基づく勢いをフィレンツェの自由で世俗的な生活の内に獲得した後のことだった。

　しかし十六世紀の教皇権における、復古した芸術の根源を受け止めるのに完全に適した土壌の存在が、それ自体稀な幸運の一片だったことは認めねばならない。古代への回帰とは、当初それがいかに不確かで、いわば局地的なものだったにせよ、本質的には暗に「偉大なる様式」――帝国的で文字どおりの意味において「普遍的な」建築への回帰だった。そのような様式の主張と展開にとって、教皇権は理想的な道具だった。教皇権とその宮廷、古代から続いていることの誇り、普遍的な支配権の主張、異教からの継承、豪華絢爛ぶり。そのような質はみな、一面では回顧的な熱狂の力に好都合だった。そしてその熱狂は、古代ローマによって具現化されていたこのような華麗さを持つ廃墟に魅惑されていたのである。とはいえこれだけではなかった。というのも古典運動が空虚な復古では決してなかったことに応じて、また過去の所有に対する自信と同様の自信をもって未来を要求するような、古代・土着の文化に対するいまだ活力と潜在力に満ちた嗜好が表面化したことをその運動が示したのに応じて、まさにそれらの基準において、古典運動がみずからの創造の淵源、みずからのいまだ試されぬ独創性を実体化する場を求めたからである。古典運動は、後にルイ十四世のフランスで建築に形式的で制限された目的を課したようないかなる厳格な手法にも、強いられた連続性にも存在しえない。それは大きな観念の庇護を必要としながら、あらゆる自己実現の様態を試しながらいずれにも傾倒しない空間と視野をも要求した。この空間とこの庇護こそ、教皇権が提供するにふさわしいものだった。連続する教皇たちの競争意識、異なった出身と共感、みずからの後背に不朽なる権力の記念物を残すという共通した情熱、そしてとりわけイタリアのさまざまな国を統御し、おのおのが自国の芸術上の気質をローマの魔力のうちにもたらそうと強制するという超然とした職務が、完全な連結の下で、古代の影響下で偉大な想像上の実験を行うための中心と自由、多様な衝動と新たにされた活力を建築に与えたのだ。

当時、教皇権はルネサンス様式の形成をあらかじめある程度方向づけたと考えられるかもしれない。しかしわれわれはその貢献を過大評価すべきではない。教皇権は、その帝国的な性質によって、新たな古典的建築が奉仕するための大きな観念を提供したと見えるだろう。しかし教皇権自体がその性質を、どれほどルネサンスの芸術家たちに負っているかを見過ごしてはならない。ある場合にはかの表現こそ存在そのものにかかわり、またその表現なしには決して存在するとは思われなかったであろう外的条件によって芸術表現を説明するのは、よくある誤謬だ。この場合もちろん、この点をそれほど先へ推し進めることはできないだろう。しかしサン・ピエトロ大聖堂やヴァチカン宮殿や復元されたローマの偉大な記念物群は、ルネサンス期教皇権の想像上の価値をつくり上げ定義する建築の力を、教皇権が美術に捧げた奨励と霊感に劣らず証している。さらにこの時代、教皇権の性格は教皇の性格によって大きく形成された。ピウス二世、レオ十世、ユリウス二世のような人々はルネサンス建築の魅力的なパトロンだったが、それは部分的には彼らが教養ある熱狂者だったからであり、彼らが芸術の理想を自覚していたからである。そしてその芸術は、理想とは別個にその本性の証拠を示しており、またすでに誰の目にもあまりに力強く壮麗なエネルギーだったので、教皇はその支持を請うこと以上にみずからの名声を上げる確実な道を想像できなかったのだ。

時に、ルネサンス建築の諸段階がより特定の宗教・社会運動によって説明されてきたが、それもまた同様なのである。反宗教改革が人気を得ようとしていたとき、反改革派はあらゆる方面の教会を、あからさまに感覚を喜ばせ一般的な熱狂を燃え立たせるよう計算されたバロックの手法で建てた。おそらく、このイタリアの風景を変形した巧みな努力以上に、建築がより成功裏に準備ずくで政策の道具になったことはない。またそれらの建築がもっとも劇場的な人間の本能を宗教の務めのなかに取り込んだときほど、イエズス会の心理的な洞察力が確信を持って称揚されたこともなかった。しかしもう一度言おう、イエズス会が十分了解していた、そのような建築に対する趣味がすでにあったという事実によって、運動の成功そのものはもたらされたのだ。十七世紀イタリア人の建築的魅力に反応するための下地、バロック教会が体現しているような質への彼らの喜び、これらは元からあった事実なのだ。イエズス会の達成は、こうしたいまだ異教的な人間性への好みをカトリックの用途に転用し、さらなる世俗的な感覚への譲歩によって、攻撃的に宗教改革の禁欲的な抗議に応じたことのうちにある。イエズス会が用いた様式の芸術的意義は、彼らがそれをどの用途に使ったかとはまったく別のものである。前者を後者で説明するのは事柄全体を誤認することになる。前者を後者の説明の下で非難することは、従来散々なされてきたが、子供じみているとしか言いようがない。

同じような反論は、イタリア建築の歴史が社会変化の所産だと解釈されたときにも適用される。「富の増大」「名家の興隆」「より安定した社会の贅沢な習慣」――これら建築史の便利な従者たちは、もちろん建築が満たした需要を生み出すのに貢献した。しかし重要な点は、まさに芸術的な用途に、またある特定の種類の芸術的用途にこそ、この富、力、機会が供されたことだ。裕福で栄えている社会は往々にして成長してきたものだし、われわれ自身のこの時代も成長しているが、両者になんら一致した帰結はない。富は偉大な成果の一条件だが、その原因ではない。社会の進歩に対してなんら決まった関係にすらない。富は力を与えるが、芸術においてその力の使途を規定しないのだ。イタリアにおいてルネサンス建築がそのような興隆を引き受けるよう支えた経済的条件は、その様式の顕著で迅速な変貌に合わせて変わったわけではない。その様式はそれ自身で、軌道と推進力を持っていたのだ。イタリアでは建築が表向きみたす社会的な目的に、またその建築の存在に責任ある個人や共同体の重要性や繁栄に、その建築の外見がまったく不適切、無関係ですらあることはごく通常のことである。貴族の邸宅の門は大邸宅のそれより堂々としており、カンパーニアの人里離れた場所で堂々と構えるが、なんら輝かしいものが中へ入るわけでもない。そうした門は昔と変わらずいまも人気のない牧草地やみすぼらしい農場へ導くものである。バロックの精神はこの派手な矛盾に興じたのだ。この精神はそれ自身を目的として、審美的に壮麗さを評価した。つまり、パラドクスの感覚があるのだ。一方トスカーナでは、あまりに豪奢なブルネレスキの構想をコジーモが諫めねばならず、またストロッツィ宮が未完成の荘重さに眉をひそめたが、にもかかわらずもっとも壮麗な場合においてもしばしば建築の精妙な謙虚さがみられた。それでも洗練の極みにまで鍛えられたため、トスカーナの控えめな様式はまさに中世的な手法に対する枠組みを時に形づくることとなったに違いない。偉大な批評家ヴェルフリン教授も、バロックへの始まりを示した数々の様式変化を概観しながら、それらを「時代〈精神〉」の転換によるものとして満足してしまった。十九世紀の神話学はこのフレーズに好意的である。そして「時代〈精神〉」はしばしば社会の力として語られる。しかし「時代〈精神〉」はそれを主張する営みと独立しては存在しない。それはそうした営みの複合した作用の結果としての雰囲気である。あるいはこうした営みをより遅れて躊躇しながら始める者が感じ取る、より前に起こった、より自発的な営みの影響である。いまやこうした営みのなかで、芸術と建築はイタリアにおいて、国民の生活に存在するほどに自発的で生気がある関心事として間違いなく前線にあった。並行するエネルギーの数々の現れのなかで、弱いものによって強いものを説明するのはまったく哲学的ではないが、もし「時代〈精神〉」を主張することが何かを意味しているのなら、その説明こそここでほのめかされていることなのだ。したがってわれわれが「時代〈精神〉」の変化によって建築の変化を解釈しているとき、われわれは単なるトートロジーを示しているだけなのだ。

ルネサンス建築への鍵を構築術の内に見いだす試みもまた、うまくいかない。新たな構造の原則の発見や、新たな材料の使用によって、その後のルネサンス建築が指向する方向性にもとづく建築のデザインが始まる、そのような機会が存在してきた。そしてそれは必然的に、革新《イノヴェーション》によるあらゆる可能性を検討するまでは断念することができなくなるような方向性だった。それぞれの段階が科学的論理によって決定されると、美は幸運な慣習によってはじめて芸術に生きながらえるか、なんらかの新たなかたちで偶然によって明らかになる。これはある意味で中世のゴシックではそうだったし、またいつか将来の鉄の建築でもそうなろう。しかしこれは、イタリア・ルネサンスの建築にはあてはまらない。いかなる構築上の革新も、その建築がたどった道のりを説明しないのだ。ブルネレスキのドゥオーモは疑いなく、その大胆さと壮大さによってルネサンスの事実上の出発点となっているが、それはまさしく工学技術の偉大な勝利であった。しかし、それが含んでいた根本原則はみな、ピサのドゥオーモやフィレンツェの洗礼堂ですでに示されていたものだった。逆に、ルネサンスの建設物がしばしば規模において巨大で、構想において勇敢であっても、同時に直前の諸世紀の建設物〔ゴシック〕に比べればより単純で科学的ではなかったのだし、また大部分においてもっとも単純で伝統的なローマの形を基にしていたのだ。そのうえ、スタッコの使用が広汎になるにつれて、スタッコで隠れる構造体は関心の対象から外れた。

ルネサンスを特徴づける以下の建設実践は、建設物そのものに対しこの時代の人々の関心がほとんどなかったことを確かめる以上のものではない。その実践とはアーチとヴォールトを強化し保持するための、みずから外向きの力に抵抗するには不十分な、継続したあからさまなタイロッドの使用である。この処置は、ゴシックの建設者たちにまったく知られていないわけではなかった。しかし中世の建設において例外的な救済措置だったものが、ルネサンスの建設者にとって当然かつ正当な方策として受け止められたのだ。この処置にはなんら新奇なところはない。これが何度も利用されていることは、新たな建設上の原理の採用ではなく、新たな芸術的視点の採用を示しているのだ。この処置が使われたことが示唆しているのは、実際においては、建設物の安定性がかかっている要素が、美的デザインにおいて、率直かつ大胆にも無視されていたということである。目は、古代彫刻において後ろ脚で躍り立った馬を支える突っ張り棒を無視したのと同じように、この処置をまったく無視することになっていた。言い換えれば、作品の美的目的と、実際の建設においてそれを実現した手段との間に、はっきりした違いがいまや認められたのだ。そのような建設とデザインの間の区別が建築にとってどれほど正当かは議論の余地がある。この問は難しく、後の章でより詳しく検討せねばならない。この処置はルネサンス様式に衝動をもたらし、その進歩を規定した新たな建設上の関心によるのではなんらないということを、ここでは単にわれわれの記述の確認として注目しておこう。むしろ逆に、ルネサンス建築においてあまりに顕著なオーダーの装飾的な使用は構造を伝えておらず、構築に相反するものであり、その理由によって危険であるとしばしば批判されているのだ。

最後に、建築デザインは僅かな程度を除いて、使われた材料にも規定されない。こうした様式の物理的説明は、近代の批評家にかなり好まれているが、それはわれわれが考察している時代には非常に不適切である。イタリアはあらゆる種類の建築材料に富んでおり、建築家はみずからの要求を満たせたはずだ。フィエゾーレから採取できた大きな石塊は、間違いなくピッティ宮の建設者たちを助けたが、それはかつて同様にエトルリア人たちを助けていた。おそらく着想は、材料そのものよりエトルリアの伝統に存するだろう。それでも、もしフィレンツェの建設者がエトルリアの石工術に満足し続けていたとすれば、必ずしも虚偽というわけではなく、材料が様式を定めたといえるだろう。しかしフィレンツェ人は、イタリアの諸様式のもっとも量塊的なものばかりか、もっとも軽やかなものも完成させているのだ。彼らのもっとも顕著な達成は、静かなる優美と気品が突然勢いを得たことである。逆に言えば、ローマのバロック建築家が記念碑的で巨大な効果を欲したときに、彼らはフィレンツェ人の達成なしにはそれを成し遂げられなかった。そしてやはり、トスカーナの滑らかな落ち着いた石〔pietra serena〕は繊細な彫刻に適しているのである。しかしフィレンツェ人の精巧な細部に向けた情熱は、そのような要因が働かない絵画においても、建築においてと同様に明らかである。したがっていずれの場合においても、そうした情熱が独立した生来の趣味の選択に由来したことは明らかである。そして、再び逆に、柔らかい変化と幅広い影を求めるべく絵画において鍛えられたバロックの想像力が、これらの性質を建築に対して要求したことで、ローマの粗いトラヴァーチンはその「本性の」効果、つまり規模の広がりと感情の活発さにはじめて従うことになった。それまで、トラヴァーチンはその本性に反して、鋭い細部というフィレンツェの伝統において使われていた。ルネサンスにおいては想像力が先立つ。そのため、想像力が存在する限り、材料を想像力の表現のために必ず見つけ出すものである。もしもある材料が他のものより良かったら、イタリア人も含め自分の道具に馴れている建築家ならば間違いなく最善を尽くすだろう。しかしルネサンスの建築家の場合、悪名高いとおり、またおそらく悪意をもって、この問題に対して無関心を装った。仮に入手しにくい材料を必要とするデザインを構想したならば、その材料を模倣することになんのためらいもなかった。彼らが使う大理石や石はしばしば描かれたスタッコである。もし彼らが建てる際の石レンガと計画された図式との尺度が合わなかったら、真の継ぎ目は隠され、虚偽の継ぎ目が使われるのだ。[*1] こうした実践は決して、時に示唆されるように後期の、退廃期と想定される芸術の局面に限られたわけではない。当時、材料は様式に対して完全に卑屈だったのだ。

イタリアにおけるルネサンス建築がなんらかの外的な作用の指図よりも、美的な、いわば内的な衝動によってその道をたどり多様な形を呈したことは、おそらくこれで十分に示されたように思われる。ルネサンスの建築はすぐれて、〈趣味〉の建築だったのだ。ルネサンスの人々はある特定の建築様式を発達させたが、それはある種類の形に囲まれたかったからである。こうした形は、それ自身として、それが生み出された力学的な手段にかかわりなく、それらが築かれた材料にかかわりなく、それらが供すべき実際的な目的にすら時にかかわりなく、彼らが好んだものである。彼らは量塊《マッス》とヴォイド、光と影の特定の組み合わせを直感的に好むので、これに比べれば彼ら特有の様式を形づくる他のいかなる動機も重要ではない。というのもこのような偶然的である他の動機は、なんら一貫した圧力をもたらさず、したがって形への意識的な趣味の常なる影響に取り入れられ、脇に押しやられたからだ。そこでひとつの趣味の建築として、われわれはこれを、歴史家が残しておこうとしない場所、ないし残しておいたとしてもそれを批判する必要があると考える場所にとっておかねばならない。彼らは、あたかもそれ自身の目的のためにある形を好むこと、また建築を第一にそのような形をとるための手段として評価することで価値が失われる何かが存在するかのように、それを批判するのである。

この先入観の原因はなんだろうか。建築芸術に対しそのような外的規範を押しつけ、そのような外的影響によってそれを説明しようとする絶えざる試みの理由はなんだろうか。明らかに、以下のような理由であろう。すなわち趣味はあまりに多様で気まぐれで理屈に合わず、曖昧な事柄と思われてきたため、それ自身の見地から趣味について議論する望みがないと考えられているのだ。われわれはみずからを混沌に委ねねばならないか、趣味を議論から排斥せねばならないか、より不変の信頼すべき何かの見地に趣味を還元せねばならないかのいずれかであると考えられている。そのように還元することでのみ、われわれは趣味を統制でき、理解することを望めるのだ。実はこの傾向は、その権威を否認するような、また少しでも導かれるとすれば知性がなんら直接的な説明を与えられないような本能によって導かれるような、そうした要因の存在に知性が耐えられないことに起因している。それは芸術に、まったく別の領域で有益だと考えられた既成のカテゴリーを叩き込み、慣れ親しまぬものを親しいものによって説明する無意識の試みである。それは、時にその事柄の究極的な真実よりも、それを所与の知的公式の枠内に収めることに関心があるような科学の方法を芸術に適用することである。しかしその公式が適合しないのが明らかなのに、その適用に固執するのは非科学的である。

この章でわれわれは歴史的事実の問題を扱ってきた。ルネサンス建築における決定的な統制権は建設にも材料にも政治にもなく、第一に概して、形への趣味にあったというのは歴史的に事実である。したがって、イタリアの様式を第一に趣味の点から分析するのが合理的である。つまりどれほど彼らが、ウォットンが「美〔喜び〕」と名づけたかの第三の「適切に建てる条件」を満たしたか、を問うことである。

しかしルネサンス建築がいかに発生したかを述べるのと、その価値を評価するのとはまったく別のことである。というのも建築における良き趣味は、真実において何が建てられたのかを認めることにある、と反駁されるだろうからである。その問いは一方では建設の方法と材料の双方に同等に現れ、他方においてそれが供されるべき目的に現れる。また、もしもルネサンスの趣味がこうした点に無関心であればそれは悪い趣味であり、その趣味を体現した建築は悪い建築である、と反駁されるだろうからでもある。よって、歴史の観点からわれわれが副次的な地位に追いやった要因は、美学の観点からは権威を取り戻すのである。

　こうした建築観には多くの味方がいる。この建築観は過去の偉大な様式のうちに、ギリシア人やゴシックの建築者の実践のうちに確証——少なくともそう主張されているもの——を見いだしている。こうした反論者を無視することは、独断的な批評というありがちな誤りに陥ることになるし、実際の芸術経験の大きな部分を無視することになるだろう。しかしこれは、少なくともルネサンスの建築者が持ちえなかった建築観である。この見方は芸術に専心しおそらく敏感な人々が楽しんでいる、熱狂的に楽しんでいる建物と矛盾しているのだ。

　このような対抗する独断的態度に相対して、われわれはいかにして議論を進めることができるだろうか。自然な流れとしては、建物そのものを精査し、自身の感覚に例証を求めることだろう。その建物は美しいか否か、というように。しかしとりわけ感覚については、われわれはそれにいかなる直接的な信頼も置けない。というのもわれわれの感覚は部分的には自分の意見に、またさらに自分が探し、注意し、見つけようと期待するものによって定められているからである。これらの先入観がいたるところでわれわれの判断を変え、われわれと芸術の明らかな特徴との間に、見えないが覆い隠すようなヴェールを挟み込んでしまう。われわれは自分の感覚を信頼する前に、また他人の判断を受け入れる前に、これまでなされてきたよりもさらに厳密に、建築における同時代の意見が知らず知らずのうちに囲まれ統制されていたような影響を精査する必要があるのだ。

＊1　ストロッツィ宮においては多くの見た目に巨大な石塊が、垂直の継ぎ目を隠された小さな石塊によってつくられている。カンチェレリア宮では逆に長い石材が、実際には表面上の溝にすぎない「継ぎ目」によって、実際よりも短く見えるようつくられている。双方の場合において、その目的は「規模」を調整することにある。つまりデザインの単位が物理的ではなく美的なのである。

第二章　ロマン主義的誤謬

ルネサンスは建築の理論をなんら生み出さなかったが、建築に関する書物なら生み出した――フラ・ジョコンド、アルベルティ、パラディオ、セルリオほか多くの建築家が、建てるばかりでなく、書いてもいた。しかし彼らが建てた際の様式は分析するにはあまりにいきいきしており、弁護する必要がないほど普及していた。彼らはわれわれに規則をもたらすが、原則はもたらさない。彼らに理論は必要なかったが、それは彼らが趣味に訴えていたからである。活発な生産の時代は、実践的なものと特殊なものとに没頭していたために、普遍的な思考を促さなかった。

ルネサンスの伝統が滅んではじめて、たとえ科学的精確さに至らなくとも、少なくとも地方びいきや偏見のないようにルネサンスの歴史を概観し、ルネサンスの原則を定義できるようになったはずだった。人々がそうするのを妨げた原因のうちの第一のものが、ロマン主義運動の長きにわたる支配だった。

ロマン主義運動はすべての芸術において深刻な不安をつくり出し、人々を新たな実験へと駆り立てた。そしてその実験の結果として、正当化と説明に努める批評理論が大きな拡張をみた。建築理論でもそうだった。この思考の変革において、建築理論はどれほど強められ豊かになったか、またはどれほど妨げられ混乱したか。ルネサンス建築への明確な見解には、この問いへの答えが必要である。

あらゆる思考の分野にはそれ独自の、その分野の理解に必要な諸原則があり、適切にアプローチする際にはそれらの諸原則を参考にすべきである。とはいえ人間文化のすべての要素は密接で自然な連合のうちで結びついているため、それらの要素のひとつが優勢になると、即座に同調するよう他のものに影響を及ぼす。そしてたとえどんなにふさわしくなくとも、ある要素における適切な規範が、すべてに転用されるのだ。

十八世紀も終わりが近づくにつれ、このことはロマン主義運動に当てはまった。この運動は詩的感受性の拡張であったのだが、そこから発展するうちに、政治と建築の教義を修正しそれらの実践を支配するようになった。文学においてなら適切だったが、あてがってみても建築においてはせいぜい二次的でしかないような質を強調したことで、ロマン主義運動はその芸術、つまり建築の真の意義をあまりにも偽った。そのため建築創造においてロマン主義運動がさほど顕著ではない今日でも、ロマン主義運動までたどりうる誤謬が、建築批評になおも豊富に見いだせるのである。

ロマン主義は、遥かなるもの〔the remote〕それ自体への詩的感受性の高度な展開に存するとされる。それは時間にせよ場所にせよ隔たったものを理想化し、また美を物珍しさと同一視した。古典的趣味が軽蔑してきた珍奇と極端、また古典的趣味が観念的すぎて取り込めなかった不明瞭なディテールに、インスピレーションの新鮮な源を見つけた。それはたいてい回顧的で、確かに有益ではあるもののありふれた現在から目を逸らした。つねに理想主義的で、想像上の過去というスクリーンにみずからの満たされぬ欲望を投影した。そのもっとも典型的な形態は絶滅したものへの崇拝である。本質的に、ロマン主義は造形に向いていない。曖昧なもの、記憶されたものにあまりに囚われているため、完全なる具象において自然な表現を見いだせないのだ。ロマン主義は造形的ではないし、実用的でも、哲学的でも、科学的でもない。ロマン主義は詩的なのだ。ロマン主義は文学にインスピレーションを得たが、文学こそ強みであり、文学でこそその意義をもっともよく表すのだ。他の分野では——音楽におけるように——想像できなかった美に実際到達したが、それもつねに一定の制限、および固定した条件のもとでのことだ。この仮の場では、音楽なり建築なり生活なりが具体的な芸術として課すだろう法則を守れなければ、このロマン主義が導入した価値ある要素ですら、沈黙し効果をなくし、全体の失敗のうちに犠牲になるだろう。

フランス革命とともに、その多様な現れが関心を集め評判を得るほどの驚くべき傑出に至った時代でも、ロマン主義が多少なりとも新たな勢力だったと想像するのは誤りだろう。著しく卓越するほど強力な運動ならなんであれ以前から続いていたに違いなく、潜在的に活動していたと考えて差し支えない。また建築において、十九世紀のロマン主義運動がルネサンスの伝統に致命的打撃を与えたとしても、その伝統自体がロマン主義的な運動だったことを忘れてはならない。民謡文学の復興と好古趣味の小説家たちとが鼓舞した中世趣味への熱狂は、古典詩の復興とパドヴァの学者たちの熱狂的な好古趣味が鼓舞した四世紀前の古典古代の理想化ほどにロマン主義的ではない。さらに言えばその中世趣味への熱狂は、古代そのものにおいてギリシア化を進める皇帝たちのネオ・ギリシア建築運動以上にロマン主義的でもない。そこで当然問うべきなのは、なぜ二世紀と十五世紀に強さの源泉があると証された原動力が、十九世紀には惨憺たる弱さと認識されたのか、である。

理由は単純だ。建築は職人の集団を組織する技《アート》である。この本来の語義は、本質的な事実を表している。詩であれば、ポープからブレイクまで一飛びで進める。どんなに寝ぼけた印刷工でも、どんなに独創的な意見であれ活字に組めるからだ。しかし建築家の着想は自身ではなく他人の手と精神によって結実されねばならない。したがって、建築における様式変化は手仕事の技術的な進歩と並行せねばならない。もしロマン主義的な流行の命じるままに、不意に様式の変化を試みたとしても、新たな理想が要求する技術と組織は、現存の芸術が用いるよりも厳格であってはならない。というのも技術も組織も突然思いのままに生み出すことはできないのだから。

こういうわけで中世主義へのロマン主義的回帰は失敗し、代わりに古典復興が成功した。後者は抽象的な設計の空間、比率、一貫性を取り戻そうとした。ブルネレスキのような個性の強い建築家であれば、これらの性質を建築に与えようとしただろう。彼は職工により多くを求めるどころか、ほとんど何も求めなかったのである。ゴシックが実践された諸世紀に獲得された技巧の蓄積は、技術的には新たな課題にとって十分すぎるものだったからだ。想像力豊かにも、ブルネレスキの彫工たちはすでに新たな古典主義を吹き込まれていた。そのためもし彼らがフリーズを彫った際、まだうっかり何かゴシックの思いつきを示したとしても、大したことではなかった。何を彫ったかよりどこに彫ったかのほうが重要で、これこそブルネレスキが決定し制御できたものである。しかし十九世紀にこうした状況は逆転した。中世の幻想の再現は人々の生活と矛盾した。新たな理想が、失われて取り戻せない多様な熟練の手仕事を求め、学識しか持たない建築家は、決して学術的ではなかった様式を再興しようとしたのだ。

ロマン主義の目的は詩的関心と既存の芸術の形式や原則との融合にあったにちがいない。ロマン主義運動がある程度までであれ、本質的な条件にしたがっていたとすれば、純粋に建築的な様式は、いわばそれが取って代わった様式の材料から創造されていたのかもしれない。十八世紀の良識がいまだ状況を支配していたうちは、いくつかの方面でこれが実際に達成された。というのも変化の最初の前兆はいまだ罪を犯してはいなかったからだ。十八世紀のなかごろには、後にまったく虚偽の美意識のうちに全盛をきわめたようなロマン主義的態度が、土着で伝統的な形式へのある種の不穏や飽満、またかけ離れた類の芸術に関心を持つ傾向のうちにすでに認められる。この精神の最初の兆候のひとつは、当時フランス社会で流行し、イングランドやイタリアにおいてより控えめに模倣された中国芸術への嗜好で、これは東方貿易やイエズス会の伝道の努力によって広められた。[*1] この場合、造形芸術の条件は一切冒されていなかった。というのも、順を追って検討するが、ルネサンス芸術のひとつの側面は、素早くて、楽しく、滑稽でさえある身体運動へのわれわれの快を建築言語に翻訳することにあったからだ。フランスではこの側面は、ルイ十四世治下の芸術のなかに具現化された。それは中国風のものに対するあの関心の絶頂と同時代的なものであり、その関心は先述のとおりロマン主義的精神の初期の一例であった。いまや、華やかだが歪んだ形への偏愛において、また同時に仕上げへの愛好において、(フランス人が理解した限りでの)中国芸術は彼ら自身の芸術と完全に調和していた。同時代の芸術が提供できないような構成は不要であった。そして、中国への熱中が生じたのは、建築が活発だったがゆえに、要件に適した新たな材料の要素をたやすく吸収することができた時期のことだった。この熱中は十八世紀の中国趣味《シノワズリ》において魅力的な工夫を生み出した。そして、その工夫はこの時代のロマン主義的な本能を満足させ、同時に時代の適切な装飾の蓄積をそれにつけ加えた。

継起的に生じたゴシック趣味の諸段階は、ロマン主義の性格、およびその性格が形に対する感覚を圧倒した時点を、非常に明確に示している。十八世紀の中葉に至るまでは、中世の様式はただ不快、荒廃、憂鬱だけを意味した。[*2] 建築の所有者である貴族たちは、その財布が許す範囲で、ゴシックの遺産をできるかぎりジョージ王朝趣味に転換したり、それを完全に改築したりした。次いで登場したのが歴史の精神、すなわち遥かなるものと過ぎ去ったものへの考古学的関心を伴った憧憬であった。一七四〇年ごろの目利きたちは、エジプシャン、ゴシック、アラベスクの様式的な差異にすっかり熱中することになるが、それらの限界については丁重に明言を避けた。彼らの研究は、古典の伝統のすぐれた適合性には疑問を差し挟むことなく続行された。しかし、いまや考古学の通説の方が支配的である。それに対する抵抗が存在しなかったわけではない。一七五四年、ワーウィック城において、グレイはブルック卿について次のように書いている。「彼は大きな〈部屋〉にサッシ窓を取りつけていた……その後正方形のサッシ窓は〈ゴシック〉ではないといわれたので、彼はガラスの中にある風変わりな仕掛けを仕込んだ。それは透かして見ると雷文飾りに見えるようつくられていた。彼は自分自身と子どもたちのために、その場所のどっしりした壁の中に小さな〈龕〉を掘り、バークレイ広場やアーガイルの建物と精確に一致するやり方でそこにインド更紗を掛けた。要するに、大きく古く孤立した城に迷っている今日の貴族は、同様の場合にねずみがやるように、こそこそ忍び歩き、見つけた最初の穴に隠れ込む以外に何ができよう?」[*3]。とはいえ、活気に満ちたこの時代の趣味は考古学に満足してはいられなかった。ゴシックの形態はロマン主義の材料であり、歴史の魅力に富んでいた。それらの形態を、現に生きている様式と融合させることは可能だっただろうか?

バッティ・ラングレイは融合が可能であると考えたし、彼ほど率直にそう考えた人間は誰もいなかった。「壮大かつ有用なさまざまなデザインによって、まったく新しく再建され、改良される古代の建築——ゴシックの流儀において」、「規則と比率によって改良されたゴシック建築」。ラングレイが自著の最初の二つの版にそれぞれ添えたタイトルだ。それらは同じ問いについての二者択一の方法を示している——すなわち、「比率」によって安定と落ち着きを与えられたゴシックか、ゴシックの気まぐれによって多様化された古典建築かという選択である。次の世紀が理解したような中世復興という問題はここにはなく、あったのは融合への真摯な試みである。とはいえ融合されるべき二つの要素はまったく調和しなかった。もしこのことがそれまで明確ではなかったとしても、バッティ・ラングレイの設計はそのことを、歴史への熱狂で盲目になっていない者には明らかにしたに違いない。さらに、全体的には正しい推定が下されていた。「眺望の終端をなすゴシックの〈傘〉」、「〈林〉や〈荒野〉の道の交わり」にあるゴシック・パヴィリオンは十分にすばらしいものであった。これらは、ここでは珍しいものとして許容されていたことだろう——すなわちロマン主義的な過去を文学的に想起させるものとして、また中世の様式が関連すると思われていた自然の詩情に捧ぐ神殿として。何よりもゴシック自体がみずから古典的な要素の引き立て役となり、また歴史に対する感覚を刺激しつつ、当時の完全な首尾一貫性を引き立たせるという二重の役割を果たしていた可能性がある。ゴシックという提案は、住居にすら浸透していたのかもしれない。その調和を壊すことなく本箱にトレーサリーをつけたり、チッペンデール風のテーブルの刳り型を装飾豊かにしていたのかもしれない。あらゆる場所で、流行りの気まぐれの軽妙な精神で、他の場合ならちょうど東洋的な構成が主流となっていたように、部屋の装飾が取りつけられていたのかもしれない。しかしさらに進んで、中心的なデザインをゴシック化するのは、当初趣味の明白な誤りとみなされた。グレイはウォートンにこう書き送っている。「ご自宅にいくつかゴシックの装飾をもうおつけになったと聞き、大変うれしく存じております。もし何かお考えでしたら、どうぞすべて屋内になさってください。私が（コールマン街にぷらっと入って）『十本の尖塔がついた紳士宅』や『教会のポーチの玄関』などへ導かれませんよう」[*4]。そして、ストロベリー・ヒルにおいて、ホレース・ウォルポールが奇異な中世主義の模造品でその全体のデザインを飾ったとき、驚くべきで滑稽でさえあると当時の人々に思われていたその許容は、愉快な衒学趣味および意識的な奇行、あるいはせいぜい考古学贔屓といった精神からなされたものだった。また当時の愛好家たちは、ウォルポールのおもちゃの三つ葉模様や小尖塔《ピナクル》が、遠からず自分たちの芸術実践と理解の双方を根絶することになる運動を予告しているという考えも信用できなかった。この状況が持つ皮肉は、あの時代に、より哲学的で啓蒙されたフランス貴族が「生まれながらの」平等という理論（それ自体ロマン主義の別の表現だ）に与えた好意のうちに、正確で悲劇的な類似物を持っている。この理論はこうした高貴な後援者たちとその哲学と啓蒙運動を、なくしてしまう運命にあったのだ。

ゴシックを面白みのある、異国風のものと捉える感覚——それは完全にルネサンスの精神のうちにある、とりわけ十八世紀に特徴的な態度であった——と並んで、ゴシックの想像力豊かな価値に対するより真剣な認識も登場するようになった。ゲーテがストラスブール大聖堂を訪れたとき、彼にとって大聖堂はもはや「無知で修道士めいた野蛮人」の作品ではなく、崇高な理想の表現だった。ここでのゲーテの精神は、来たる世紀の精神を予示している。同時に彼はすでに存在する基準と争うこともしなかった。というのもこれらの基準に真っ向から反発するということは、この時点では思いもよらないことだったからだ。しかし態度の変化そのものは、ゴシックについても現に生きている様式についても現れてきている。これらの様式はいまやますます象徴的に、ある理念を表すものとみなされるようになった。特にギリシアとゴシックの芸術を、対照的かつ並行した、二者択一の感情の様態とみなす習慣が生じた。しかし、ロマン主義がすでに行き渡っていたにもかかわらず、その時代の良識《グッド・テイスト》は、両者の区別をきちんと認識していた。つまりゴシックが外観に属する賞賛の対象であり続けねばならないのに対し、ギリシア的な感情は現存する芸術と融合もできるし、ギリシアの形態を生きた伝統に接ぎ木することも、ないし生きた伝統からすくい上げることもできる。ちょうど中国風のひねりをルイ十五世の華やかなルネサンス様式に加えるのにあたって、無理な変化が何ひとつ求められなかったのと同じくらい容易に、ギリシアのロマン的な理想化も、本質的にはルイ十六世のルネサンス様式における厳格さという要素を強調することによって表現することができた。しかし一種の文学的な象徴主義は、このような試みのなかでますます明白になる。〔人々の〕関心はますます、芸術それ自体から文明の理想へと移行している。当時のギリシア的な流儀は政治的ないし他の教義を故意に「示唆」するようになってきた。たとえばナポレオンのアフリカ遠征後にエジプト風の細部が侵入したことは、同様の暗示的な傾向の一例である。かくして、見かけ上の連続性が依然保たれている一方で、根本的な変化が起きていたのである。感傷と回顧というロマン的な古典主義が、十五世紀《クアトロチェント》に始まり、いまだ支配権を握っていた創造的な古典主義を、凌駕し鎮圧してしまったのだ。ルネサンスの伝統にこの文学的な趣を加えること、すなわちかつてなかったほどに模倣的な手法を採用することで、ルネサンス様式の活力は最終的かつ致命的に損なわれたのである。「理想的な」厳格さの信奉に屈することで、ルネサンス様式は生命の形跡をあまりに几帳面に切り落とした。さらに、社会の古い秩序が過ぎ去っていくとともに、かの社会が秩序づけてきた高水準の技量と洗練された観念の指図も消えたとき、古典的な様式の没落は全うされ、デザインの貧困によって始まったことが、仕上げの粗雑さによって完遂された。ブルネレスキが喚び起こした古代様式が、いまや完全な自覚とともに実現された。またアンピール様式の最終段階においては、古典建築という資源がついに使い尽くされたように見えた。その様式によってナポレオンの建築家たちは記念碑を建て、ルネサンス芸術の墓碑銘を記したのだ。

しかしロマン的な衝動は、このように現存するルネサンスの伝統に致命的打撃を加えていてもなお、さらなる展開の余地を残していた。アンピール様式をその典型的な表現としていた精神の態度は、依然としてより不適切な他の形態で現れざるをえなかった。その最終的かつ決定的な達成とは、もちろんゴシックの全般的な復興である。この目標に向けて、当時の文学の流れと感情の流れがより強く結びついて復興を駆り立てるようになり、十九世紀が進展して古い規範が忘れられるにしたがって、建築におけるロマン的な熱狂はこの一点に集中するようになった。フォントヒルのベックフォードは、自分が相続したジョージ王朝式の屋敷には想像力の喚起に適した刺激物は何もないと考えた。そこで、自分の建築家ワイアットに「修道院のような外見を持ち、部分的には荒廃しているが、いくつか風雨に耐えられる部屋がある装飾的な建物」を設計するよう指示したのである。[*5] ついに計画は巨大な規模で展開した。浅薄なゴシックの印象的なギャラリーがイーブリス〔悪魔〕のホールを曖昧にほのめかすことでその主人を喜ばせ、高さ三〇〇フィートの塔が聳《そび》えて邪悪なカリフの乱痴気騒ぎを思い起こさせた。五〇〇人もの労働者が日中、また夜は松明を灯して休みなく働いた。しかしそこに風が吹くと、みすぼらしい構造は耐えられずに地に崩れ落ちた。「部分的に荒廃した」修道院風の宮殿という理想は皮肉にも達成された。そして、『ヴァテック』の著者〔ベックフォード〕が、いまや崩れ落ちたが一度は雲にまで届いた彼の小尖塔《ピナクル》を松明の灯りのなかに凝視する姿は、当時のロマン的な失敗を――すなわち、何の手助けも得られず物質的な様式には達することのできなかった、詩的な空想の失敗を表しているのだ。

われわれはここで、中世復興の諸相をくどくどと論じるつもりはない。それらはロマン的精神を、われわれが論評してきたギリシア復興運動よりも粗野で、つまらなく、有益性を欠いた仕方で示した。技術、組織、活力、理解――要は学習と熱狂以外の全てが、中世復興には欠けていた。その中世復興は、もっぱら文学的な心構えが建築に与えた影響を、これ以上なく示している。そして、今日ではその結果を悔やむことくらいしかできないので、これには別れを告げておこう。

しかしこの間の悪い試みの帰結のなかでも、以下の点を強調せねばならない。ロマン主義運動は、現存する建築の伝統を壊すとともに、同時にその原則のうちに感じとれた関心をも壊し、なんら価値のある原則が再生されえないような誤解に満ちた中世主義を代わりに置いたのである。様式の破滅は同時に思考の破滅でもあった。建築批評の現状の混乱の少なからぬ部分は、間違いなくこの誤解に満ちた中世主義に起因する。われわれはフォントヒル、アボッツフォード、ストロベリー・ヒルを嗤う。そしてジョージ王朝式の建築が再び流行り出す。しかしロマン的な傾向は建築から追放されても、建築の批評には依然として残存している。ゴシック復興は過去のものだが、ゴシック復興を危機に晒したロマン的な先入観は残る。この先入観をこそ明確にするのが重要である。

ロマン主義の第一の、もっとも深刻な誤謬は、建築を象徴的とみなすことである。文学は、その技芸《アート》を想像力豊かに費やすことで、歴史上のどの時期であれ、それに魅惑をまとわせる力を持つ。直接的であれ間接的であれ、文学の影響の下では民族の過去の総体がわれわれに魅惑的あるいは不快な調子で彩られる。われわれには喜びをもって考えるような時代もあれば、嫌悪とともに考えざるを得ない時代も不可避に存在する。新たな歴史観や新たな文学の流行は、われわれが抱く感情をいつでも変えることができる。しかしこうした異なる時代がつくり出してきた造形芸術はつねに同じ形のままであり、身体の感覚にそれまでどおり同じ魔力を伝えられる。そこでもしこの永遠なる魔力に公平に着目しようとするならば、これら「文学的」偏見を差し引いて考えねばならない。しかし過去のある時代を喚起するものはみな、連想によってその時代が詩的に理解されるときに伴う感情を喚起する。もともと文学によって生み出されたそうした感情に、他の芸術が従属するようにロマン主義が仕向けたのである。無視して考えるべきわれわれの意識の諸要素を、ロマン主義が最高のものとしたのである。芸術におけるロマン主義の関心は、詩と同様に、想像力豊かな考えを持つ魅力的な人々に、芸術が精神をもたらすべきだという点にある。しかしこの観念は実際には、それが湧き出てきた文学上の想像に属するものであり、それをもともと備えていない建築に適用した際のひとつの帰結とは、判断の永遠性や客観性すべての喪失である。したがって、たとえばゴシックの建物は「無知で修道士めいた野蛮人」の「表現」だったのが、コールリッジの熱狂をかき立てた、理想化されたゴート人——「信仰が揺るぎなく熱望が高貴である」——を「示唆」するものとなった。また後に数学的建造の明快な表現として賛えられるようになった建築の形態は、当時は原始時代の森の建築的具現として一般に賛えられていた。中世の建築者の作品に、粗野で無尽蔵のエネルギーの記録を見る者もいたし、夢に描いたような敬虔さの現れと評価する者もいた。いまやそれは

「想像可能にされた無限の表現」であり、次には「命を吹き込まれた」民主主義の具現化である。この手の記述に限界がないことは明らかなので、われわれはただロマン主義的な批評をその多様な局面を通じて追跡するだけで、そこには客観的な重要性がまったく欠けていると確信するに違いない。現実であれ想像上のものであれ、数百年もの時代の間に複数の北方民族のあらゆる特徴が、こうした十二、十三世紀の大聖堂に思いのままに見いだされたが、しかしそうした特徴が建築にどこまで体現されうるかは疑わしい。さらにもし体現されたとして、われわれの近代的な思考習慣がそれらを偽りなしにどこまで抽出できるのか、もし抽出できたとして、どこまでそれが作品の質に寄与しているのかも疑わしい。その過程は全体的に純粋に文学的なもので、その魅力とは観念そのものの文学的価値、あるいは連想の働きと過程にあるのだ。さらに言うならば、文学的実践は対照の効果を生み出すため、ルネサンス建築が通俗劇の敵役のように、単に中世神話の引き立て役として扱われるようになった。ルネサンスの生活は十九世紀の想像力になんら刺激を与えなかったため、その生活上の用途に奉仕した建築もその事実でもって平凡なものとなった。造形上の形態の複合は、それらについてわれわれが知り《ヽヽ》うるあらゆることとは別に、感覚に訴える価値をもっている。形を生み出した状況についてのロマン主義の知識、ないし思い込みは、造形芸術が持つ純粋に美的な性質、感覚的な価値に対する注意を偏らせることになった。もし建築の問題なのであれば、建築設計は、それがつくり出され関連する時代を表すものとして、また慣習的に、一般的で想像力に富んだ状態、つまりその時代についての観念がたまたま生まれた、賛否の複雑な感情をほのめかすものとして理解される。

それどころか建築は、主として象徴的なものになる。無媒介的で直接的な愉悦の源ではなくなり、媒介を挟んだ間接的な源となるのだ。

そしてロマン主義の影響下では、建築が象徴するものに関心が向かい、趣味は気紛れなものとなる。しかしそれだけではない。建築への関心はまた、過度に様式主義的で、過度に古物趣味にもなる。建築形態が象徴としては代わり映えのしないものである分だけ、その形態の正確な特質は、一般的ないわゆる「様式」よりもずっと重要でなくなる。ちょうど手書きのように、正確な形よりもそれが指している意味のほうが重要となり、意味を思い起こすためだけに形が存在してしまう。ロマン主義は様式を定型化した言語と見なした。十九世紀の批評はこの先入観に満ちており、しかもその関心は様式が「キリスト教的」か「非キリスト教的」かにある。すなわち、一方は美術館、銀行、墓地に適し、他方は大学、教会に適した。これは実際の建築上のいかなる要求にも由来しておらず、むしろ正方形の狭間胸壁、ドーリス式の柱、尖頭アーチが示唆するとされた理念《イデア》の概念に由来している。そのような批評は、それらが個々に美しいとか美しくまとめられたとかいうよりも、一般的にそうした特徴を有しているか否かの重要性に囚われている。そうした批評は様式の誤った理解を提示し、誇張された価値を様式に与える。というのも様式一般をそれ自身の価値のままに認識することなく、歴史的様式の型どおりの徴《しるし》を、それらの様式の象徴的な価値として見るからだ。

さらなる誤りが続く。ロマン主義のあらゆる時代は、古代であれ近代であれ、際立った古物趣味の時代だったといって間違いない。過去の魅惑とそれに対するロマン的な崇敬は、しばしば過去がとどめられた細部へきわめて自然に展開し、それらに対する研究を奨励することになる。この研究はそれ自体、まったくもって有益であった。しかし建築についての思索に関していえば、古物趣味の精神の誤りとは、まさに〈量塊〉〈空間〉〈線〉〈一貫性〉などのより一般的な価値に対立するものとしての細部に、過度の重要性を与えることである。それらこそ建築が適切にも扱うもので、それらの分析と記述が本論のこの後の目的になるだろう価値である。さしあたり、ルネサンス建築とロマン主義的誤謬の古物趣味的批評との間に、根本的な対立があるという事実、またその対立は細部に対する態度にあるという事実を強調すれば十分だろう。というのも古物趣味的批評は細部を究極の検討事項と考え、ルネサンス建築はそれを二次的で従属的な検討事項と考えるからだ。しかも両者は細部に対し、異なる度合いの重要性を与えたというだけでなく、与えられた重要性の性質も異なっていた。というのもルネサンス建築において細部の目的は、後に見るとおり、第一義的には全体的な設計における〈量塊〉〈空間〉〈線〉〈一貫性〉を実現することであり、第二により小さな規模で、これら自身の質を示すことであったからだ。しかしロマン的ないし古物趣味的な批評にとっては、「学術的」たることが要求された。つまり詩的に承認された時代にかつて用いられた細部に正確に対応することを要求された。特定の場合における細部の使い方を教義化する前に、細部全般の美的機能を見いだそうとしないことは、ほとんど学術的な態度には見えないのだが、古物趣味の建築批評は学問の権威をこのように侵害したのだ。したがって詩に始まるロマン的態度は衒学に終わり、建築の真の精神はすっかりこぼれ落ちている。ロマン主義の論争においてルネサンスの形態は挑発的に増加し、皮肉まじりに乱用された。あたかも様式の利点とは、ヴェネツィアのピアツェッタとパル・マル街の〔社交〕クラブに共通するばらばらで貶められた要素に存するかのようである。忘れ去られた教会の跡地を示す不名誉な断片のように、無知な誤用によって台無しにされた細部――細部と様式の慣習的な徴――だけが、人文主義的な伝統の破壊された殿堂に残った。ルネサンス建築の利点が多様性よりもその形の配置のなかにあったために、細部は結果的には月並みな物質の生気なき反復となったのだ。敵が、細部とはつねにそのようなものだったと攻撃したとおりである。

したがって建築批評が陥った最初の陥穽《かんせい》は、ロマン主義運動によって建築批評のために準備されたものだった。これがルネサンス建築の理解を妨げ、無視と誤解の双方がいまもそれを妨げている。ロマン主義批評がルネサンス様式を無視したのは避けがたいことだった。ロマン主義批評における古物趣味の熱狂者は、ルネサンス様式になんら自由な視座を見つけられなかった。というのもその領野はすでによく研究され、主題もよく公式化されていたからである。そのうえ彼らは、ルネサンスの芸術家たちがしばしば行った、古典的な意匠の非慣習的な用法に不快さを感じた。そして、いまだ探求されていない細部の豊かさによって中世に引きつけられ、彼らはますます積極的に、いまや文化の偶然によって中世に差し向けられたロマン的衝動への誘いを追いかけた。ロマン主義における詩的な熱狂者も同様に、十分に遥かなるものではなく、見知らぬもののゆえの魅力も十分授けられていないルネサンスの伝統に寄りつかなかった。それは一般的な考えを象徴することもなければ、ギリシアやゴシックのように出来合いの詩的連想に直ちに適合されもしなかったからである。したがって、象徴的である必要があったので、徐々にルネサンス様式は一般的ではない観念を象徴するものとなった。ルネサンスが成長した諸条件は相対的に散文的《プロザイック》なものに思われた。ルネサンスの形態は必然的に散文的、ゆえに退屈だと見なされねばならなかった。[*7]

以上が物理的な形態を「文学的な」観念の用語へと翻訳することに没頭したことの帰結だった。しかし文学的観念が建築体験において「正当な」位置を占めていない、などというべきではないだろう。あらゆる芸術体験には、直接的な要素と間接的な要素が含まれている、もしくは含まれうる。直接的な要素にはわれわれの感覚的な体験と形態の単純な知覚とが含まれる。どんな価値が、われわれの本性の法則によって本質的にこの要素につながっていようと、それは視覚的ないし聴覚的な素材において芸術作品を即座に把握することである。ついで、それ以上に、作品が精神に呼び起こす連想がある——作品へのわれわれの意識的な想起、作品に与える意義、作品が呼び覚ます空想がある。そしてこれらは結果的に、作品が時に表現しているといわれているものだ。これが間接的、または連想的な要素である。

この二つの要素はほぼ全ての美的体験において現前するが、しかし両者の結合の仕方はきわめて多様である。文学は圧倒的に「表現」を扱う芸術である。その魅力は間接的な要素を通じてつくられる。その強調点と価値は主に、その直接的な素材を構成する音の意義、意味、連想にある。反対に、建築はわれわれに主に直接的に訴えかける芸術である。その強調点と価値は主に物質と、われわれが形と呼ぶ物質の抽象的な配置にある。一方の場合であれ他方の場合であれ、その方法はまったく単純というわけではない。詩における単なる音は、その効果からすれば直接的な要素である。また建築におけるいくつかの視覚的印象は、「意義」という要素と分かちがたく結びついている。たとえば、闇を陰鬱と結びつけて考えたり、切れ目のない表面を休息と結びつけて考えたりするような場合である。それにもかかわらず、詩の直接的な要素――その音と形――は主に意義への手段として有用である。それらは意味の微妙な差異を伝え、連想の連なりを喚起するのに使われるが、これらにおいて単独のシンタクスでは無力である。そうした直接的な要素がわれわれの観念を豊かにし鋭くするのだ。音がわれわれを喜ばせるのは、その音において感覚が高められるからだ。そして形式的な押韻が、ある句を別の句とつなげることによって、連想をさらに微妙なものにする。しかし単に形式的で、単に感覚的な詩の価値は、未知の言語で書かれた詩を読むときにも十分体験される。文学における直接的な要素は、ほとんど間接的な要素への手段としてのみ価値があり、この芸術における方法は厳密に連想に基づくことが実験によって証明されるだろう。一方、建築においては単なる意義の必然的な重要性は非常に小さい。そのため使う目的がそのままの状態では卑しく、したがって卑しいものの象徴であるような建物ですら、直接的な要素を通じ崇高なものとしてわれわれに容易に作用するのだ。文学は抽象的な建築の特質――規模、比率、配置――を、文学の意義とは独立して持つかもしれない。建築は詩的な夢を、その形態とは独立に喚起するかもしれない。しかし、根本的には二つの芸術が持つ言語は懸け離れていて、対立してすらいる。一方ではわれわれは意味を待ち受けるが、他方では物質と形態から帰結する直接的な感情に向き合っている。

以上の差異の理由は明らかである。文学の素材はすでに意味をもっている。素材のあらゆる粒子が、意義を伝えるために、またみなに同じ意義を伝えるために組織されている。しかし建築の素材については、了解された意味は体系として一切組織されていない。したがってもし建築の形から連想される価値を引き出そうとすれば、そうした価値は完全にわれわれの時代の偶然事や個性に規定されているだろう。われわれの解釈が一致することはない。したがっておのおのの個人や世代が建築の直接的な快に、連想する喜びの要素をさらに加えようとも、この連想する要素は固定的でも組織化可能でもない。そのため芸術の真の意図や特有の価値などを含んでいないし、それらを含むようにもできない。

さて言語、意味、連想は実際のわれわれの生活で大きな役割を果たし、思考のまさに肌理《きめ》を形づくるので、どんなときであれ文芸の意義を見落とすような危険はほとんどなかった。より小さな価値要素――文学の感性的な要素――が完全に忘れられていたことがしばしば事実だったにせよ、文学には「建築学的誤謬」は――おそらく十八世紀の僅かな程度を除けば――存在しなかった。しかし「意義」に対するこの同じ習慣的な先入観が文学を活気あるものにしてきたのに対し、建築においてはわれわれに、二次的な要素であるものを過度に重要視させ、その直接的な価値、直接的で特有の魅力を無視させた。これがすなわち、建築の「文学的誤謬」なのである。それは文学においては意味、あるいは固定された連想が普遍的な項目《ターム》であるという事実を無視している。一方、建築において普遍的な項目《ターム》とは物質と形態の感性的な体験なのである。

ロマン主義運動とは、まさにこの文学への没頭の段階である。文化の歴史上で、直接的な体験に対して連想が勝利した極端な例である。その趣味への影響は決してなくすことはできないが、われわれがそう望む必要もない。意識的な働きとしてのロマン主義は有益なものを多くもたらしたし、時代の想像力を強固で全般的な統制の下にとどめた。しかし、古く忘れ去られていた多くの美を理解しやすくし、新しいものを多く生み出した精神が、その勢いのなかで、数世紀もの伝統が禁欲的にその完成に向けて働いてきた目立たない種類の芸術をわれわれにとって無駄なものにしまいか、という危険は大きい。そのような芸術がルネサンスの建築なのだ。つまり、もしわれわれが文学的な観念にすっかり耽溺してしまったとしても、少なくともそれらがわれわれから様式の価値を覆い隠さないよう気をつけておこう。

弁護のために明らかにせねばならない事実がある。こうした「文学的」観念は造形芸術の第一義的な価値であってはならないということである。しかしそれらは最終的な価値ではある。というのも、自覚をもった存在である人間は記憶と連想が可能なので、あらゆる経験は、それがいかなる種類のものであれ、体験された後には回想の世界において融合するだろうから――つまり文学的感情の素材である観念の、変容する網の目の一部となるだろうからである。そしてこれは建築体験にも当てはまる。その体験は感覚的な知覚として始まるだろうが、そのままでは想起された意義よりも必然的に移ろいやすく一時的なものであり、思考によって想起されたわれわれの人生の他の部分と融合したときに比べ、個別的で孤立したものである。その意義は精神において体験よりも長く生きる。したがって造形的な形態によってわれわれに与えられた純粋に感覚的な印象に対する、いわば文学的背景があり、これがわれわれの体験のなかでより永続する要素となるだろう。この知覚によってもたらされる直接的な価値に加えて、芸術作品の感覚的な知覚をもわれわれが更新するとき、その周囲には「文学」や他の価値の影がある。感覚的特性へのわれわれの注意が緩和するとき、自然とわれわれの注意が向かうのはこれらの価値なのである。芸術作品の文学的な価値がわれわれの芸術体験の全体を豊かにする限り、それは明らかな前進である。またロマン主義がそのような文学的価値に対するわれわれの感受性を刺激する限り、それも明らかな前進である。それをもたらすことが芸術の固有で特別な機能であるような快にばかり、芸術の楽しみを制限するべきだと（一部の芸術では熱狂者がつねに求めているように）求めるのは愚かであろう。そのような完全に孤立した分野に自分たちの体験を切り分けていくのは、あらゆる点においてわれわれの体験を貧弱にすることである。われわれはつまるところ、初めと同様に、専門化された趣味の基準によってだけでなく、全人格を用いて芸術作品を評価する。われわれの体験は不可避に包括的で統合的であるのだ。それは物質的な形態への単なる反応を大きく超えている。しかし少なくともその核は、形態とその美的な機能との正しい知覚であるべきだ。したがって、所与の芸術にふさわしい特有の美的な楽しみこそ、まずもって必然的に考慮されるべき点であり、この関係性において様式の質が第一に評価されるべきだと主張するのがもっともである。特定の楽しみが、異なった、より一般的な本性を持った他の楽しみによって豊かになったり、取り巻かれたりされうるかどうかは副次的な問題で、所与の芸術の批評そのものとしてはなんら関係する必要のない問題である。したがってわれわれの建築批評家たちがルネサンス様式を、主要な観点においてその魅力を正当に考慮する以前に副次的な観点から非難するのは、不健全で誤解を生む批評であるといえるだろう。それはつまり、真の価値を隠し、ありえたはずの楽しみを減じる傾向のある批評、さらにはロマン的な誤謬によって損なわれた批評だといえるのである。

＊1　コルベールの中国通商会社は一六六〇年に創立され、インド会社は一六六四年に創立された。一六九八年から一七〇三年までアンフィトリト号が中国の海域を航行した。J. Guérin, *Les Chinoiseries au XVIIIme Siècle* を見よ。

＊2　ロマン主義運動のあらゆる時代を通じて、この見解を擁護してくれる人物には事欠かない。一八三一年、この運動が頂点を迎えていたころ、威厳があり抑制の利いたクノールの中世主義までもが、ディノ侯爵夫人に極度の憂鬱を吹き込んでいた。「この老婆（家政婦）はクノール家のような古美術品と陰鬱な屋敷とを強く示している。その悲しみときたら比べるものがないのだ」―― Duchesse de Dino, *Chronique*.

＊3　*Letters of Thomas Gray*, edited by D. C. Tovey, vol. 1. No. cxiv.

＊4　*Letters of Thomas Gray*, vol. 1. No. cxiv.

＊5　L・メルヴィルによる *The Life and Letters of William Beckford* を見よ。ベックフォードは自分の塔を再建したが、再び塔は崩れ落ちた。彼の生涯（一七六〇～一八四四年）はウォルポールとラスキンの間の中断をつなぐものであり、ロマン的精神の頂点を示す称賛すべき実例である。『ヴァテック』とフォントヒルがその力と弱さとを示している。

＊6　この先入観もまた消えていない。近年最も著名なイングランドの建築家たちが、ハムステッドの田園都市にバシリカ式の教会を計画したが、ロンドン司教は自分が「神に向けられた尖塔の頂点を持たねばならない」と言明することで、その立派な計画を脇に追いやってしまった。われわれは彼の〔司教としての〕地位が、クリストファー・レン卿によって彼になされた顕著な損害に対して、ゴルダーズ・グリーンでいくばくか慰めを見いだしていると信じる。

＊7　レザビー氏が最近の著作でこう述べた。「考えるに、偉大な始原の様式、ギリシアかゴシックをいくぶんでも理解した者には、ルネサンスが退屈な様式であると認められるに違いない。……ゴシック芸術は猟師、職人、運動選手を育む共同体の証左となっているが、ルネサンスは学者、廷臣の芸術である……」。その時代全体を八ページで（あるいはむしろバビロン建築に割かれたよりも少ないページで）片づけて満足するような歴史においては、そのような言明がわれわれの以下のような記述を正当化しうるのである。すなわちわれらがロマン主義精神の批評家たちの手にかかると、ルネサンスは無視に合い、誤解を被るのだと。というのもレザビー氏はさらにその建物について「建築家の」建築だと不平を述べているからだ。すなわち、おそらく建築は詩や歴史物語の用語には転換できず、その評価には建築原則の知識が必要なのだ。実際ここでは、ルネサンス建築はルネサンス社会の見地から読み取られ、それを芸術として楽しむ者は「建築家」の烙印を押されるのだ。おそらくはイングランドで建築という主題についていま書いている誰にも劣らず学識がある著名な批評家が、一般的な著作においてすらその非難が通り相場を占めたかのように、われわれに対してこのような非難を行うとき、ロマン主義的誤謬が消滅しつつあるという望みを抱くことは容易ではないのだ。——W. R. Lethaby, *Architecture*. 1912, pp. 232-33.

第三章　ロマン主義的誤謬（つづき）

自然主義とピクチュアレスク

I

ロマン主義にはもうひとつの側面がある。すでに見たようにロマン主義は、遠く離れた文明への詩的関心が形態への美的関心を駆逐する、という事態を招いた。しかしロマン主義的衝動を惹きつけるのは歴史ばかりではない。それは、遠く離れたもの、過去のものからインスピレーションを受けるが、同時に、自然からもインスピレーションを受けるのだ。それは言うまでもなく、ロマン主義が追い求める諸々の特質を最も高度にそなえているのが自然だからである。自然は不可思議であり、驚異であり、予測不能で、恐るべきものである。過去のもの同様、自然もまた手の届かないものである。人間の関心事にかまうこともなく、人間の営みとも無縁なだけにいっそう、自然は、想像力に訴えかける魅力を否応なく持つのだ。こうして前世紀までにかけて、バラッドの復興や歴史物語と並んで、そのどちらよりもはるかに力強い、自然への新たな詩的感性が登場した。このような詩的感性の影響のもと、自然の気ままな多様性こそが美の範型にして基準であるとされ、そしてその不可避の帰結として人々は、多様なもの、不規則なもの、野性的なものに価値を与え、しかもそれがどこに見いだされるかにかかわらず価値を与えることになった。過ぎ去ったものの崇拝がそうであったように、「自然なもの」の崇拝においてもまた、それを先導したのは〈ロマン主義運動〉の無二の道具である文学だった。

この詩における変化が建築および建築の批評にも反映されたことは明らかである。整形式庭園は必然的に最初の攻撃対象となった。ルネサンスの趣味において庭園は主要部分の設計《デザイン》の延長線上にあった。それは建築と自然との中間項であった。家から風景への移行は、この場所でデザインの形式性と素材の自然性とが組み合わされることによって、論理的に遂行されたのである。だから庭園は芸術の一部であり建築に属するものであった。しかし、自然が詩を通じて威信を獲得するなかで、整形式庭園は非難の的となった。それ自体が「非-自然」であるがゆえに好ましくないうえ、山水に対する野蛮な暴力、無慈悲な破壊行為なのだ。それは自然の要素を用いて表現されるだけにいっそう、自然とは相容れない仕打ちなのだ。こうして、〈自然主義〉の波が建築そのものの伝統的デザインを揺るがすよりも先に、整形式庭園は姿を消したのだった。十八世紀の哲学者たちは、いまだ完璧にギリシア的なポルティコの下に腰掛けて、先祖伝来の非ロマン主義的な庭園が山あり谷ありの「眺望」に場所を明け渡すのを見守りながら、自然を――あるいは自然そのものでないとしても、その象徴を――悠然とあがめていることができた。彼らの号令のもと、ある変化がヨーロッパ中で一挙になしとげられた。一時のうちに、すべての谷は深くされ、直きものは歪められ、平らな場所は荒らされる。

建築における変化もすぐさまそれに続いた。建築においては、前章で見たとおり、ロマン主義の歴史への感覚は様式をシンボルとして扱ったため、ゴシック的なものとギリシア的なものを等しく好意的に捉え、両者のロマン主義的な復興を促すことができた。しかしロマン主義の自然への感覚は、バランスとして中世的なもののほうに重きをおいた。ゴシックの建築を建てた人々は、「高貴にして粗野な」北方に属し、森と嵐を背景に建物を築いた。一方ギリシア人は、理性と文明と静穏を体現していた、というわけだ。そして何より、ゴシックの様式そのものにある種の「自然な」特質がそなわっていた。自然と同様、それは入り組んでいて不可思議である。細部においては写実的であり、構成においては、物理的な世界の構成と同様に、堅固で、偶発的で、不規則である。ゴシック復興の諸要因のなかでも、こうした特質のすべてに見方を一変させるような光を当てた自然への詩的感性には、重要な位置が与えられてよいだろう。

自然への感覚が建築物に与えた影響は、ゴシック趣味に尽きるものではない。イギリスにおいては、いかなる歴史的様式にも与せず、いかなる既定のデザインも志向しない、自国の建築が成長してきた。それは、以前のジョージ王朝式と同様に、小屋であると屋敷であるとにかまわず適用された。しかしジョージ王朝式の趣味が小屋にも一見して領主の館とわかる特徴を与えようとしたのに対して、現代の好みは領主の館に小屋のロマンティックな魅力を分かち与えようとするのだ。ラテン諸国にはこうした建築は見いだされないばかりか、それに代わるものとして諸「様式」の復活があるばかりである。しかし、比較的様式の定着が弱く風景への思い入れが深いイギリスでは、趣味における田舎風の影響は極端なものとなった。実用上の利便にかなった建築を厚遇し、それ以外の部分では屋根の傾斜と煙突の突き出しを組み合わせることによって、まとまりとしての「自然な」美をつくり出す。特定の素材の選択や、一部の大まかな量塊構成はともかくとして、部分同士の関係や部分と全体との関係がまるでない。そうした関係はそもそも望まれていないので、もくろまれてすらいない。建築物は、方向づけのないまま、その平面計画の場当たり的な要求に押されて成長する。そこでは、実際はともかく、少なくとも意図されていたのは、ひたすら「自然な」効果であった。家屋は、その地方の色に染まり、陰に隠れ、斜面の狭間に身をひそめる。けっして貶めて言うのではなく、これが理想とされる姿なのだが、この理想さえめったに実現されることがない。こうした建築が過去のものからインスピレーションを得ている以上、それが志向するのは、長く住まわれて補修や改造を重ね、植物に覆われた古い農家なのだ。それは、自然に囲まれ、自然に従うように存在し、意識された意図や必然的な来歴を持たないためにほとんど自然の一部と化してしまうような建築物である。

こうした建築にふさわしい美の基準とはなんであるかについては後ほど考慮することにしよう。長い通りの両側にこうした建築がなんとも単調な変化でもって繰り返されるときに生まれると予想される不幸な結果についてここで言い連ねても仕方がない。確実なのはしかし、そうした建築にどんな長所があるとしても、それが示唆する趣味判断の習慣は、ルネサンスの理解のためには好ましいとは言い難いということである。プロポーションにおける秩序と繊細さは、目の習慣的なトレーニングを要求する。ギリシア人は、パルテノン神殿の「視覚的」修正が明らかにしているとおり、今日では訓練された趣味によってすらほとんど感知されえない違いにも反応していた。ルネサンスはこの感覚の鋭敏さを、あるいは少なくともその理想を、受け継いでいる。ところが、目にそのような訓練をほどこすことからは程遠いものである「自然な」建築は、秩序そのものへの偏見を育てる。というのも、「自然な」建築が持ちうる特質なるものはいずれも秩序の否定によって成り立っているからだ。この乱暴でわかりやすい形態の多種性のうえに形成された趣味は、ルネサンス式のファサードをうつろで単調なものとして捉える。なぜならこの趣味には、対照的なことに、それしか見分けることができないからである。だとすれば、この趣味が自然への詩的感性による判断を受け入れ、ルネサンス様式は疲弊した卑しむべき虚飾であると宣言するいっぽう、みずからの無能力を野や森の自然な「威厳」として言《こと》祝《ほ》ぐとしても、なんの不思議があるだろう。

だから、この自然への詩的感性がその力を発揮したときには、建築には二つの任務が与えられた。第一に、建築はみずからの存在についての原罪——人工物であり、人間の作品であり、手によってつくられたものであること——を、隠蔽するなり許容範囲に収めるなりしなければならない。自然それ自身さえもが、建物にまとわりつき終いには覆い尽くしてしまうような植物をその目的のために創り出したかのようだ。そしてそれによって、イギリスの多くの建築芸術が首尾よく無に帰せられることとなった。*1 つまり、デザインの知性的要素を根絶すること、形式性をもたらすような首尾一貫した思考を撲滅すること、それが「自然な」建築の第一にして消極的な条件であった。第二の目標はより積極的だ。意識的な芸術という悪しき霊を祓い清めたなら、次にはロマンという伏魔殿《ふくまでん》の扉を開くことができるのである。自然への詩的感性はあらゆる気分を建築に感染させることができる。先に述べた田舎風の様式ならば牧歌的な気分を、また各種の中世回顧や近年のドイツの奇観ならば幻想的かつ野性的な気分を。

文学上の流行が建築の趣味をほしいままにすることを許してしまうのは、ロマン主義の批評に本質的なことである。この肝要な点にわれわれは再び立ち戻ることになったのであり、再びこの点を強調しておいてよいであろう。建築についての判断が行われる際に文学的なバイアスが意識されないとしても、それは反証にはならない。文学上の流行はあたかも絶対的な真理であるかのように捉えられてしまいがちなのであり、偏見がそれと意識されないということは、むしろその威力を増すことでしかない。文学の力は自覚的な文学徒を大きく超えたところまで波及するからだ。それは瞬く間に伝染し、無学な精神に対してさえ、その思考の道筋や、注意力のおよぶ範囲、心を動かされるであろう価値などを決定づけるのである。それによって、ある時代の人間は、「人工的なものや形式的なものは、自然なものよりも価値が劣る」といったことを、そうした抽象的な文言が何を意味することになるのかという必要な分析もせずに口にすることになる。そうした言葉によって、具体的な事例に対する美学的な注意力は阻害され、また、建築はそうした観念の単なるシンボルとしての役割を果たす。

しかし、ロマン主義的誤謬におけるこの核心部分が誤解にさらされないようにしなければならない。形態的芸術に対する文学の影響は、つねに存在しているものであるし、しばしば有益でもある。ロマン主義は精神における恒久的な力であって、隔離したり駆逐したりすべきものではない。誤謬が生じるのは、ただその用い方においてのみである。形態的芸術にはそれ固有の基準があり、それ独自の慣習がある。それらの基準と慣習は経験のうちに基礎を持っており、いかなるインスピレーションによるものであれ形態的芸術を実行に移すためには、どんな場合でもそれらが不可欠なのである。こうした基準と慣習の伝達手段である伝統が、何かの理由で揺らいだり衰退したりすると、必ずといっていいほど文学の影響がそれ固有の不適当な基準を押しつけることになる。形態的な要素と意味的な要素とに必要なバランスは、各芸術に応じて異なるが、このときにはそのバランスが崩される。過剰に文学的な意味を付加され、デザインが萎縮すると、形態の芸術は感動を与える力を失う。それはもはやいかなる美学的な意味でも重要性を失うのだ。

だから、詩から建築へとロマンを持ち込もうとするときに、この二つの芸術においてロマンティックな要素が占めるべき位置がいかに異なっているかが考慮されていなかったということだ。詩においては、それは形式《フォーム》にではなく内容に付帯しているのだから。コールリッジは、不可思議なもの、幻想的なもの、意想外のもの、怪異なものを描いたが、彼がそれを描いたのは均衡のとれた慣習的な韻律によってであった。彼はロマンティックな素材を、単純で聞き慣れた固定的な媒質によって提示した。しかし建築においては、そのような素材と媒質の区別を維持することはできない。ロマンティックな素材が導入されると、慣習的な形態《フォーム》は必然的に消滅した。「古風な」デザインといびつな平面計画がそれに取って代わった。というのも建築においては、形式と内容は実際上ひとつのものだからである。さらにまた、素材が持つロマンティックな特質は、建築においては非常に怪しげなものだった。キーツの「魔法の窓」は、その美を示すことのできる完璧に形式の整った慣習的な韻律の仕組みのなかにおいてこそふさわしいものであり、この窓は、想像のなかのものであるからこそ力を持つ。しかし石によって実現されたロマン主義の建築が持つ窓は、そのような慎ましさや枠組みを欠くほかない。それは魔法の窓というよりは不便な窓であり、「荒れ狂う海の泡へと」開かれているのではなく、たいていは、おとぎ話のようなというよりも打ち捨てられたといったほうがよさそうな風景式庭園へと開かれていた。

ある種の建築のイメージは、形態上のものも詩的なものも、しかるべき文脈においては、ロマンティックである。しかしひとたびそうしたイメージをその文脈から切り離し、現実化させてみるならば、建築そのもののうちにはイメージ的な感興を呼び起こすようなものなど何ひとつ内在していないことが明らかになる。現実の建築作品のなかにも、やはり、時間の経過によってほとんど自然と一体化したものや、歴史の成り行きによってまるで人間のように生命感を持つにいたったものがある。それらもまたロマンティックである。しかし、もしそれらが新たに複製されれば、ロマンティックな要素は建築の価値にとって外からつけ加わったものでしかないことが明らかになる。形態そのものは、まったく無価値であると見なされるか、せいぜい思考がもたらすあいまいな類比によって価値を与えられる。この形態そのものこそ、建築芸術とその批評とのどちらもが取り組まねばならないものであるにもかかわらず。そして、以上のようなことがまさに、ロマンを意識した建築において実際に起こっていることである。それらは、いかんともしがたく具体物であり、経年による魅力も持ちえないので、素材的な美もイメージ的な幻惑も、両方欠いている。形態的な基盤のみが建築に力を与えることができるのだが、それが欠けているのである。

II

しかし、ルネサンスという「不自然な」様式に対する偏見は、たんに建築と詩的な観念との関連づけ以上のものである。確かにこの偏見はそこから始まっているのだが、その認識だけでは、この偏見の威力を過小評価し、その基盤の分析を誤ることになるだろう。そこには、建築と倫理的な観念との関連づけがあることも認識しなければならない。自然への詩的感性は自由を喧伝するさまざまな具体的イメージを用意した。ロマン主義運動は、その自然権についての理論を持って、自然に民主主義的な色合いを与えた。自然礼賛は人の振る舞いについてもみずからの言い分を持っていた。つまり、それは政治的信条だったのである。むしろそれ以上であったともいえる。正統的な考え方が衰え、ロマン主義が力を増すにつれて、自然への崇拝――実際そう呼ぶのがふさわしいようなものだった――は、もっと明確で形而上学的な信念を押しのけていったのだ。かつては限定されたヘブライ的な水脈を流れていたある種の謙遜が、形而下的な世界の荘厳さ、荒々しさ、無限の複雑さを前にしての自己卑下のうちに噴出の場を見いだした。十九世紀を特徴づけるあらゆる変化のなかでも、これ以上に深いもの、際立ったものはおそらく他にない。そして芸術にとっての帰結がこれ以上に劇的なものも。畏怖という本能は、科学によって超自然的な世界から追い出されはしたものの、自然的なものへと結びついた。この感情は、不可知論者にとっては宗教の代替となり、正統派にとっても好ましい信仰態度となった。国教徒のワーズワースにも合理主義者のミルにも革命派のシェリーにも共通の地盤が、あいまいな汎神論だった。ありのままの自然は、それ自体で神的であった――あるいは少なくとも、神の衣であり、神の書物であった。しかもそれは、アディソンが自然について言ったであろうような上品なうわべの意味においてではなく、神秘主義者の尊崇にふさわしい深遠な力を持つものとしてであった。議論は新たな局面を呈していた。「自然である」ことはもはやたんなる詩的な魅力の問題ではなく、聖性の問題であった。たとえばラスキンにおいては、自然からの主張は決して有無を言わさないものである。「釣り針で『リヴァイアサン』を釣り上げることができようか」。自然による建築を改善しようなどというのは、それと同様の思い上がった考えだというわけだ。さらには、ある形態が美しいかどうかは、まさに自然がその形態をどれだけ頻繁に用いるかにかかわっているとさえ示唆される。そして彼は、自然は神の「書物」であるとする恣意的な神学的教説に基づいて自然研究に宗教儀式のごとき価値を与えるのみならず、あたかも自然の「書物」には人間が記載されていないかのように、そしてあたかも天地創造のありがたみは五日目まででついえたとでも言うかのように、人間の本能を研究することを罪であるとする。これはなんとも疑わしい論理である――そして正統派の神学としてはなんとも珍妙である。だとしても、形態に関する人間の本能に対する反証としてラスキンが自然という範例を繰り返し持ち出したことは、「ルネサンスという汚穢《おわい》な激流」に対する偏見を強化するうえで、彼が緻密な議論や十把一からげの罵倒によってなしたよりも、よほど大きな役割を果たしたことはほぼ疑いない。これだけの詩的感性や修辞をまのあたりにし、石のなかに雄弁に刻み込まれたこれだけの説教をまのあたりにすれば、自然主義が美学上の方法論となったことも、自然愛好が現代における最も真率な情動となったことも、驚くにはあたらない。この情動は、真率であるのと同じくらい遍《あまね》く行き渡ったものでもあった。経験科学の諸分野においては、豊穣な発明がもたらされ、この忠義な謙遜に報いた。そしてこの時代の人々は、エマーソンの言葉にしたがって「星辰に車を引かせる」ことをめざした。自然の戒律は、詩的感性からインスピレーションを受け、宗教からお墨付きを与えられ、実利によって確証された。文明の変遷のなかで再び、「自然にしたがって生活する」ことが信条となったのである。

しかし自然にしたがって生活することは、すなわち、自然にしたがって建築し、自然にしたがって造園することをも意味する。そして、自然の崇高性——それが自然崇拝のよりどころである——は、自然が人間に対して超然として無関心であることや、無数の多様性を持つことに存するのであるから、自然にしたがって建築し造園することが意味するのは、芸術の進展がほどなく示して見せたとおり、可能な限り人間の介在が露顕しないような家や庭にするということである。あるいは少なくとも、そのような人間の介在が見えてしまったとしても、とりわけ人間的なある特性——すなわち、「自己観照的な理性」——だけは持ってはならないということである。それは、秩序や、均整や、論理や、プロポーションに固執するものであるために、自然の倫理においては最悪の背教と見なされることになる。[*2]

一方の側には、波の曲線、開きかけた葉が形づくる線、結晶のパターンなどの自然がある。これらすべては、観察の対象となることができ、それらへの知識と愛情が示されてさえいればなんらかの方法で——いかようにでも——建築のなかで用いられることができた。他方には、パラディオによる原理をはじめとするあらゆる規則や尺度の規則信奉《ペダントリー》があり、それらは意識的な知性のせいで不毛なものとなっている。この二者択一は、畏怖か虚栄かという道徳上の選択なのだった。これが『ヴェネツィアの石』や「自然に従う」批評のすべてが繰り返し唱えていたことである。

自然礼賛には由緒ある歴史がある。だが、それがこの歴史のなかで被ってきた変化に注意を払うと面白いことがわかる。というのも、ロマン主義の批評家たちが抱いている自然の概念は、彼らの先達であるストア派の人々が理想として定立した自然とは非常に異なるものであり、実際の自然ともまた非常に異なるものであるからだ。というのも、ストア派の人々に最も強い印象を与えた自然の要素とは法則性だったからであり、その頂点が人間の理性だったからである。「理性に付き従う」ことと「自然にしたがって生活する」こととは、マルクス・アウレリウスにとっては互換可能なことだったのだ。秩序やバランスやプロポーションへと内在的にかつ「自然に」向かう傾向を持つ人間の知性は、自然の一部分であり、しかも最も尊重されるべき重要な部分であった。しかし、近代の美学的な自然帰依者たちの倫理的な言語においては、自然は、ほとんどの場合、人間の理性とは鋭く対比的に区別される。彼らは「おおらかな海といきいきとした大気」の権威は喜んで認めるが、ワーズワースがそうしたように、「そして人間の精神」という一言をそこに忘れずにつけ加える者はほとんどいない。建築家の作品は、被造物の賛歌でなければならず、典型的な法則を忠実に反映し、自然が示すあらゆるものの固有の性質を模倣しなければならない。しかし、人間性の典型的な法則であり固有の性質であること、すなわち、みずからの放逸で本能的な運動に秩序とリズムをあてがい、みずからの作品にプロポーションをあてがおうとすること、そうしたことは、「自己観照的なギリシア人たち」の無益な作業であり、「単細胞たちとソフィストたち」の印であるというわけだ。あらゆる自然の事物はそれぞれにふさわしい仕方でそれ自身の法則を満たしているが、人だけはみずからの法則を信用せず、他のあらゆるものの法則に従うものだとされる。そしてそれが自然に倣うことと呼ばれるのだ。とはいえ、そうだとしても、実際には人はなんらかの選択を強いられることになるのだから、「自然に付き従う」とは結局、彼自身の気まぐれを免罪することでしかない。自然は、人間の小ささとその他の人々の思考の無意味さとを思い起こさせるための巨大な符丁となる。このような致命的に矛盾した意見の様相を、本気で扱うのは難しい。しかしそれは公衆の趣味に深く浸透している。そしていまもなお、道徳的な小言のそれとわかる残滓が形式に則った建築への敵対的な批評を彩っているし、わざとらしい美徳の痕跡が、いびつな平面計画や古めかしいデザインや左右非対称に配置された厳寒地の植生への好みに、いまだに残っている。

自然への信奉は二つの帰結を伴っていた。第一は、オーダーやプロポーションに対する偏見、したがって、ルネサンスに対する偏見である。——というのも、オーダーやプロポーションが自然の法則をいかに深く特徴づけるものであったとしても、それらを自然の配置のなかに見いだすのは簡単なことではないからだ。第二は、描写を重視すること、自然的事実への忠実さを重視することである。このことは絵画において早々と明白にされた。——最初はラファエル前派の微視的なリアリズムにおいて。さらに後には、より視覚というものにかかわるかたちで、印象派において。建築——つまり抽象的な、あるいは少なくとも実利的な芸術としての建築——は、そうしたものを回避できるかに思われたかもしれない。しかし建築にはみずからを攻撃にさらすことになる要素がひとつあった。それは、建築に組み込まれた彫刻であった。したがって、ものを描写する余地があり、自然への崇拝と服従にそのまま動員することが可能だったこの要素が、最も高い地位に就く結果となった。ラスキンの『建築の七灯』においては、「唯一価値のある賛美とは、もっぱら建築物における彫刻と色彩との意味にかかわるものである」と述べられている。「マッスのプロポーションなど戯れ歌にすぎない」。こうして彫刻は、本来の関係を逸脱して建築の主要な目的にして評価基準とされたのみならず、この同じ議論によって、写実主義的であることをも求められたのである。しかし建築というからには、それは、デザインの全ての要素に対して、それらを配置し、修正し、消去し、慣習に従わせる権利を持って、最高度の統御を行うことである。それがここでは、配置は「戯れ歌」であり、慣習は冒涜であるとされる。ここにおいて、自然におけるロマン主義は、歴史におけるロマン主義と同様の結論に到達したことが見て取れるだろう。後者は、すでに見たように、骨董趣味に陥り、大局を捨てて細部を強調し、建築の細部《ディテール》が様式的な記号へと堕することを許したのだった。いまの場合もまた同様に、彫刻が建築の地位に取って代わり、リアリズムへと堕するのである。こうしたことすべてが、ルネサンス様式にとって致命傷となることは避けられなかった。そこには彫刻はほとんどなかったし、あったとしても大概は慣習に従ったものであった。そこにあるのは、人工的なディテールを持ち、人工的なデザインを持つ、「不自然な」建築であった。罪状としてはそれだけで十分だったのである。

III

新しい流行、まして不合理な好みに根ざしたものが、これほど確実に定着したことはほかにない。建築における自然主義には、詩的な趣味という面もあり、また倫理的な偏見という面もあるが、どちらも誤謬によるものであることはすでに示された。だが自然主義はまた、あからさまに感覚的でもある。それはたんに空想や良心による好みであるのみならず、目による好みでもあるのだ。それが近代の建築に入り込んだのはある種の誤った類推によってであったにせよ、またそれが詩的感性からいまだ得ている支持は到底現実的とは言えないにせよ、自然主義は独自の強固な足場を持っている。というのも、意想外のもの、野性的なもの、幻想的なもの、偶発的なものは、詩的感性のみに属しているわけではないからだ。実はこれらは、絵画的《ピクチュアレスク》なものを構成する特性なのである——つまり、視覚芸術においてつねに価値あるものと認められてきた特質なのだ。そしてまさにルネサンス建築が目の敵にされる理由のひとつに、自然のなかに満ち溢れているこの絵画性《ピクチュアレスクネス》の欠如がある。この目にとっての好ましさのために、どれほどの堕落が大目に見られ、ぎこちなさが許容されてきたことか。では、建築理論においてこの絵画的なものの本当の良さというものが占めるべき位置が仮にあるとすればそれはいかなるものなのか。ルネサンスの建築における絵画的なものの位置とは実際にはいかなるものだったのか。ロマン主義的な建築批評を、公正に、かつ最終的に退けるためには、まずこうした問いにこそ答えが与えられるべきであろう。

野性的なものや偶発的なものがルネサンス建築に欠けているとしても、それは決して、その時期の人々がそれらの魅力に気づかなかったからではない。そもそもpittoresco〔絵画的〕という用語が、まさに彼らによる発明なのだ。この用語は、その語幹から明らかなように、絵画を思わせるような特質、絵画の制作のために有用な特質のことを指していた。絵画的な要素《ピクチュアレスク》——好奇心をそそる、幻想的な、偶発的な要素——は、イタリアの影響を受けた絵画においてほぼその初めから追求されてきた。そうした要素があることによって、たとえば「東方三博士の礼拝」のような主題が特別な人気を得た。そうした主題は慣例にしたがっていつも不思議な異国風の従者たちやさまざまなあこがれの東洋の事物に囲まれた姿で描かれていたからである。だからこの言葉自体は、十七世紀半ばを過ぎてすぐのころに広まりはじめたときには、絵画の新たな特長よりもむしろ、絵画芸術がつねに持っていた特性に初めて注意を向ける新たな分析的な興味を示すものだった。また、そうしたロマン主義的要素は風景や服装に限られていたわけでもない。往々にしてそれは幻想的な建築の創作というかたちをとった。そしてこのことがより重要であるのは、ルネサンスにおいては画家と建築家はほぼ同じ職能であり、二つの芸術はしばしば結合していたからである。

しかし、描かれた建築にこそふさわしいその自由の感覚は、具体物の芸術において彼らがみずからに課していた厳密さと好対照をなしている。芸術がモニュメンタルなものに近づけば近づくほど、この自己否定的な戒めは厳しくなった。われわれを取り囲みわれわれの生を包み込むもの、主張が強く場を支配するもの、われわれに逃れることを許さないもの——そうしたものはいずれも、形式性と一貫性を持ち、ある種の静穏さを持たなければならないと彼らは思ったのである。現実の建築は、その規模と機能からして、そのような芸術である。それは主張が強く、場を支配し、そこから逃れることはできない。このような芸術において、野性的なもの、幻想的なもの、意想外のものがデザインを牛耳ることは許されないのだ。これが、その作品から判断するに、ルネサンスの建築家たちが重視した原則だった。

この原則は、あらゆるルネサンス建築の原則と同様、ある心理学的な事実に依拠していた。芸術が生み出すことのできるさまざまな効果というものは、たとえ基本的にはいかに多様で通約不可能であるといえども、少なくとも次の点では共通している。すなわちそれらは、程度の差こそあれ、われわれの注意を要求するのだ。浸透とでも言うべきものによってわれわれを触発し、ゆっくりとした、しみわたるような、深い印象をあたえるように意図された芸術作品もある。そうした作品は注意をひきつけようとも持続させようともしないが、しかし注意を向けられればそれは満たされる。また、われわれを捉えて感覚や好奇心に鋭く訴えかけて圧倒しようとする作品もある。そうした作品の役割は、刺激すること、興奮を与えることである。しかし、周知のようにわれわれはこの種の刺激に長いこと応答し続けることはできないため、こうした場合には、注意は早々に解放されなければならない。さもないと、われわれは囚われて挑発され続けたまま、もはや応答することもできないために、執拗な主張を前にしてじきに疲れや侮蔑を感じることになる。

こうした二つの美的主張のあり方のそれぞれが、固有の領域を占めている。どちらかが他方よりすぐれているというわけではないが、ひとはより長く満足させてくれるものをより高く評価する傾向にあるから、たいていは前者の種類の芸術のほうがすばらしいといわれる。しかしそれらはどちらも、異なる場面ごとに本質的な適性を持っているのである。その場面に持続的な注意が望まれているか否かに応じて二つのあり方から正しいものを選ぶことが成否を分けることになる。時には、幻想的な建築、つまり鷹揚な落ち着きの支配とは無縁の、好奇心を驚かせ喜ばせる建築がふさわしいということもある。ひかえめなスケールで、庭園の隠れたところであれば、それは十分に心地よいであろう。ただし、訪問する場所としてであって、住む場所としてではない。演劇的な場面ではそれは正解となるだろう。それは楽しくもあり、好奇心をそそるものでもあるだろう。しかしそれは飽きがきて注意をひかなくなるから、芸術の通常のあり方においては美学的に不適切である。繰り返しになるが、建築は主張が強く、場を支配し、そこから逃れることができないものなのだ。

　ルネサンスの実践は、このような理詰めの原則によってでなかったとしても、少なくともそれを適用するにあたっての本能的な感覚によって制御されていた。絵画においてさえ——絵画にもまた注意の匙加減というものがなければならないからであるが——「絵画的な《ピクチュアレスク》」要素は従属的なものとされていた。それを包み込む線や明暗や色彩によるより大きな構成に服していたのだ。そしてさらにその絵画全体そのものも、建築のなかで与えられた位置を占め、この建築という形式的な枠組みに従属する、もしくはすべきである、とされていた。したがって、「偶発的な」要素は、最終的な結果においては、形式的なもののなかにほど良くなじまされていた。そしてそのことによって、全体としての観念を混乱させることなく、そこに物珍しさや多様性という魅力を、無理なく与えたのである。

これがルネサンスによって可能になったことである。しかしルネサンスはさらに先に進んだ。絵画的なものを好ましいかたちで含むことができるのは絵画だけにとどまらない。また実際、絵のような美しさを持っている農園や丘陵都市《ヒルタウン》の建物だけでもない。ルネサンスは、最後には古典主義の建築そのものに絵画的《ピクチュアレスク》なものを融和させるにいたったのである。バロックにおいて、この二つが混合されたのだ。この対極の要素を完全な調和のもとに兼ね備えていることは、このまったく偉大な様式において無視できないパラドクスのひとつである。絵画的《ピクチュアレスク》なものに最大限の射程を与え、なおかつそれを建築の法則のもとに服させること——それこそがバロックの実験であり、バロックが達成したことである。バロックは、ひとを驚かせ、捉えることをためらわない。自然と同様に、幻想的で、意想外で、多様で、グロテスクである。それも最も高い度合いで。しかし、自然とは異なり、バロックはスケールと構成の法則に厳格に従属したままにとどまってもいる。バロックはそうした法則の射程を拡大はしたが、その厳密さを変えようとはしなかった。したがってそれは、決して本当の意味で偶発的でも、不規則でも、野性的でもありはしない。それは不協和や中断——〔建築と音楽が〕ちょうど並行関係にあるので——をより多様に用いており、みずからに先立つより単純で静的な様式に対する関係において、後の音楽が以前の音楽に対して持つ関係とよく似た位置にある。それは、古典的な定式の内部で運動の原理を発展させることによってその定式を拡張したのだ。しかし、その運動は論理的なものである。なぜならバロック建築はつねに論理的であるから。*3 それは、物質的な構築物としての論理を最も無視しているときでさえ、美的な構築物としては論理的なのだ。それは首尾一貫した意図にこだわるものであり、そのデザインの最大の放逸でさえ、考えなしなものでも支離滅裂なものでもない。**バロックは絵画的《ピクチュアレスク》なものを知性化したのである。**

バロック様式が、庭園や劇場――デザインに最大の自由を許す分野である――において最高潮に達したことは驚くに値しない。カプラローラの噴水や女像柱《カリアティッド》、ビッビエーナやアンドレア・ポッツォの舞台構想は卓絶している。しかしそれに劣らず、バロックは、記念碑的な芸術、永続的な芸術の条件も満たすことができた。サン・ピエトロの列柱や、ベルニーニのサン・タンドレア、ヴェネツィアのサルーテ、ラテラノの正面などは、「刺激的な」建築だ。それらは、はっと人の注意をひく。光と影を鮮明かつ絵画的に用いる。その効果は鋭い刺激を与える。こうしたこと全てにおいて、それらは絵画的《ピクチュアレスク》なものの直接の長所を具現化している。ところが、それらが与える最終的かつ永続的な印象は、揺るぎない穏やかさである。というのも、それらが持つあのバロックらしい手堅さには、バロック的な不規則性によってさえ奪われることのない落ち着きがあるからだ。それらは永続に耐えることができる。というのも、それらはあの確固たる完結した思想を持っているからであり、それらの傍らにいれば、われわれはそれを疑うことなく受け入れるのである。

このように、ルネサンスの絵画や建築のなかにも、絵画的《ピクチュアレスク》なものを適切に使用した例がある。しかしそれらの制約は尊重されない運命にあった。自然への崇拝は、それに必然的にともなう慣習への敵意によって、絵画的《ピクチュアレスク》なもののそうした扱いを変容させ、絵画的《ピクチュアレスク》なもののなかでも救いとなる諸特性を破壊してしまった。それは、「場を支配し、主張の強い芸術」と絵画的《ピクチュアレスク》なるものとの折り合いをつけることを可能にするような特性、すなわち、抑制、完結性、落ち着き、などである。

ルネサンスが勢いを持っていた間は、ロマン主義的な自然観は古典主義建築の敵ではなかった。このことについては画家たちによって十分な証明が与えられている。クロード・ロランの絵画は、自然を、光に満ちたウェルギリウス的な雰囲気のうちに詩的に表現したが、彼の幻視する古典主義建築は、それに対して異質であるどころか、ほとんど不可欠な一部となっている。彼の描いた神殿の厳粛な静けさなしには、平穏な自然も彼が夢見たほどに人間らしくは見えなかったかもしれない。またそれらの神殿のコリント風の威容なしには、その自然はこれほど壮麗には見えなかったかもしれない。より緑の生い茂った描写をしたプッサンも、形式においてはクロード・ロランに劣らず古典主義的だ。さらに劇的な自然画家たち――サルヴァトールをはじめとする――にしても、みずからのインスピレーションの奔流を、それ本来の限界を超えるほどに押し進めはしなかった。おそらくピラネージにおいて初めて、新しい精神がその威力を見せはじめる。芸術における絵画的《ピクチュアレスク》なものの最大の巨匠たるピラネージにおいて、自然は建築をその手に握りしめ、「大理石に根を張ったイチジクの木」のごとく、建築をその抱擁のうちに破壊し捻じ曲げるのだ。こうした結合がやがてたどることになる帰結は、この巨匠の芸術の最初の時期にすでに予示されている。彼は地獄を思わせる地下牢の幻影を描いているのだが、そこには意味も出口も希望もない。絵画的《ピクチュアレスク》なものに膝を屈した建築は、二世代後にはこのような混沌へと転落することを宿命づけられていた。しかしそれらは、ピラネージの「牢獄《カルチェリ》」のような荘重さに達することはない。ピラネージの銅版画はどんどん複製されて広く流通した。そしてそれらの絵画的《ピクチュアレスク》な力が十八世紀の想像力に及ぼした影響は決定的なものだった。こうして文学作品のための道が準備され、新たな自然への詩的感性は、始まったときから、既存の流行によって補強されていたのである。絵画と文学は、いまや一体となった。絵画的《ピクチュアレスク》なものへの嗜好は、それら二つの芸術の内においては擁護されうるものであったが、その境界内だけにとどめ置かれることは長くはできなかった。絵画的《ピクチュアレスク》な建築――バロック様式でさえそれまで遵守してきたあのもろもろの拘束を受けることのない建築――というものが要請された。革命期の哲学は、こうした芸術上の衝動に対して好意的だった。確かに、それは当初はギリシア風の装いを纏《まと》っていたし、ダヴィッドは賢人や暴君たちのためにドリス式の背景を仕立てていた。しかし、「自然」権や無秩序への信奉は、最も厳粛かつ最も慣習に基づいた様式と、いつまでも結びついたままでいることはできなかった。自由の哲学は、世のなかと同様、建築においても、自然という魔力を呼び覚ましたのだ。しかし建築が素材としているものは、政治のそれと同様、自然をかたどるには向いていなかった。というのも、建築や政治の形式は硬直的なものであり、そこでは、多様性はしだいに退屈なものとなり、自由さもその魅力を失うことにならざるをえないからである。

しかし、そのような議論だけでは不完全だ。次のような返答も可能だろう。絵画的《ピクチュアレスク》な建築物は、近代のドイツの様式やゴシック・リヴァイヴァルの幻想的な様式のように、主張が強く新奇で勝手気ままなものである限りにおいては、確かに不適切かもしれない。しかし、絵画的《ピクチュアレスク》なものを目指す建築は主張が強くなければならないというわけでは必ずしもない。奇想的なロマン主義というものはある。たとえばシャンボール城のロマン主義や、ダンの詩のように。しかし、自然な単純さを持つロマン主義というものもまた存在する。たとえばワーズワースのロマン主義や、「素朴な」建築のように。実際、建築は、奇をてらわずとも絵画的《ピクチュアレスク》になることはできるし、静寂を乱すことなく多様性を持つこともできるのだ。それを好ましく思ってはならない理由があろうか。ただ利便性にしたがって多様な形式を示すあの類の住宅建築のどこに罪があるというのか。そうした絵画性《ピクチュアレスク》は巧まずしてなされるものであり、住宅を自意識のない本来の性質に沿わせるものであるから、そこには落ち着きが生ずるだろう。意図的な主張が存在しないのだから、強い主張が無理に注意を引きつけるということもない。これこそ、現代において、真にルネサンス様式に拮抗するものである。こうした建築こそがイギリスにしっかりと定着した建築であり、絵画にも映え、住むのにもよいと、われわれが考えるものである。この建築は、詩的感性と感情に支持されている。そして、何もせずとも、目に快を与えることができるのだ。成長するに任せたとしても、すぐに「自然の被造物に似たものへと、自然自身の魔法によって、変形される」。その美しさは、基本的かつ真率なものであるから、流行に左右されることはない。

そのとおりである。しかしわれわれは、この当たり障りのない、ときおり魅力的でもあるという建築のために、どれだけのものをあえて諦めなければならないのだろうか。それは何と対比されているのか。よく言われるのは、それと引き換えに失われるのはたかだか形式性にすぎない、というようなことである。形式性にもまた、それ固有の、もしかしたら同等の、魅力がある。しかもそれだけではない。それは設計《デザイン》の基礎である。建築において、知性を捉えてその関心をひくものすべて、含蓄があり持続性のある悦びのすべて、リズムの繊細さや着想の壮大さのすべては、形式性のうえに築かれる。形式性がなければ、建築が語る言葉は構文を欠いた文章のようなものだ。この形式性によって、建築は、音楽もまたそうであるように、思想と同じ地位にまで到達するのである。形式性はみずからの主題を備え、みずからの議論を明晰に展開する。「絵画的な《ピクチュアレスク》」建築がけだるい鼻歌か夏の野を漠然と覆う羽音であるとすれば、「形式的」な建築は音楽芸術の総体である。

そうしたすべてが犠牲にされる一方、あのわずかな長所さえも、ひょっとすると得られないかもしれないのだ。時間や衰え、色彩や、偶発的な使われ方によって、また予期しない角度からの偶然の眺めによる新たな視点によって、どんなに厳格な建築にも絵画性《ピクチュアレスクネス》が与えられる期待は持てるだろう。また、混乱に魅力があるのも、まず思想があればこそである。設計《デザイン》は絵画的《ピクチュアレスク》なものの宿敵ではない。絵画的《ピクチュアレスク》な理想のほうが伝統に敵対し、設計《デザイン》を忌み嫌っているのである。

ここでのわれわれの関心は一点に尽きる。絵画的《ピクチュアレスク》なものに長所がないわけではないのは確かである。実際その長所は明らかすぎるほどだ。問題は、それが理想となったとき、絵画的《ピクチュアレスク》なものは趣味を鈍化させるか、鈍感な趣味を黙認するかであることだ。あたかも雑草のように、それ自体が醜いわけではないものの、あらゆる成長の芽を摘んでしまうのである。近代の絵画的《ピクチュアレスク》なものへの嗜好は――過去の画家たちが十分に証明しているとおり――なんら新しいものをもたらしていない。自然と人間の作品とは、絵画的《ピクチュアレスク》な美に満ちており、そのことはずっと知られてきた。しかし絵画的《ピクチュアレスク》なものの美学的な内容は建設的なものではなく、それを展開することもできない。にもかかわらず近代の趣味は、この程度の低い、将来の創造につながることも、過去の形式の理解に資することもない質に拘ってきたのだ。それが目新しさというものであり、偏見というものである。

美には、芸術の美と自然の美がある。建設において設計《デザイン》の原理が緩められるとき、それは自然になるのではない。むしろたいていは、だらしのない芸術になるのだ。自然は、生きた芸術にとっては、ヒントに満ちている。しかしそうは言っても、自然は抵抗力であり、征服され、調整され、装飾されるべきものである。芸術の力が尽くされ、その試みがひととおり完遂されたときにはじめて、自然はその葛藤から解放され、独立した理想として自立する。したがって自然が芸術の座を占めるとき、それは人の手による文明の最後の徴である。自然崇拝が始まったのが十八世紀の終り――あの偉大な、究極の完成にして祖型の実現――であったのは理由なきことではない。ほんのひととき、過去の習慣がまだ思想のうえに名残をとどめていた間は、災いは堰き止められていた。自然崇拝はさまざまな慣習のひとつとして、枠組みのなかに場所を見いだしていた。しかし次の一歩は、趣味の自殺行為だった。全体から切り離され、精神の持つ形式本能に敵対させられた自然は、当然のことながら混沌をもたらした。その混沌から生まれ出たのが怪物的な建築、すなわち、「informe ingens, cui lumen ademptum〔形なく〔醜悪で〕、巨大で、光を奪われている〕」である。こうして人の手によるものはロマン主義的な趣味によって蔑まれることになったのだが、芸術は、他のいかなるものでありえたとしても、まさに人の手によるものでしかありえないのであった。そして芸術は、ただ自然でないからというだけで蔑まれたのであるが、それはいかなる芸術にとっても、どんな策を弄そうと、望むべくもないことなのである。

＊1　すぐれた建築を草木で埋め尽くすという習慣はイギリスの特徴である。千もの例のなかからひとつを挙げるなら、オックスフォードのトリニティ・カレッジの礼拝堂は、観光客に対して紹介されるとき、それがその町で最も優美な建築作品である、あるいはそうでありえた、という事実に加えて、むしろそれを完全に覆い隠す血のように赤いツタによってこそ特に賞賛に値するものであるとされるのが習わしだ。Naturam furca expellas.〔自然は熊手で掃き出すことができる〕。……だがくだんのロマン主義の先生方は、どうやらその努力を放棄して、ホラティウスの代わりにワーズワースを採ったようだ。

＊2　このことは、あるフランスの貴族が、当時は新奇なものだったロマン主義風に庭園をレイアウトするうえで最も好ましい方法をあるとき問われて与えた助言に、哲学的な基盤を提供するものであるかもしれない。「園丁を酔っぱらわせて、その足取りに従いたまえ」。こうした方便によって一時的に奪還された「自己観照的な理性」は、ラスキンにとっては、政治における専制、建築における規則信奉《ペダントリー》、精神における

高慢の、常なる源泉だった。

＊3　私が語っているのは一貫して最上のバロック建築についてである。当然、なかにはまがいものもあるし、建築芸術の理論を認識することなく形態を模倣した無知な試みもある。対して、近代の建築における「絵画的《ピクチュアレスク》」趣味の本質は、理論の不在であり、気軽さへのこだわりである。

第四章　力学的誤謬

以上が、ロマン主義運動からインスピレーションを受けた批評の傾向と、それが建築にもたらした結果の概略である。この批評に続いて登場したのは、起源はまったく異なり、論法もさらにもっともらしいものではあったが、結局は同様に人を誤りへと導く学派であった。詩的感性ではなく科学、感情ではなく計算が、いまや人を惑わす要因となったのである。ルネサンスの伝統の幕引きの後に出現した、際立った精密さを持つ機械的な発明の時代は、その伝統を見るにあたっての視点を定めることに対して、影響を及ぼさないわけにはいかなかった。当時の基本的な考えそのものが、この時代を特徴つけていた科学的探究によって支配されていたのだ。

ある特定の分野で非常に有益であった方法によって、生活上のあらゆる活動、さらには人生観そのものまでもが解釈されるようになっていた。機械論的な説明が当てはまりにくい事柄は、あまねく無視されるか、場合によっては、機械論的な表現に強引に押し込められることもあった。というのは、どんな現象も、そのように還元できる場合においてのみ、その研究から有益な結果を期待できるというのが、科学的方法論のひとつの公理であったからだ。この法則に対しては、芸術も例外ではなかった。しかしながら、芸術は一般に広まっている二つの相対する方向性を持った理論から影響を受けていた。多くの人にとって、美学は、他のあらゆる哲学と同様に、唯物論的で機械論的な科学のカテゴリーに従属するものとなった。その一方で、芸術を評価する人々は、各芸術を分けて考えることをますます主張する傾向にあった。というのは、科学的方法論の本質は調査分野を分割すること——それぞれの分野が固有の仮説に従うこと——であったために、美術が自律した領域に撤退することや、みずからのもの以外のあらゆる価値からの解放を求めることはごく自然なことであった。したがって、「芸術のための芸術」というのは、唯美主義的な響きを持っているが、ある意味では、科学の時代には典型的なモットーである。この言葉を流布させたフローベールは、本質の部分で科学主義的な芸術家だったのだ。しかし芸術は、自律性を振りかざすことで、結局は当時一般に広まっていた科学的前提への完全な追従を示したにすぎなかった。芸術のそれぞれ領域は異なったやり方で膝を屈した。こうして絵画は、意味を求めて努力する代わりに、みずから認めているとおり、印象主義的になっていき、光学的な事実や視覚の提示にのみかかわっていくものになった。文学は、リアリズム的かつ統計的で、記録的なものになった。建築は、まさに建設技術を基盤とするものであるゆえに、他の芸術よりもさらにたやすく純粋に科学的な記述の用語によって移し替えることができた。そのうえ、その目的は、容易に技術者の理想と置き換えることができた。明らかに機械論的要素がその基礎をなす領域では、機械論的結果がその目的であるかのように装うことは自然なことであった。特に、思想のあらゆる分野において、価値の本質がその価値を生み出す手段と多かれ少なかれ混同されていた時代には、なおさらのことであった。

さて、私たちがいま記述してきた思想の動向は、ロマン主義とは決して結びつかなかったし、むしろロマン主義に対する一種の反動だと見なされることさえあるが、両者は少なくともひとつの特徴を共有していた。それは、ルネサンス建築に対する避けがたい偏見であった。機械論的傾向が必然的に好む建物は実用的な部類に属するものであった。それらは、技術を凝らした橋、工場、輝かしい産業の巨大建造物であり、堂々と形態への無関心を表明していた。しかしながら、「様式間の争い」――ゴシックとパラディオ風との好みの対立を指して当時そのような言い回しが流行していた――のなかで、中世芸術により高い評価を与えることにおいて、科学の影響力は、詩的感性の影響力を強化したのである。というのは、ゴシック建築を建てた人々は、単に中世風の物語に好まれただけでなく、純然たる建設技術の問題に熱心に取り組んでもいたからである。厳密に言うと、ゴシック建築が出現したのは、ローマ様式のバシリカにヴォールト天井をかけようと取り組みはじめて以来、北ヨーロッパの建築家たちを悩ませていた建設技術上の問題が、間隔をおいたバットレスの発明によって解決されたときだった。ゴシック様式の展開は、この建設技術上の発明の進むべき道のりそのものだったといってもよいかもしれない。ボーヴェにおけるその試みの最高潮と、その文字どおりの崩壊は、まさに、絶え間なく長期にわたって行われていた建設技術上の実験の最高潮と崩壊であった。ゴシック以上に、これほど多くの部分が、建設技術上の起源を示し、建設技術上の意図を保持している建築はこの世になかった。身廊に並ぶ緊密な束ね柱は、構造という枠組みにおいて必然的で分割可能な分節であり、そのそれぞれが天井の繊細な装飾模様に分岐していくとしても、それらを統御しているのはやはり建設技術なのである。かつてはギリシア様式だけが、建設上の基礎を明確なものとして示すことができた。しかし、機械的な精巧さに関心を持つ世代にとっては、その点でゴシックがギリシアに対して優位であった。なぜなら、その構造が静的というよりもむしろ動的であり、その結果として、より大胆かつ同時により複雑であったからである。このように、そっけなく、空想的で、神秘的であったゴシックは同時に、精確で、計算され、機械的であった。

中世風物語の具現化であると同様に科学の大勝利でもあった。これと直接対照的な位置に存在したのが、ルネサンス建築であった。ここにあるのは、すでに見てきたように、建設技術上の事象を美的な効果に、意図的にためらいなく従属させる様式であった。それは、これら二つの要素が呼応することを達成することはなかったし、そうすることを望んですらいないようであった。ルネサンス建築を建てた人々は、建設に由来する形態の効果が必要とあらば、躊躇なくその効果を活用したし、その効果がもはや建設技術上の役割を満たさなかった場合でさえそうしたのであった。他方で、彼らはこの類の真実への同様の無関心をもって、骨組みを実際にかつ効果的に支えている建築の要素を苦心して隠したり、さらには隠すだけでなく否定したりさえした。建設技術の科学は、長い間、建築の支配者であったが、彼らはそれを建築に従属するものとして扱った。つまり、機械論的な方策を外から見えないかたちで活用することに甘んじず、科学的な建設技術に裏づけられた形態を純粋に装飾的な用途に流用し、コーニスと付け柱とをあらゆる実用的な重要性から切り離して、戦利品のように壁に展示したのだった。そのうえ、建設技術に対するそのような態度は、そもそも古代ローマの建築がアーチと楣《まぐさ》の「不合理な」組み合わせを用いたことにも暗示されていたものではあったが、ルネサンスがその形態を成熟させ、その手法に対してより自覚的になるにつれて、よりいっそう大胆になった。見方によれば、よりいっそう無遠慮になったとも言えるかもしれない。堂々としてはいるが不安定なドームが受け持っているかのごとく装っている仕事は、隠蔽された状態の金属製結束具やバットレスによってなされていた。教会のはるか上に空へ向けてそびえ立つファサードは、内部空間の壮大さを表現しているかのごとく装っていた。また現実には何階かによって構成されている建物も、ひとつの古典的なオーダーのなかに取り込まれた。

そのような手法がルネサンス期にどれほど一般化されていたかを過小に見積もることは無意味である。確かに、もっとも明白な事例が見受けられるのは、イタリア、しかも十七世紀に限られたことではあるが、そこで最高潮を極めたこの原理は、潜在していたのであり、その最初期にさえ多くの事例に見いだすことができる。その原理は、ルネサンスが美的な問題に取り組む際の観点そのものに、本質として備わっているものである。全体として「不誠実」が連続的に増幅しつつある様相を呈しているこの様式において、いずれかの時点を正当化できる限界として選択し、その後に生じてきたものを全て非難し、一方でそれ以前に生じたことを賞賛することは、不当であり、恣意的であるだろう。とはいえ、これは、一方では「科学的」な批評家達の酷評、他方では建築の「黄金時代」として認知された名声の双方に対して譲歩すべきだと感じていた批評家たちの間で流行した妥協以外の何ものでもない。しかし、そのようなやり方は誤解を招くものであり、本質的な問題を避けてしまう。これとは反対に、至急なすべきことは、ルネサンスがこの自由を主張し、行使していたのは最初からであったことを認識し、その主張と関連する原則を精査することである。建設技術とデザインの関係は建築美学の基礎的な問題であり、ルネサンス様式がここまではっきりとした形で問題提起することで、その議論の必要性を喚起したことをわれわれは歓迎すべきだ。しかしながら、その問題は、「科学的」な批評が相も変わらず想定するほど単純なものではない。

われわれが次に問わなければならないことは、建設と建築的美との真の関係は何か、ルネサンスはその関係をどのように考えていたのか、そしてその形成はどの程度の正当性を持ちえたかということである。

まずはなるべく公正な姿勢で、これらの質問の最初のひとつに対する「科学的」な答えを出す試みから始めよう。そして、その答えがわれわれをどこへ導くのかを確認し、もし困難へと導くものであれば、科学的な視点にしたがって可能な限り修正してみよう。

くだんの批評家たちはきっというだろう。「建築は建設技術である。芸術としての建築の本質的な特徴は、それが光と影との単なるパターンだけでなく、構造的な法則をも取り扱うところにある。そのために、建築を評価するにあたっては、建築の芸術としての独自性を形成するこの特性を見過ごしてはならない。それどころか、あらゆる芸術が評価されるのは主としてそれ自身の特別な性質によってであるのだから、建築の基準は構造的な法則との関係においてこそ確定されなければならない。要するに、建築が美しくなるのは、その建設技術がすぐれていて、しかもそれが、最も誠実に表現されている場合である」。そしてこの主張の補強として、科学に依る批評家は、ゴシック様式ではいかにあらゆる細部が建設上の役目を表現し、そして、そこでまさに求められている役割と合致している感覚を通してわれわれに喜びを与えているかを示すだろう。さらには、ドリス式をも引き合いに出して、同じことを主張するだろう。そして、過去の二大様式が、実際に、特殊で完全な建設上の原理——一方は楣、もう一方はヴォールト――の誠実な表現だというだろう。

さて、この主張がギリシアと中世との建築実践に基づく限りにおいては、それは帰納的《ア・ポステリオリ》の議論である。しかし、全ての事実を証拠とするのでなければ、独断的かつ帰納的《ア・ポステリオリ》に推論することは明らかに無意味である。もし、これまで快を与えてきた全ての建築が定義において述べられた原理を支持していたならば、その主張は説得力のあるものになるだろう。たとえ論理的に確実とは言えなかったとしても。たとえひとまず、ギリシアと中世の建築についての描写が正当なものであると認め、また、趣味におけるギリシアの卓越性と定評のあるゴシックの美しさを認めたとしても、これらをもとにした主張は、それ自体では、ローマやルネサンス様式で用いられた異なった実践に対する適切な非難となっていないことは明らかである。ローマやルネサンスの様式はこれまでもそれら自身人気を博しているし、その主張はいまだに審判を受けていない。

しかしながら、我らが科学的批評家は、自分の主張は権威にではなく、彼の定義の有用性に根拠を置いているのだと返答することも考えられる。つまり、彼の主張はむしろ演繹的《ア・プリオリ》なものであり、ギリシアや中世の建築を単なる実例として挙げているまでだ、というものである。だが、その実例は正当なものだといえるだろうか。「すぐれた建設技術が、誠実に表現されている」というのはギリシアやゴシックの建築様式の描写として十分なのだろうか。そもそも、それは精確な描写といえるだろうか。

そもそも、それらは「良い建設技術」なのだろうか。さて、純粋に建設技術からの視点――

すなわち、技術者の視点――からすれば、良い建設技術とは、必要とされる結果が完璧な安全性と最も経済的な手段とによって得られることに存する。だが、「必要な」結果とは何か。ギリシアやゴシック様式の場合、それはある種の壮大さとプロポーションとを持った教会や神殿に屋根を架けることである。だが、壮大さとプロポーションは、実用的な考慮によってではなく、美的な考慮によって決められたものである。さらにいえば、最も経済的な手段とはなんであろうか。ドリス式オーダーは明らかに該当しないといえよう。なぜなら求められているよりはるかに重いものを支えることができる耐力を持っているからである。ロマネスクや最初期のゴシックも同様の理由で当てはまらないことは明らかである。しかしそれらは、まさにその理由によって私たちを楽しませてくれるのだ。そう考えると、ギリシアや中世の建設技術は純粋な建設技術ではなく、美的な目的のための建設技術である。また厳密に言えば、それは「良い」建設技術ではない。というのは、建設的技術には、それはしばしば極端に要領が悪く、無駄が多いからだ。

さて次に、それを「誠実に表現された建設技術」と描写することはできるだろうか。それもできないだろう。というのは、ギリシア様式のディテールは、建設技術を起源としてはいるが、木造の建築物の意匠を表現しているからだ。それが石で再現されれば、それは構造上の事実を不誠実に表現していることになる。

さらには、もし「誠実に表現された建設技術」の意味するところが、美的な印象は本来の建設上の事実を私たちに正確に伝えるべきだ(科学的批評家たちが非常に好んで用いる紋切型だ)

ということであるならば、多くの賞賛を得ているゴシックの「野心的な」性質、その「そびえ立つ」大小の尖塔は、どう正当化されるのか。構造上の事実に即して言えば、大伽藍の動的な動きは、すべて下向きのものであり、大地に向かっている。それに反して建築家は、あらゆる動きが空に向かって上昇するように方向づけられているという考えを私たちに印象づけようと苦心を凝らしてきた。そして私たちはその印象に喜びを見いだすのである。

そのうえ、この定義――建築の美は「誠実に表現された良い建設技術」のなかに存在する――は、ギリシアや中世の建築には当てはまらず、これほど広く喜ばれているそれらの様式の性質と相反するばかりか、これらはむしろ、鉄製の駅舎や印刷機や、与えられた機能を忠実にこなすあらゆる機械にこそまさに当てはまるのである。よしんば多くの機械は美しいものだとしても、全ての機械が美しいと認めざるをえなくなるとすれば、それは背理〔*reductio ad absurdum*〕である。まして、機械がギリシアやゴシック建築の様式より本質的に美しいことを認めるとなればなおさらだ。ところが、この定義のままに従うとすれば、このような結論へ導かれることになるのである。

だとすれば、建築の本質的な価値が「誠実に表現された良い建設技術」のうちにあるという見解を裏書きするためにギリシアとゴシックの建物が引き合いに出されるときには、われわれはそれに反論して次のように言わねばならないことは明らかだ。すなわち、他のあらゆる様式は言うに及ばず、ギリシアやゴシックの様式もまた本質的に悪い様式であるのか、さもなければわれわれの定義を修正する必要があるのか、二つにひとつである、と。科学的批評も恐らくは後者を選択するだろう。科学的批評は、建築美と良い誠実な建設技術とを同一視する支持者たち（そうした者はたくさんいる）とは縁を切らなければならない。そしてその定義をおおむね以下のようなものに修正すると考えてよいだろう。

すなわち、美は良い建築にとって必要であるが、美は良い建設技術と同じではありえない。しかも、良い建設技術は美と同じくらい必要である、といわれることになるだろう。そして、それらのありうべき両立を成し遂げるためには、完璧な建設技術は絶えずなんらかの譲歩を強いられることを認めざるをえない、とも言われるだろう。建築はその目的を達成するための手段を選択する上で、つねに経済的に理想どおりではありえないし、その表現においてつねに完全に誠実でもありえない。しかもその一方で、建設技術への忠実さに傾けば、意匠の優美さや威厳に対してなんらかの抑制が課せられることも起こりうる。しかし、良い建築は、なおも、全体として、同時に美しくもあり、また建設技術に忠実でもなければならない。

だが、このことは良い建設技術と美という二つの明らかに異なる要素があることを認めることになる。その二つはいずれも価値を持つが、互いにどちらの観点にも還元することはできない。だとすれば、どうしたらこれら二つの異なった要素を釣り合わせることができるのか。もし、ある建物が美の要素をふんだんに持ち、建設技術の要素をあまり持っていないとしたら――多くの者が、これはルネサンス建築の場合に当てはまるというだろう――その建物をどのように位置づけるべきだろうか。そしてどのような評価を与えればよいのだろうか。また、その建物を、たとえば、逆に建設技術の合理性はあっても美の要素がほんの僅かしかない建物とどうやって比較すればよいのであろうか。建築家は、その二者の間から選ばなければならないという絶え間ないジレンマにおいて、何を頼りとすべきなのか。また、両極端の例を想像すると、たとえば、そのプロポーションと気品、そしてその突出部の光と影のほど良い配置によって目を魅了するものの、知性によって次第にあらゆる面で建設技術上の「非合理性」が見いだされてしまうような建物と、先ほど想定した駅舎のような建物、つまりあらゆる身体的な感覚を不快にさせるが、構造的には完璧で誠実な建物とを、どう比較すればよいのであろうか。さて、この最後の問いがここで私たちに確実に示そうとしていることは、いずれにせよわれわれはここで、芸術であるものと（それは誤った芸術であるかもしれないが）、まったく芸術でないものとを比較しようとしているのだ、ということである。言い換えれば、芸術の観点からすると、美という要素は必要不可欠である一方で、建設技術の合理性という要素はそうではないということである。おそらく、建物の建設技術は単に実用的な必要性であり、芸術にとっては美を創造するための基礎原料あるいは手段として存在するにすぎない、といえるだろう。それは画家にとっての顔料やキャンバスの存在と同じようなものだ。不安定な構造は、色あせた顔料と同様に、芸術における技術的な欠陥である。それ以上の構造的な配慮は、芸術の目的からすれば意味のないことなのである。そして建築批評は、その主題を芸術として扱う限りにおいては、こういった考え方を取るべきであろう。

しかしここで科学的批評から、必ずやなんらかの反論があるだろう。美は良い建築において建設技術上の合理性以上に本質的な資質であり、それら二つの要素を同一視することはできないことを認め、さらに建築芸術の批評がこの視点を受け入れるべきであることは了解するが、それでもさらに考慮すべきことがある、と主張するだろう。建築美は、単なる技術上の理想とは異なるとはいえ、やはり構造の美なのであり、したがって、絵や音楽の美とは異なるものなのである。建築の美は、光と影のパターンにあるのではなく、また量塊の心地よい配置にあるのでさえなく、その構造に、視覚化された力の関係性にあるのだ。建設技術と絵画の単なる画材とのアナロジーは間違いである。われわれは画家のキャンバスの張り方や顔料の混ぜ方からは喜びを感じないが、荷重に対する支持材の調整や押圧力に対する反力の調整からは喜びを得る。装飾的なディテールをこれらの機能的な要素に加えることが正当であることは疑いない。それらは色彩や彫り物によって豊かになるかもしれない。しかし、われわれが色彩や彫り物に見いだす快は絵画や彫刻に対する快であるだろう。一方われわれが見いだす建築特有の快とは構造的要素の機能そのものにあるだろう。柱やアーチの鮮明な建設技術上の意義のなかにこそ、建築的美が存在するのであり、単にその色彩や形態それ自体のなかにあるのではない。したがって、構造的な価値がない状況では、目はその他の質に魅了されているだけであり、そこでわれわれが楽しんでいるのはもはや建築的美ではないのである。これらの機能的な要素だけが鮮明に、そしてもし必要であれば強調と誇張によって表現されなければならない。支持部材は、それが支えとなっているということをわれわれに確信させねばならない。したがって、ドリス式あるいはロマネスクの量塊感は、ある意味科学としては劣っていたが芸術としてはすぐれていた。しかしその美は、それでもなお、本質的には構造的であった。そう考えると、印刷機や駅舎は、しかるべくわれわれの定義から外れるだろう。なぜなら、それらは誠実かつ完璧に構成されているし、その機能に適合しているが、その機能が何であるかや、その機能を実行するのにどれだけ適しているかを、十分鮮明に表現してはいないからだ。それらは構造的に完璧ではあるが、いまだ構造的に美しくはないのである。その一方で、多くのルネサンス建築のアーチや付け柱は、形態のパターンとしては十分に心地よいが、一見それが果たしているかに見える一定の構造上の目的にはもはや用いられておらず、それゆえ構造全体のわかりやすさや鮮明さを損なうと同時に、その構造の美しさをも損ねてしまっている。したがって、あるグループは機能的ではあるが構造が鮮明でないために美に到達せず、また別のグループは構造が鮮明ではあるが機能的ではないために到達できないのである。

建設技術と建築意匠との関係についての「科学的」視点からの主張は、明らかに論証できない内容を削ぎ落とした上で詳細にわたって述べれば、上記のとおりに、あるいはこれに近いものになるだろう。現代の建築批評では、習慣的にこの視点を自明として受け入れることを求められており、それは論証不能な主張についても同様である。しかもこれは、純粋にその時代の機械論的な先入観のみによって議論なしに受け入れられているのであり、この先入観は「構造」を根拠としたあらゆる批評を奇妙に説得力のあるものにしてしまう。そのような視点は、われわれが述べたような修正されたかたちであったとしても、ひとつの建築上の理想を打ち立てるのであるが、この理想は、確かにギリシアや中世の建設者たちには概ね遵守されたものの、ローマでは不完全にしか遵守されず、さらにルネサンスではそのほとんどの時期においてまったく遵守されなかったものである。その視点は必然的に後者の様式に対するわれわれの共感を切りすててしまうように思われる。この不幸な結論を受け入れる前に、その理想がそれほど合理的で一貫しているのかどうか確かめてみよう。

第一に明らかなことは、建築物の建設技術上の鮮明な特性は、それが建設技術に実質的に寄与している限りにおいては、事実として存在しなければならないということである。その建築物の安全性、ひいてはその建築物が保有しうるいかなる芸術的な価値も、このことに依存しているのである。そして、その荷重に対して適切であるように見えた支持材が、実際には適切ではなかった場合、それは建設技術として間違っていることになるだろう。しかし、その特性が鮮明になっている限りにおいては、それは外見として存在することになる。建設上の特性の鮮明さを唯一決定できるのは、その特性について知的に発見しうる科学的事実ではなく、その特性が視覚に及ぼす効果である。建設技術が、つねに、あるいはほとんどつねに、なんらかの意味でわれわれの関心事であるということは確かだが、しかしつねに同じ意味においてそうであるわけではない。ここまでで明らかになった建築の二つの要件は、事実における建設技術の整合性と、外見における建設技術の鮮明さである。そこで、科学的な批評家たちは、これら二つの要件がときとして同時にかつ同じ手段で満たされてきたのであるから、それらを満たす他の手段は許されないと当然のように考えてきたのである。しかし、これまでのところ、これら二つの資質がつねに相互に依存すべきであることや、両者が必ず同時に満たされなければならないことにこだわる必要性は、示されていないし、想像することも容易ではない。建築物におけるそれらの価値は、まったく異なる種類のものだ。だとすれば、それらはなぜ一挙に達成されなければならないのか。確かに、そうすることが可能な場合には、それが良い建築意匠を確実とする最も簡潔で直截な方策であることは疑いない。確かに、それが成されたと実感するときには、その符合に対してある知的な喜びが生じうることは疑いない。しかし、常々言及されるギリシア人たちでさえ、この符合を達成することからはほど遠かった。彼らが原始的なドリス式の建設技術を用いて、それを完全に美的な形態へと昇華させたときには、彼らが施した無数の調整は視覚的な効果を狙ったものだった。それらは構造上の要件に反する結果もたらしはしなかったかもしれないが、少なくとも視覚的な効果と構造上の要件とは区別されていた。ルネサンスは建築意匠のいくつかの要素のうちにあるこの区別をきわめて明瞭に捉えていた。ルネサンスが理解していたのは、建築のある目的においては事実が全てに値し、またある別の目的においては外見が全てに値するということである。そして、この区別を徹底的に利用したのである。ルネサンスは、必然的な事実が、それだけで必然的な外見を生み出すべきであるという主張に固執しなかった。そして、それぞれの問題を個別に考慮し、それぞれを個別の手段で確実に解決することで事足れりとしていた。もはや足かせをしたまま踊る必要はなくなった。ルネサンスが生み出した建築は、溌剌として安定しているように見えたし、その建築が実際にそうであることを見れば、適切な手段が用いられたことがわかる。ほかの手段として何があったのか確認してみよう。ギリシア建築は、単純に神殿建築であった。そこでは、建築芸術が扱う実用的な問題はきわめて単純なものにすぎなかったので、その必然的な形態を美的に要求される特徴に適合させるのにさほどの面倒は生じなかった。ゴシックの大聖堂においても、美的な要件と実用的な要件との間にはまったく不調和がなかった。しかし、科学的な批評がきわめて高く評価している中世の建築物がその範疇を拡大しようと試みたとたんに、その建物は全体的なデザインを実用的な利便性のために犠牲にすることを強いられ、結果的に、たいていの場合、美的性質といってもピクチュアレスク程度のものしか獲得できなくなってしまった。そして、その場合にも、たかだか月並みな実用性しか達成できなかった。さて、ルネサンス建築はというと、よりいっそう多様でわがままな生活の実用的な要求にこたえなくてはならなかった。仮に、ルネサンス建築が、構造的な誠実さという理想、すなわち建築の構造的必要性と美的必要性は一挙に満たされなければならないという恣意的な主張に縛られたままだったならば、構造的な美の追求はあらゆる局面で妨げられていたことだろう。このジレンマは誰にとっても明白だったので、それを乗り越えるために取られた手段によって気分を害したものはいなかった。

このようにして、建築の実質的な範疇が建築の美の領域を損なうことなく拡大しただけでなく、美の領域自体をも大いに拡大したのだった。サン・ピエトロ大聖堂のドームの中で私たちが目にするのは、その量塊の自己完結した感覚のなかにはっきりと存在する雄大さを持った構造と、その本体を制御し、支えているように見えるいきいきとして力に満ち溢れた輪郭である。だが、実際には、サン・ピエトロ大聖堂にこの特徴を与えようとする試み、つまりこの荘厳な構造的効果を建築芸術の財産に加えようとする試みが意味していたことは、ミケランジェロがドーム構造の科学的な要件に対して逆らっていたということだった。力の感覚をそのように強烈に伝えるその量塊は、実際には弱いものであった。ミケランジェロはそのドームをその場所にとどめておくのに、大きな鎖に頼らざるをえなかったし、これに彼の後継者たちはさらに五つの大きな鎖を加えていった。もしも彼が、現代において彼を批評する者が望むように、単独で構造的に成立するビザンツ式のドームを採用していたなら、彼は比較的活気のない無意味でつまらない量塊を、サン・ピエトロ大聖堂の頂に載せなければならなかっただろう。構造的な誠実さは得られたかもしれない。だが、構造的な鮮明さは犠牲にされたことだろう。彼は、建築的美の本質にある構造上あるいは機能上の重要性に対する無関心から、偉大なドームをこのように設計したのではなく、むしろ美を確実なものとし、そしてそれを伝えるために行ったのであった。彼は建築における建設的な事実と建設的な見えがかりの相対的な位置関係を捉えたからこそ、それほどまで成功することができたのだった。まさにそれと同じ区別の感覚によってこそ、ルネサンスの建築家たちは、学派として、新しい美を持って建築を豊かにしただけでなく、古代様式のかつての硬直した形態をその用途に従わせることで、ありふれた日々の営みに威厳を与えることができたのである。しかも、彼らはこれを、彼らの芸術の基礎を率直に知覚の事実に置くことで行っていた。実際に、彼らは抽象的な論理から、心理へ向けて訴えかけた。

似通った反論が、まぐさ石の実際の構造的な価値を無効にし、単に表面の装飾としてのみ価値を持つようにアーチとまぐさ石とを組み合わせるルネサンスの実践、あるいは、それ自身以外何も伝えない突起物の精巧なシステムにも当てはまるかもしれない。もし、建築的な喜びが本質的に建設（あるいは、われわれが了解するように、建設的形態の見えがかり）に対する共感を基礎にしていることを認めるならば、あらゆる建物に関係する主題をいわば反復する装飾ほど、建築にふさわしい装飾はありえないということになる。ルネサンス建築において、壁は雄弁になり、装飾を通してその理想的な特質を表現するとでも言えよう。壁は何かに基礎を置き、別のものを支え、その二つの間を結ぶものとなる。そして古典的なオーダーを装飾的に用いることは、ルネサンスの建設者たちにとって、これらの性質を一般化して表す理想的な表現であった。誤謬は、こうした表現をいかなる場面であろうとも建設上の事実の特定の表明として扱うことに固執する科学的な先入観にある。ルネサンスの建築家たちが、逆の立場から、純粋に美的な観点からすると分割されない方が良かった壁に装飾的なオーダーを導入したり、あるいは、それ自体が不釣合いであったり、建物の空間的特質を損なうような装飾的なオーダーを導入したりした場合――すなわち装飾として破綻している場合――、われわれはこれを理論のせいにするのではなく、実践における欠陥として捉えなければならない。付け柱を設ける場面を見誤る彼らの傾向は、建設の美学に対する過剰な熱意に起因するものであると捉えなければならない。建設の美学の性質について、彼らは近代の批評家たちよりずっと精確かつ論理的に理解していた。なぜなら近代の批評家は、科学としての建築だけでなく、芸術としての建築においても、構造の基本的な重要性を正当に主張する一方で、それがこれら二つの分野で必然的に果たす本質的に異なる役割を見過ごし、構造的な事実に関する知識が構造的な外観に対するわれわれの美的な反応を修正するに違いない、あるいは修正しうると考えているからである。

この立場に対して、科学的批評家は最後の反論をするだろう。それは、恐らく次のような返答だ――（というのは、その不平はよく口にされてきたことだからだ）――ミケランジェロのドームのこの見えがかり上の力と活気は、建設工学に対する観察者の無知に依存している。そのようなドームに作用している隠れた力を実感するにつれて、そのドームが安全性の点からすると高く持ち上げられすぎていることや、コロネードが低すぎて推力を受けられないことや、たとえ推力を受けていたとしても、コロネードのヴォリュームがその役割に対して不適切であることを理解するに違いない。

これが、批評における混乱の最も一般的なもののひとつである。ちょうど、前の問いのなかで、科学的な視点が事実と見えがかりを適切に区別することに失敗しているように、ここでは、感じることと知ることとの差異を適切に明らかにすることに失敗している。十分感受性の高い人々は、形態の美的特徴をそのまま受け止めるのであり、それはその形態についてわれわれが知っていること、あるいは知らないこととはまったく関係がない。科学的知識に関しては、ちょうどこの前の章で、これが歴史的あるいは文学的知識においてあてはまることを見てきたが、科学的知識においても同様に、あてはまる。曲線の凹凸、量塊の大まかな関係性、部位同士、基壇と上部構造、そして光と陰との比率《プロポーション》は、それぞれの言語で語り、それを通して強さあるいは弱さ、活気あるいは静けさを伝える。これらの形態が示唆することをもし純粋に感じ取れたとすれば、それは複雑で力学的な状態について知的に見いだされる何ものにも左右されることはないだろう。この複雑で力学的な状態は、ある状況下においては、形態の見えがかり上のメッセージと実際に矛盾するかもしれない。そのメッセージが変わることはない。なぜなら、建物の中で作用している力を知的に実感する能力は、事実上、限界がないが、それらを美的に実感する能力には限界があるからである。われわれは、ある曲線や、ある荷重と抵抗との関係の価値を自分自身の動き、身振り、重さに関するわれわれ自身の経験との無意識（あるいは通常無意識）な類比を通して感じるのである。これらに対する潜在的な記憶のおかげで、そのような曲線や関係に対する喜びあるいはその逆の本能的な反応が生じるのである。だが、建設のより複雑な形態は、知性に対してしか働きかけない。というのは、われわれの身体的な記憶はそうした形態に対してはなんの類比も与えないし、いかなる反応も引き出さないからである。同様に、たとえば鋼鉄の場合のように、材料の視覚的な大きさとその材料が持つ抵抗力との間に誇張された不釣合いがあるとすれば、建物内でのその役割を知的に計算することはきわめて容易であるが、それをわれわれ自身の身体的な経験の言葉に置き換えることはまったく不可能である。われわれは、そのような逆説的な関係についての知識を自分自身のなかに持ち合わせていない。われわれの美的な反応は、われわれが目にする形態によって示唆される物理的な状態を想像力によって自分自身のなかに再現する能力、すなわちその強さあるいは弱さを自身の生活の言葉に書き換える能力によって制限されている。ミケランジェロのドームの線の湾曲と、その量塊の雄大な充溢感は、この理由から、自然とわれわれのなかに、喜びを喚起する。機械論的批評にとってはとても悲惨なことだが、これ以上の事柄は、理解できたとしても、別の次元のものであり続け、感じられることはない。

美についてのこの理論は、確かに後の章でより適切に扱われなければならない。だが、たとえ科学派の論者が、知ることと感じることとの違いが重要であると認めることを拒否したとしても、また、美的な感受性はわれわれが知っていること全ての結果として生じるのであり、建築的美は実際には構造の明瞭さのなかにあるのだと主張したとしても、（こういわざるをえないところまで追い詰められていると思われる）彼のぎりぎりの立場は、簡単に反論することができる。なぜならもし、全てを理解するということが問題であるならば、ドームを縛っている鎖も、私たちが理解することの一部であるからである。ドームの隠れた力を眼前に出現させるいっぽうで、その力に抵抗している鎖について考えることを拒否するなどということができようか。ここで鎖を認めれば、構造は説明されることになり、この事実についての知識は科学的批評家に彼が望むところの満足を与えるはずだ。しかも、もし構造を可能にした手法をではなく、構造と目的との関係を知的に探索することにわれわれの喜びがあるとすれば、この喜びは中世の建築家の作品からと同様に、ルネサンスのものからも引き出せるだろう。なぜなら、前者の提起する目的が後者の提起する目的とは異なるものとして理解されているならば――われわれはそれが実際異なっていたことを示してきたのだが――、この二つの場合に選ばれる異なった手法は、目的にきちんと合っているという点においては優劣をつけることができないからである。たしかに、美的感覚が衰えているときや、科学的興味にばかり注意が向けられているとき、また、ルネサンスの建築家が実際試みたこととは異なることを試みていると見なされているときには、サン・ピエトロ大聖堂のドームは知的な苛立ち以外の何物をも引き起こさないかもしれない。しかし、建築に対するこのような態度は、論理的な帰結にまで展開させると、芸術としての建築の特徴をすっかり無視して、建築を単なる工学《エンジニアリング》へと貶めてしまう。その考えが含んでいる背理〔*reductio ad absurdum*〕についてはすでに示してきた。

このようにして構造から論拠が消えていく。われわれのあらゆる思考においていまだに力学的考察に付着している権威は、このきわめて弱い論理に倒錯的な活力を与えてきた。しかしながら、ひとつの中心的な論点をこの分析から明らかにするべきである。それは重要なので結論として改めて述べておいてよいだろう。「構造」という言葉の二つの意味は、絡まりあい、混同されてきた。構造は、一方の意味では、「健全な建物《ウェル・ビルディング》」のための科学的手法である。その目指すところは、「強」である。その目的は、いったん建築の安定性が確保されてしまえば達成される。しかも、その目的を果たす手段は、いかなるものであれ、その有効性に応じて科学的に正当化される。ところが構造は、別の意味においては建築的な「美」の基礎でもある。なぜなら美的に実現された建築は、単なる線やパターンではないからである。それは三次元の芸術であり、そのことのあらゆる帰結を伴う。それは空間と立体の芸術であり、重さのある事物同士の可感的な関係であり、明白な諸力を相互に調整することであり、われわれ自身と同じくある基本的な法則に従う物質的な実体をまとめ合わせることである。重量と抵抗、荷重と労力、弱さと力はわれわれ自身の経験の要素であり、それらは、安らぎ、歓喜あるいは苦悩の感情と切り離すことができない。一方で重量と抵抗、弱さと力は、建築においてもはっきりと現れる要素であり、そして建築独自の仕方を通して、ある種の人間ドラマを演じるのである。それらを通して、力学的な問題の力学的な解決は、美的な関心と理念的な価値に到達するのである。したがって構造は、一方で、建築芸術を可能にする技術であり、また他方では、その芸術的内容の一部でもある。しかし前者では、構造は力学的法則に純粋に従い、そして後者では、心理学的法則に従う。構造のこの二重の機能、あるいは二重の意味こそが、われわれの混乱の原因である。なぜなら、構造の美的な有効性は、構造技術と足並みをそろえて発展したり変化したりすることはないからである。それらは、相互に関係を持ってはいるが、それは固定された関係ではない。構造的な処置のなかには、技術的には有効であっても、美的にはそうでないものもあるし、またその逆もありうる。建築物の力学的な構成において作用している多くの力は、前面に表示され、はっきりと実感することができる。それらの力の想像力に対する支配は、おそらくその実質的な有用性をはるかにしのいでいる。その一方で、安定を目指す同等の力がわれわれの目に触れないこともある。それらの力はわれわれの完全に意識を逃れてしまう。あるいは、知性によって計測されることはあっても、われわれの身体的な想像に共鳴する部分を見いだすことができない。それらは、われわれの言葉でみずからを表現することはない。われわれに快をもたらすことに関しては力を持たないのである。

　これらの違いが明確になるにつれて、建築の芸術が力学から距離を置くようになるのは当然の成り行きであった。建築芸術が探求するのは、構造それ自体ではなく、構造が人間の精神に与える効果なのである。建築芸術は、経験的に、直感と事例によって、建設技術上の事実のどこを廃棄し、どこを隠蔽し、どこを強調し、どこを模造すべきかを学ぶ。それは、徐々に、ある人間化された力学を生み出す。その課題にとって、建設技術の科学は有能な奴隷であり、おそらく生まれつきの協力者ではあるが、主人としては間違いなく盲目的である。ルネサンスの建設者たちは、初めて建築に目的に関する完全に自覚的な自由を与え、力学への従属状態から解放したのだった。建築芸術をそのような服従へと引き戻すことは、自然の流れに抗うことであり、その潜在的な可能性を捨て去ることになる。機械論的誤謬は、構造への熱意によって、ルネサンス建築という、構造が理念にまで高められた芸術を否定する。それは、飾りのない散文の構文を詩のなかに探し求めるようなものである。

第五章　倫理的誤謬

I

「私は長々と、（ルネサンスの）建造物の不合理さを主張することもできるだろう。……しかし私が抗弁したいのはこの建築の形態に対してではない。形態上の欠陥であれば、それ以前の建築物の最も高貴な形態にも多く見られるものであり、それは精神の卓越性によって十分に埋め合わされることもできただろう。そうではなくて、私が抗弁しようとするのはこの建造物の道徳的な本性が堕落していることに対してなのだ」[*1]

「それは下劣で、不自然で、実りがなく、不愉快で、品がない。起源において異教的であり、復興において高慢かつ不敬であり、晩期において硬直している。……その建築家を盗作者に、その職人を奴隷に、その住人を快楽主義者にしてしまうように創造された建築。そこでは知性が鈍り、創造が不可能となる一方、あらゆる贅沢を満たし、あらゆる傲慢を増長するような建築。われわれが最初にせねばならないのは、そのような建築を捨て去り、われわれの足元から永遠にその埃を振り払うことなのだ。例の五つのオーダーまたはそのうちのひとつとであれかかわりを持っている限り。ドリス式、イオニア式、コリント式、コンポジット式、もしくはどのようにであれギリシア化、ローマ化されている限り。またどんなに微《かす》かであれ、ウィトルウィウス式の法則への敬意や、パラディオ式の作品との一致を示している限り。それらはみなわれわれが最早許容してはならないものなのだ」[*2]

このようなレトリックは、われわれがこれまで考察してきた批判とは異なっており、明らかにある新たな気分がこれを特徴づけている。芸術についての専門的な論争を刺激するものとして、神学的憎悪〔odium theologicum〕が登場したのだ。その気分の変化はまた、議論の土壌にも転換をもたらした。「この建造物の道徳的な性質が堕落していることに対してなのだ」。この新たな法廷においては、退屈さ、もしくは自発性の欠如や、非合理もしくは不自然な形態という昔からの罪状が変わることなく繰り返される一方で、告発状にいくつかの目新しい訴因も加えられた。想像力に対して不毛で、知性に対して不誠実であると、詩人や建設の専門家たちが、この建造物について申し立ててきた。いまやそれは、良心に背を向け、魂を危機にさらすものであるというわけだ。

ゆえにわれわれは、建築の評価にまつわる偏見のこじれた網の目から、新たな一連の影響を解きほぐさなくてはならない。確かにそれは、批評のなかでつねに別個のものとして存在しているわけではないが、しかしその説得力はひとつの別個の、すでに賛同を得ている動機から引き出されているのである。ロマン主義的な理想や機械にかかわる理論だけが、われわれが建築の形態を直接的に知覚することを誤らせる障害物ではない。われわれは建築を倫理的にも見るのである。

倫理的判断はいかにして建築における趣味に関係するものとして受け入れられるようになったのだろうか？　それはどの程度まで、それ自身の原理にもとづいてルネサンス建築に対する起訴事実を立証したのだろうか？　そしてそもそもそれらの原理は合理的な美学のうちに居場所を見いだし得るのだろうか？　これらがいま解決を必要とする問いである。現代の趣味においても依然として強力な要素からわれわれが身を守ろうとするにせよ、それを公正に評価しようとするにせよ。というのも、まともな建築学生であれば、自分はラスキン信奉者であると告白する者はいまやほとんどいないだろうし、誰もあの大排斥をなんの留保もなく支持することもないだろうが、ラスキンに通底する発言は死に絶えてはいないからである。確かにより穏かな言葉ではあるが、そうした理論に議論や証拠が必要だという感覚がますます薄れていくなかで、これらの公理が繰り返されている。すなわち、建築は依然として「きわめて政治的な」芸術であり、その美徳は依然として「国民の志を反映する」ことであり、そして、ある階級や国民のすべての短所と長所が、彼らが使うための建築に反映されるのが見て取られるのである。*3

われわれが先に引用した二つの節において、建築の倫理的な批評は、その矢筒に三つの異なる形の矢を携えており、そのすべてがルネサンス様式へ向けて——悠然たる〔殉教者〕聖セバスティアヌスのように——放たれている。一本目は、いまでは鈍くなってしまった神学的な矢である。ルネサンス建築は「不信心」だというわけだ。次は、社会的良心に向けて突き刺さるルネサンス建築は社会状況から切り離しえず、抑圧的で不公正な欲望によって要請されるものなのである。つまり、ルネサンス建築は「その職工を奴隷とし、その居住者を遊蕩児にする」。最後は、最も毒がきつく、かつ殉教者の急所にとって唯一脅威となるものである。すなわちルネサンス建築は生来から自身のうちに短所があるというものだ。なぜなら、ルネサンス建築は（たとえば）不誠実で仰々しいからであり、「道徳的な本性が堕落している」からである。これらの投げ矢は、最初にこめられた独善的な激しい怒りが静まったあとも、依然として聖人の身体に刺さったままなのである。

こうした攻撃は、他方でそっけない反論に直面した。それは殉教者には確かにふさわしくとも、精神で納得することは難しいものである。「倫理的な領域と美的な領域はまったく異なるものだ。倫理的な批判は、芸術には当てはまらない」。今日と同様、流行が理解というよりは情熱によって一時的にジョージ王朝的な作法に大きく振れるときに、われわれが見返りに獲得できたものは、ラスキンに対するある種の痛罵の振る舞いと、この言葉だけだったのである。「倫理的な批判は、芸術には当てはまらない」。これほど不明瞭な主張はないだろう。これから認めざるをえない理由がわかるが、これほど真実からかけ離れたものはない。しかし、ある混乱があったからこそ、新たな混乱が生まれたのだ。そして、いまこの公理によって、建築の論争が悲しげにかわされる薄暗い領域がいっそう暗くなるのだ。

倫理の事案は、より詳細な研究と、簡潔な反論に値する。

まず最初にわれわれの習慣的思考の起源について。批評における倫理的な傾向は、われわれがすでに議論してきた二つの誤謬の結果として起こるものだ。〈ロマン主義的誤謬〉がその道筋を整備し、〈機械論的誤謬〉がそれを引き起こしたのだ。

すでに見たようにロマン主義の本質的な誤謬は、ロマン主義が建築の形態を何よりもまず象徴的なものとして扱った点にある。今日では、仮にもそれが意味ありげにみえるとしても、形態による芸術の意味が美にかかわるものに限定される理由などないのは明らかである。確かに、ロマン主義は様式を想像的または詩的に連想することを問題としたが、ひとたびこのような批評が習慣として確立すると——つまりひとたび、建築が直接的に提示するものよりも間接的に含意するものへと注意を傾けることのほうが自然に思えてくると——人々の考えを占める気分の些細な変化、つまり芸術の領域の外側にある関心事がより切迫したものとなるだけで、道徳にかかわる意味を建築に見いだそうと彼らに仕向けるには十分だったのだ。ロマン主義は建築に自身のものではない言語——見る者が抱くであろう考えだけを伝える言語を話させた。建築は、文学的な好みと嫌悪を反映する鏡になったのだ。それゆえ、社会的変容と神学論争の時代に避けがたい関心事が、いちじるしく道徳的な色彩を帯びた現在、芸術の言語は、それらを反映し倫理的な特質に満ちたのだ。建築の諸様式は、暗示しているものと論じられえた職人、パトロンや公衆の人間的な性格の諸状態を象徴するようになった。それらの建築様式は、それらの表現する状態が道徳的にどれほど受け入れられるかによって称賛されたり、非難の的となったりしたのだった。

しかし、これ〔倫理的な批評〕は、ロマン主義以上の何物かだったのだ。確かにあらゆる自然の描写が、中世の職人（builder）の無骨な誠実さと近代のそれの卑屈な俗っぽさとの間の対照を強調するために総動員される際には、倫理的な批評はロマン主義の一形式であることには疑いはない。道徳的な訴えは想像力豊かなものとなり、宗教的な訴えは詩的なものとなる。しかしながら、〈ロマン主義的誤謬〉を棄却しえた議論も、倫理的な訴状に対抗するには十分ではない。両者の間にある差異は、本質的なもののように思われる。われわれがみてきたように、建築の目指すものが詩的な選り好みを満足させられないからといってそれを非難するのは不当である。というのも、詩的な基準と建築の基準とはその領域において別物であり、その権威において対等だからである。しかし、一見して明らかなように、建築が道徳的判断の気に障るからといって建築の目指すものを非難することは、同じような意味では不当であるとはいえない。というのも、道徳的判断は、美的判断に優越する権威を要求し、なんであれすべての目的と行動に適用されうるからだ。ゆえに建築は、それ自身の領域に収まっている。そして、建築的な様式のうちに道徳的な価値が存在することがかりにも証明されうるとしたら、これらの価値はわれわれの究極的な批評基準を形づくらねばならないという弁論が成り立つだろう。これらの価値は、われわれが好むべきものを決定するだろうし、その存在を無視する批評は、軽率で偏ったものにとどまるだろう。すなわち、最終的な批判とはならないはずだ。というのも、全ての嗜好についての裁定は、道徳的な判断に属するからである。ならばなぜ、建築の批評は最終判断まで至らないのだろうか？　そして、もしこの明白な経過から、美的な価値と道徳的な価値との見せかけの対立によってわれわれが引き離されるべきならば、美的な良さは、しかるべき分析のもとでは、道徳的な良さの観点へと結局は還元されるということはありえないのだろうか。実際、建築に対する倫理的な批評は、この還元の達成を試みたのだ。そして、この試みはまったく道理にかなったことだったのである。

さて、倫理的な批評は、〔ロマン主義とは〕異なる拘束力を要求し、より幅広い問題を提起したとはいえ、ロマン主義的なるものから生じたのだった。それはまた、機械論に対する抗議としても生じていた。その目的は、抽象的な技術への空疎な妄執に抗し、芸術が人間にかかわる意味を持つと主張するものだった。われわれはすでに、極端に構築的な建築の理念は、十九世紀の唯物主義の一面にすぎないことを確認してきた。それは感情を無視してきたのである。また同様に、美的な意識と道徳的な意識を軽視してきた。それは、機械的な法則以外のいかなる法則も認めない知性にのみ訴えたものだ。それは、思考の非人間化における一挿話であり、その論理的な帰結として、すべての価値を無意味にする過程であった。そのような過程は、どれほどその衝動が力強かったにしても、多くの人々のなかに、ただちに抵抗を誘発せざるをえなかった。しかしそれは、倫理学と神学の領域における抵抗だった。というのも、唯物主義が最も明白にかつ直接的に挑んだ利害がそこにはあったからである。つまり、ここにはともかくも、保護することが最も重要であるような利害が存在したからだ。一方美的な価値は贅沢品であり、これらの価値は、より決定的な衝突が先鋭化した際には、たやすく忘却される。ゆえに、科学を主張する運動〔movement of science〕に対する必然的な反撃は、自ずとその気質において倫理的なものとなった。その利害は、品行にあったのであって、第一義的には芸術にはなかったのだ。それは、まさにピューリタン主義の復興だった。その知的な選択肢は厳しいものだった。つまり、苛烈な唯物主義（その建築にとっての帰結はすでに分析された）をとるか、十七世紀以降支配的であった、何よりも厳格な道徳的情熱をとるかのどちらかであったのである。

ここには、二つの邪悪な敵対者が存在していた。芸術の親しみやすい領域は、その領域では忘却され無防備なままだったものの、まもなくこの衝突に揺さぶられるようになった。建築は、その真っ只中にいることになったのである。というのも、この〔建築という〕芸術の構築という根拠は、建築を明白に科学の攻撃にさらした一方で、その教会にかかわる伝統が建築のために、まさに宗教的な防衛を招いたのである。この領域、つまり古代への感傷とともに濃密な雰囲気を持つ領域では、形而上学の分野において蒙る道徳の喪失は、弱々しい軍隊によってさえも修復されるかもしれない。それは、ピューリタン主義の復興ではあったが、以下の差異を伴った。つまり、ピューリタン主義の熱情は、いまや芸術の価値の正当性を証明する点において活発に働いていたのだ。そこでは、建築は単なる機械論的な問題以上の何かであることが主張された。それは、建築に人間にかかわる意味を与えた。しかし不幸にも、ピューリタン主義の批判は、批判の道筋を明らかにするどころか、むしろ非人間的な科学による論理と同様に誤解を導く新たな混乱をもたらすことでそれを妨げたのだった。芸術は思い出されたが、芸術の価値基準は忘却されたままだったのである。十七世紀の古いピューリタン主義は、芸術全体が生に与える影響を考慮した。断固たる態度で、この影響を糾弾し、プラトンが詩人に払った敬意さえも持たずに、それをみずからの〈国家〉から放逐したのである。しかし、十九世紀のピューリタン主義は、芸術を保持し、その荘重さを称賛しながら、その表出を管理しようとしていたのである。それは、創造的な本能による逸脱しがちな足取りを誘導しようと試み、またその歴史を説明しようともした。しかも当然のことであったが、ピューリタン主義は道徳法則と神的な権威によってそうしたのである。オックスフォードでは、詩学教授の座さえもが宗教上の信条によって争われたのだった。そして建築においては、ひとたび神学的な偏見が与えられると、ヨーロッパにおけるローマ様式の回帰にともなう諸悪はローマ的な建築そのものに内在することが、さまざまな美的ドグマによってあたかもやすやすと証明されるかのようであった。これらのドグマは、それを産み落とした宗派論争を生きぬいた。その非難は、もとの動機よりも長命だったのだ。そして、ルネサンス建築は依然として多くの批評家にとって、かつて「イエズス会の」芸術にあてがわれた虚飾と不誠実さの建築なのである。

　宗派による建築様式の重視は、多少は気まぐれに決定されたものであれ、興味深い研究事例を与えてくれるだろう。ローマ的な建築は、ローマ教会を象徴していた。その連想は自然なものだ。教皇の権威は、プロテスタンティズムの勃興を引き起こしたのと同時期に、同じ精神で、ルネサンスとみずからを同一視していなかっただろうか？　ゆえに古典主義の形態は、つい一世代前、多くのジョージ王朝時代の教会で厳格な福音主義の説教と共鳴していたわけだが、いまや恣意的にローマ教皇もしくは――その形式の厳格さがなんらかの点で軽減されているとすれば――イエズス会に関連づけられた。その一方でゴシック様式は――ピュージンの存在にもかかわらず――一般にはプロテスタントの、またよりひどい場合ならば浮世離れした信仰のしるしとみなされた。そして、〔一九世紀後半の無神論者のチャールズ・〕ブラッドローの時代と〔19世紀なかごろの学者フランシス・ウィリアム・〕ニューマンの時代には、こうした建築の主張の正しさが美的法則よりも重みがあったというのは容易に理解できる。

　ゆえに土壌は準備されていたのである。諸宗派はおのおの主張を記した畝をその土壌のうえに耕した。そしていまや、建築の主張という風が、奇妙な種を抱きながら、騒々しく吹いたのである。結果として得られた収穫は、歴史的なものである。『建築の七灯』が現れ、『ヴェネツィアの石』が現れた。新しい批評の方法は、印象的で驚くべきものだった。というのもここでは、平面図、断面図、繰形、そしてあらゆる技術的詳細の枝葉末節と並んで、宇宙の配意が、明確かつおそらくは正確に、かつてこの主題については稀だったのと対照的な気前のよい豊かさとともに打ち出されていたのだ。預言者サムエルとエレミヤが、ウィトルウィウスの権威を奪うのである。彼らは、確かに彼の厳格さを上回っている。予期しえない絶望的な危険が、柱頭の彫刻、もしくは扉の建造に伴って存在する。そして、このような取り組みにおける誤りの、確実ではないにせよ正当な帰結を示唆するために、都市ゴモラの破壊が頻繁に想起されるのである。

しかし、新しい批評は、単に告発するだけにとどまらなかった。雄弁であると同時に正確な道徳の規範が建築家の手引きと抗弁として与えられ、またバットレス、柱頭、開口部、アーチの輪郭、柱身のための「普遍的で容易に適用可能な権利の法」を決定したのだ。ラスキンは、彼が絵画にもちこんだものよりもはるかに優る、膨大に蓄積された学識と調査、さらには理性と繊細な分析を、これらの立派な忠告のなかに盛り込み、それらによって道徳的な議論に確証をあたえたかのようである。そしてそれは疑いなく、ラスキンが雷と黙示録的な見せかけを持って提示した原則が、基礎からコーニスに至るまで、凝り性なまでのディテールにおいて、実行されたということをさらにもっともらしくしたのである。なんと立派な正義の原則ではないか。それらは、どんな事例にも適用されうるだけに、読めば読むほどいかなる結論でもうち立てられると疑わざるをえないのである。

芸術に対する道徳的な批評はラスキン独特の言い回しだけでなく、より古く、より深遠だったし、もしかしたらそれよりも説得的だったかもしれない。それは、キリスト教固有のものというわけでもなかった。それは、サヴォナローラの福音だけでなく、プラトンの『国家』の第四巻でも支配的だった。それは、人類の思想に繰り返し現れる位相のひとつである。ラスキンの使命は新たに生み出すというより再び呼び覚ますことであったような、潜在的な傾向である。それゆえに、建築に対する倫理的な批評が、それに力を取り戻した個々人の影響力が落ちても生き残っていくのはもっともなことだ。独裁者の権威は、彼自身のいきすぎによってとうの昔に崩壊してしまった。『ヴェネツィアの石』における詭弁は、忘れ去られている。その一貫性の欠如が主張にとってきわめて無益だったからだ。その詭弁は節度を欠いた天才のひとりよがりであり、倫理的な批評に擁護されるようなものではないし、ゆえにそれを批判するのもつまらないことであろう。われわれは、指導者の奇抜さではなく、彼が導いた運動の潜在的な価値と変わらざる危険性に関心を向けているのだ。いまとなっては、彼の攻撃の論理を批判することよりも、彼が示した貢献を強調することのほうがより必要なのだ。

第一に、ラスキンは確かに、その主張を広めたのと同様に彼の主題の品位を高めた。彼は、他のどんな批評家にもできなかったほど建築を重要と思わせることに成功した。その大山鳴動は、何もはなはだしく意義に満ちていたわけではなかった。彼の時代の特色。最も強固な議論に疑いを投げかけ、最も弱い議論をわれわれに受け入れさせる雄弁術。挑発的な予言と情熱的な非合理性。これらも、少なくともそれ相応の影響力を持っていた。それらは、強烈に力強かった。

第二に、ラスキンが建築における心理にかかわる意味を強く主張していたことは記憶されてよいだろう。技術の巧妙さが彼を満足させることなどないだろうし、学識の抽象的な正確さもまた、それがいかに中世のものであったとしても同様だろう。ただの遵守主義、ただの機械的手法、ただの慣習、そしてそれら人間精神の外部にあって芸術に対して支配を及ぼそうとする全てのもの。それら全てに対して、彼は闘っていた。確かに彼の心理学は間違っていた。また、確かに彼は職工の動機を完全に誤解し、見る者の心情をあまりに安易に独断的に述べていた。彼は、われわれの他の欲求から独立した感情としての美への愛情をあまりにないがしろにしていたのだろう。しかし、どれほど捉えどころのないものであれ、またどれほど不安定で見かけだけの方法論によってであれ、幾分かはあの原則が維持されていたのだ。すなわち、芸術の正しさを測ることができるのは、それが人間に何かを感じさせるその仕方だけであるという原則。これとは別に、いかなる形の規範も、たとえ因習的なものであれ、考古学的なものであれ、科学的なものであれ、趣味に対していかなる権威も持ちえないという原則。これは、機械論的な批評に対しての大いなる進展だった。さらに原理上は、諸流派の神聖な教えに対しての進展だったのだ。

しかし、建築のためにラスキンが打ちたてようとした心理学的基盤は、まったくの道徳的なもの、しかも最も狭義の道徳的なものだった。彼は聖書をくまなく調べた。預言者たちの意見はウィトルウィウス的な建造物について雄弁ではあるが正確とはいえなかったようだが、彼の偏った思想を支持する驚くべき量のすばらしい支援を募ることに成功したのである。しかし、それだけの創意工夫を払えば、パラディオの破滅の根拠を示すのと同じくらい、パラディオを擁護するような予言を探し出すこともできただろうことは容易に見て取れる。学者たちが、〔ニコラス・〕ホークスムーアやレンの裁判所を通って地道な仕事へと向かいながら、いままで気づかなかった〈廃墟への嫌悪〉があってはならない場所に聳えているのに気がつき驚くような時代は過ぎ去ってしまったのである。そして、――もし好都合だとしても――ノアの箱舟の寸法を引き合いに出すような批評は、いまではひどく時代遅れに見えることは間違いないだろう。しかし、もし神学的な議論がその効果を失ってしまったのだとしても、それが趣味の歴史に対して持つ重要さは計り知れないほど大きいままである。そして、ヴォルテール以降百年のヨーロッパにおける最もすぐれた文人の一人が『エレミヤの哀歌』〔旧約聖書中の詩篇〕に建築上の指針を求めたに違いないという事実は、その美学的な問題がひとたび無益なものとして拒絶されたり、解決済みのものとして打ち捨てられたりしたとしても、人類学者の好奇心を喜ばせ続けるに違いない。

II

神学的な先入観よりも説得力があり、より永続的なのは政治的な先入観だ。すでにわれわれが述べたように、もしロマン主義的な誤謬が趣味の問題を同時代の理想主義の単なる反復へと貶めたとするならば、そしてもしそれが、人々がすでに持っていた夢の鏡像をいつも芸術のなかに見いだそうとすることを促したのであれば、その理想主義が政治的で、かつその政治的な理想が民主主義であった時代によるルネサンス建築についての審判はいかようになるのだろうか。というのも、そこには貴族政治に根ざし、いまや社会が反発しつつあったまさにその体制に頼った建築があったからだ。ルネサンス建築は、その後生活の道徳的な秩序づけから一掃されるべきものとなった悪弊とともに育ってきたからだ。そしてこれらの悪弊を――近代批評における問題のある言い回しを使えば「それは表現していた」[*4]。それは、君主を賛美し、法王に仕えたのだ。それは、細部がデザインに従属すること、職工が建築家に従属すること、良心が権威に従属すること、思い付きが文明に従属すること、個人的な意志が組織化された統制に従属することを意味していた。これらは、革命の哲学にとっては憎まれるべきものだった。またこれらは、同様に自由放任主義の哲学からも憎まれるべきものだった。ルネサンス期の建築も必然的に同罪とされた。しかも、産業主義を誇らしく思う良き市民や、産業主義に怯む思想家のような心の持ち様は、一様に過去よりもむしろ未来へと向けられていたのだ。モリスの中世風の白昼夢でさえある種のプロパガンダであり、本質的には予言的なものだったのである。そして、ネオゴシックの実験と鉄骨の建築は、どれほど初期に失敗を伴ったとしても、いまだ可能性を秘めていると主張することができた。依然としてそこから、資本主義者と改革者たちのユートピアの頂点を飾るべき思いもよらない尖塔が生じるかもしれないというのである。しかし、ルネサンス様式は、惰性と死せる慣習による偽善を表象していたのだった。それは何も期待させず、時代の商業主義の単調さに埋もれて、そのなかに存在していた喜びは死に絶えてしまったのだ。ラスキンはこう苦々しく述べている。「ヴェネツィアの俗っぽいルネサンス建築家は、隠すことと茶化すことを好む。ゆえに彼らは、おどけた仮面と楽器によって彼らの作品を覆ったのだ。しかし、そのようなものさえも、われわれイギリス人が何も好まないこと、そしてトリグリフを好んでいるように装うことに比べればましなのだ」[*5]。陰気なスタイル、つまり、抑圧的な記憶としての紛れもないバスティーユ。破壊され、「われわれの足元から永久に」そのほこりを振り払うべき様式。

建造の側面においても同様に、その新しい批評は民主的な心持ちにも快いものだった。その批評は、「人間精神によるあらゆる可能な建築的創造に容易に適用される」べき「普遍的で総括的な権利の法」を打ちたてようと試み、またそれを供給することで公衆を喜ばせたのだった。そしてこれは、これらの問題については「人は過剰な困難もなしに善し悪しを判別できるものだ」という「完全なる信頼」のうちになされていたのである。実際善し悪しは、周知のように振る舞いに関して明瞭に識別が可能であるのと同様に、建築に関してもそうであるとされていたのだった。そして、その両者に対して同じ判断基準が当てはまるべきなのである。建築の訓練の基礎であったオーダーについての知識は、それ自体では、建築の趣味や実践に対しての保証とはならないという理由で、そのような訓練は堕落を招くことになると議論された。古い秩序の崩壊のなかで人々が明らかに失ってしまった、趣味の正確さと訓練され組織化された識別力は、建築についての正しい判断のための枠組みとしては、人々が身につけたと考えた道徳的な繊細さほどには役に立たないとされた。村の教会の彫刻が農民たちにとって理解可能な意義を持っている、もしくはかつて持っていたという事実から、全ての建築は彼らの理解できる水準でみずからを伝達するべきなのだと議論された。そして、この逆説はひどく堂々とした言い回しで飾られたので、われわれはその奇抜さをほとんど見落とすことになってしまったのである。訓練された識別能力に対するこの偏見は、倫理的な信条を持つ著者たちの間では、著しく普遍的なものである。彼らは、それを「うぬぼれ」や「衒学」、「気取り」として記述するのだ。[*6] しかし、そうはいっても訓練というものはそれほど明らかな悪や致命的な瑕疵ではないのだから、こうした発言の傾向は、建築に対するこのような視点を生み出すことになったロマン主義と民主主義の組み合わせにそれを結びつけて考えてみないかぎり、説明不可能である。しかし、彼らのこうした傾向によって、倫理的な批判が確実に地歩を得ていくだろうことが容易に理解できる。建築的な美についての一般的な理解を実際に維持してきた方法を過去の伝統もろとも振り払ってしまった社会において、倫理的な批評には、美への切実な欲望に対して訴求するものがあったのである。それは、文化の恩恵を、それにともなう忍耐を要求することなく提供したのである。新しい公衆が生まれてきたのだった。建築についての著作が次のような献辞を持つのはこれで最後であろう。「全ての〈建具屋〉、〈石工〉、〈左官〉などなど、そして彼らの〈高貴なる後援者《パトロン》〉へ」。以降、広汎な民主主義が趣味に対して拒否権を行使することになった。その関心を建造の技法に引きつけたのはラスキンが初めてであったし、ラスキンによって参政権を与えられた公衆が、彼からその信条を受け入れたことは自然の成り行きだった。この民主主義は、建築の創造においてもその賛助においても、その信条を修正しうる有意義な経験を持たなかった。いわゆる「ラスキン的」な建築は——それはいつも師の趣味に沿っていたわけではないが——それ以降、あらゆる競争で成功を収めたのである。近代的な理論において、建築とは全ての者が読むべき一冊の本だった。民主主義は、みずからの望むイメージのために破壊した世界の記念物に向き合い、その壁に、自身の運命にとって吉兆をなす指針が書き込まれているのを見てとったのだ。アンシャン・レジームの宮殿に威厳を与えたパラディオ式のオーダーは、苦もなくこう判読された。「Mene, Mene, Tekel, Upharsin（かぞえたり、かぞえたり、はかれり、わかたれり）」〔ダニエル書五：二五、バビロン・ベルシャザル王の国の滅亡を予言する言葉〕。こうして、建築の歴史は社会正義の証とされ、そしていまも強く流れる政治的な潮流は、ルネサンス様式についての全ての理解を破壊したのだ。

趣味についての政治的な偏見は、道徳的な価値に訴えかけることで自身を正当化するが、それは神学的な偏見とは異なり聖書からの神託に耽溺するわけではない。確かにそれは倫理的である。ただし功利主義的な意味において倫理的なのである。それは建築の様式を、本質からではなく、想定される効果において判断する。こうした批評家は、あるときは作品が職人にもたらす影響について思いを巡らせ、またあるときには作品が仕えるように設定された目標について考え、さらには作品が公衆にもたらす影響について考えるのである。しかしどの場合においても、彼の精神は、建築に付随する諸条件であり建築物の究極的な結果でもあるものへと迷うことなくまっすぐに向けられている。あるものの重要性は、その社会的な重要性によって決まるのだ。つまり、社会の生は、本質的には分割不可能な全体として考えられている。そして、その断片である建築の生は、かりに社会を犠牲にしてすばらしいものになったとしても、本当にすばらしいということにはならないと考えられているのである。そしてそれは、正しい感受性を持った良心にとってはそもそも心地良くさえないだろう。そのような代価を払って得られたのだとすれば、その建築はあらゆる意味で、そして最も深い意味で、悪い建築なのである。モリスのような人々がおこなった建築についての教説――芸術的なプロパガンダと民主主義的なプロパガンダの絵画的《ピクチュアレスク》な融合――の大半は、このような類型に属するものだった。それを支えている議論は単純である。建築が彫刻や下位芸術の従属的な機能に対して権利に基づき統御するのとまったく同様に、倫理学――ないし政治学――は必然から美的価値を統御しようとする。そして、倫理学や政治学の枠組みからは、ルネサンス建築は拒絶されるのである。

そうだとしても、批評が依然として考慮すべき二つの要因を持っていることは明らかだろう。すなわち、建築の美的な質とその社会的な成果である。社会的な帰結を美的な価値と混同することは、ありがちなロマン主義的誤謬の一例といえるだろう。プラトンが彼の〈国家〉から丁重にご退出願ったのは、必ずしも最悪の詩人というわけではなかった。というのも、ある芸術の実践的な成果とその本質的な質とは、別問題だからである。ただわれわれの実践を倫理的な枠組みの中に位置づけるためだけだとしても、われわれは、倫理的価値の理論だけでなく美的価値の理論をも必要とするのだ。考える順序はこうあるべきだ。ある様式の美的な長所は何か。

その長所の社会的な価値は何か。その長所に伴う社会的な不利益はどの程度のものなのか。

しかし、ルネサンス様式を強く批判する建築批評家たちは、このような流れで議論を進めることなどないし、彼らの言う社会的事実を立証することもない。あの社会主義ユートピアのすばらしきゴシックの職工たちが中世に実在したのかどうか訝るのももっともなことだ。その存在の歴史的な証拠はひとつも示されていない。五百年後に夢みられたという弱点を持つ『ジョン・ボールの夢』よりも『フラ・サリンベーネの年代記』を根拠に判断するなら、ゴシックの職工たちは、むしろ彼の後継者たちと同じ類の者たちであったと考えたほうが確かだろう。彼らは、自身の技術を過信し、給与について愚痴をこぼし、概して状況に甘んじているのだ。彼らの「自由」が強調されることもあるのは必ずしも間違いではない。ゴシックの柱頭は、ときとしてその個人的な想像力に委ねられていたのである。しかし結局のところ、全体像からすればこの要素はいかにも微細である。この自由の強調は、建築に比して彫刻に不釣合いな関心が注がれたことに由来している。それが、ロマン主義とその自然崇拝に起因することはすでにたどってきたとおりである。しかし、彫刻が建築の美的な目的ではないのと同様にまた、彫刻は建築の実践的な関心の一部分にしかすぎないのである。基礎は敷設され、壁や柱は立ち上げられ、アーチとヴォールトは架けられる。こうした労働のすべてにおいて、中世の様式とルネサンスの様式の間に違いはない。つまり、自由や喜びの多寡はない。ルネサンスもまた、建てられた建築を豊かにすることを目的とした絵画や下位芸術——金細工師、彫刻師や刺繍師——を持っていた。ヴァザーリやチェリーニの書物を信頼するなら、そこには生活や個々の葛藤に満ち溢れていたのである。

ルネサンス期に報われず機械的な仕事にあくせくしていた「奴隷」は、まったくの神話である。同じ地で後を継いだイタリアの石工になんらかの親密さを抱いたことのあるような人は、以下のことを認識することになるだろう。つまり、彼は中世の労働者がガーゴイルの製作から得ていたとされているように、イオニア式の柱頭を彫る過程で誇りを重要なものとして捉え、いきいきとした満足を感じることができるということである。また、彼は決して奴隷のように同じ作業を繰り返しているのではなく、むしろ彼の労働の成果を「あらゆる種別のもの（tutti variati）」にする手段を発見するということである。さらに、建築家のよりすぐれた意思に従順に従うどころか、みずからに最大限の自由を許すということである。なぜなら、彼はより良くできると信じているからだ（perchè crede di far meglio）。——それによって、現にいまも、過去と同様に多くのすぐれたデザインが台無しになっているのだ。

確かに中世の労働者は、この理想郷的な描写においては自身の苦役を宗教的な欲求によって和らげている。熱狂のなかに快を見ていたことは間違いないし、神々から安らぎを得ていたことも同様だろう。しかし、「奴隷とされ貶められた」最下層にいるルネサンスの職工、つまりつまらない道具と化し生気に乏しい生活がバロックにおいて明らかにされた者にとって、それはいかなるものだったのか。以下はドメニコ・フォンターナがシクストゥス五世から引き受けた、サン・ピエトロ大聖堂正面にある巨大なオベリスクの建立に関する〔歴史家〕ランケの記述である。

それは最も困難な仕事だった。——サン・ピエトロの古い教会の聖具保管室近くの基壇からそれを持ち上げ、全体を取り外し、新しい場所に据えつけたのだ。その過程にかかわった全ての者は、彼らが長年にわたって賞賛されるであろう仕事を引き受けたという感情を吹き込まれていたようだ。九百人にのぼる労働者たちは、ミサを聞き、告白をし、聖餐を受けることから始めたのだ。そして彼らは、フェンスもしくは手すりによって彼らの作業場として区画された空間へと入っていった。棟梁は、壇上の座席に座っていた。オベリスクは、マットと板で覆われ、頑丈な鉄の輪で周囲を縛られていた。強いロープでオベリスクを持ち上げる巨大な機械を動かすための、三十五台の巻き上げ機があった。それぞれの巻き上げ機は、二頭の馬と十人の男によって動かされていた。ようやくトランペットの合図が鳴った。まさにその最初の回転は、すばらしい効果を発揮した。オベリスクは千五百年間にわたって横たわっていた基壇から持ち上げられたのだ。十二回目の回転で、二と四分の一掌尺の高さまで持ち上げられ、安定した状態だった。棟梁は、包装を含めローマパウンドで百万パウンドを超えるその巨大な塊がみずからの采配の下にあるのを見ていた。これが、一五八六年四月三十日の二十時ごろ（昼間の三時ごろ）行われたことが正確に記録された。合図は、サンタンジェロ要塞から発せられた。街の全ての鐘が鳴り響き、労働者たちは、成功を収めた棟梁を塀に沿って運び、絶え間なく叫んだり、感嘆の声をあげたりしていた。

七日後に、オベリスクは同様の熟練した方法によってローラーの上に倒され、新しい目的地へと運ばれていったのだった。暑い季節が終わるまでは、危険を冒してまでそのオベリスクを再び建てようとはしなかった。

教皇は、この作業の日取りを九月十日の水曜日に決めた。その日を教皇はつねに幸運の一日だと感じており、十字架称賛の日の前の最後の水曜日だった。そして、オベリスクはそのために捧げられたのだった。この場合にも同様に、労働者たちは自身を神に委ねることで作業を始めた。彼らは囲いの中に入るや、膝をついた。フォンターナは、前回アンミアヌス・マルケリヌスがオベリスクを建てた際の記述から教訓を得ることを忘れなかった。そして、同様に百四十頭の馬を用意した。その日空が雲で覆われていたのは、とりわけの幸運のように感じられた。全ては上手くいった。オベリスクは、三回の大いなる努力によって動かされ、日没の一時間前には、それを支えているようにみえる四頭のライオンの背に乗せられた台座の上に収まった。人々の歓喜の声は表現のしようもないほどで、教皇も完全に満足していたのだった。彼は自身の日記のなかで、われわれの精神が想像しうる最も困難な企図に成功したと述べている。そして、それを記念するメダルを打たせ、全ての言語で書かれた祝いの詩を受け取り、公式の発表を全ての有力者に送った。そして、彼が皇帝アウグストゥスやティベリウスからこの記念碑をもぎ取り、それを聖十字架に捧げたことを自慢げに示す奇妙な印を刻んだ。それには、そのうえに十字架が置けるようにされており、聖十字架の断片とされるものがそこには同封されていた。*7

近代の労働者は、この喜びを失ってしまった。しかし、パラディオ期の仕事のためにこの喜びを失ってしまったわけではない。イタリア的な様式において外務省庁舎を、また中世的な様式において裁判所を、そして民主主義的な様式において模範となる入植地を建設するように定められていようがいまいが、彼の異教徒的な快と敬虔さは等しく追求されるのだ。この学派の著者たちの誤謬が、まさにここに存在している。つまり、理想化された中世趣味は、近代的な生活におけるルネサンス建築のはっきりとした現実的世界観と対照されているのである。歴史的なルネサンスと歴史的なゴシック、それらは、なんの苦もなく再び構築されるだろう。公平さを欠いて進められたため、このような議論は浮世離れした批評でしかありえない。この議論は、われわれの偏見を強め飾り立てるだろうが、一方でそれらを説得的なものにすることはできないのだ。かりにそうだとして、そしてその事例が証明されたとしよう。そこでは、ある社会の支配的な価値はその選択を正当化するのかもしれないが、それは社会が強いた建築様式の利点を証明することはないだろう。様式の美的な価値がいまだ議論の俎上に乗っていない。もしくは、行われるべき分析のうえでなお倫理的な認識の領域のうちにあるのだろうか？　それが、依然として残された問いである。

III

倫理的な批判の最後の局面は少なくとも以下の利点を持つ。それは、背景ではなく建築そのものを攻撃するところにある。その批判では、少なくとも味を語る前に、殻から実を取り出している。

建築の形態に道徳的な意味合いを直に知覚できると主張する人がいる。彼らは、たとえばバロックについて、それがずさんで、これ見よがしで、偽りであるという（というのも、そのような悪意に満ちた判断がルネサンス全体に対して下されたとしても、実際のところそのような判断を最も頻繁にかつ激しく誘発したのは十七世紀の様式だったからである）。そして、彼らはこれらの質にかかわる知覚の衰え、したがって道徳観の欠如によってのみ、われわれは丹念に仕上げられ真実であるべき――そして同様にそうありうる――建築の代わりに、こうしたバロックを受け入れられるのだと主張する。バロックの産物は病的な性質に由来したのだという証をみずから抱いている。その後いつであれ、それらに快を見いだしたり、美しいと考えたりできる者は、同様に病んでいるに違いないのだ。バロックの産物は腐敗した社会で育ち、恥ずべき使われ方をしてきた。その事実は、われわれの判断を裏づけることはないだろう。つまり、その根拠を提示することはないのだ。その根拠は、作品自身のなかにある。そして、これは醜いという理由で悪いのではない。むしろそれは、偽物で、ひけらかしたがりで、だらしなくて、下品で、明らかに文字どおり悪いからこそ醜いのだ。

この主張は、既知の事実によって裏づけられている。バロック様式のディテールは粗いものだ。その仕上げには、クワトロチェント（十五世紀）にみられた愛情に満ちた配慮も、どちらかというとぎこちないゴシック様式の配慮さえもない。しばしば何か特別なものを表象しようともしていないし、なんらかの明確な形をとろうともしないのだ。それは、人間の構造とはなんら誠実な関係を持たない乱雑なひだでどうにかしようとするものだし、建築における構造とはなんら確かな関係を持たない曖昧な螺旋のなかに、喜びを生み出すのだ。それは、性急で精度を欠いている。ゆえに、ずさんな性質を表わし、いい加減な目のみ喜ばせられるのだ。

その事実は正しいが、そこから導かれた推論は間違いである。もしバロック時代の職人たちが面倒から免れようと望んでいたのだとすれば、完全に装飾を慎むこと、そして「厳格さ」に対する道徳的な是認を要求することはおそらく容易だったであろう。しかし、彼らは明確な目的を心に抱いており、その目的は的確だった。一方で、その目的の達成のために「精度を欠いた」建築を必要としていたわけだが。彼らは建築を通して、熱狂的な活気と溢れ出るほどの力強さを伝えようと望んでいたのだ。そこまでは、おそらく彼らの目的は恥ずべきものではなかった。建築の美学についての最上の知識が、彼らが用いる方法を決定した。最初に、力強くあるために、建造物は量塊として、つまり分割され、分配され、結合されたものではなく、溶け合わされたものとして実現されなくてはならないのだ。ゆえに、その構成(部分の美的な統一)は、堂々としていなくてはならない。そして、バロックの建築家が、構成——構成に対する熱狂であれ、力量であれ——を欠いていたことなど誰も示唆していない。次に、量塊が効果をもたらすために、部分部分がともに流れをなし、互いに混ざり合い、互いから湧き出し、いわば連続した活力の流れがそそぎ融合していると想像される巨大有機体を形成するよう見えなくてはならない。ゆえに部分における個々の差異の欠如——たとえばブラマンテであれば部分に与えたかもしれない知的な差異化の欠如——は、否定的な怠惰というよりは、むしろ具体的に要求されたものだったのだ。彼らが「精度を欠いたこと」は、必要とされた工夫だったのである。さらに——力強さを示すためにここでもまた——そのスケールは、巨大であるべきだ。そして、滑らかな表面よりも粗い表面のほうがより巨大なスケールを維持している以上、厳密ではない仕上げがより完全なものよりも好まれたのだった。最後に、歓喜の性質のために、つまり、潜在的なものではなく作動している活力のために、いわば作用している活力のために。これを伝えるために、バロックの建築家たちは、揺れては戻る〈運動〉を考えついたのだ。その動きは制限を受けず、構成から生じる本質的な落ち着きを損なうことなく、そしてここでのように部分部分が巧みにまた意味ありげに形づくられた際に、量塊にこめられた活力の蓄積が失われないような運動であった。しかし、建築物自体は動かない以上、またその運動は私達の着目点として存在し、デザインによってあちらこちらに喚起され、その強弱と抑揚によって保持されたり解放されたりする以上、全てはデザインがどのような注意を引き寄せるかに依存せざるをえなかった。いかに注目に値しようともデザインのいくつかの点において抑えられているもの。近寄って、そこで十分な関心を持って見たものにもたらされるもの。騙すことのない注意は、運動の鋭敏な感覚を生むことはないだろう。力強さは存在するとしても溢れ出るほどではない。つまり、力強さが「作用している」感覚などは存在しないだろう。この理由から、バロック建築にはリズムと方向性と強調が存在し、その図式の全体的な統一性に視線が落ち着き、着目点の流れが指標線によって解消するまでは、平静は存在しない——騒音ですらある——のだ。

その動きが嵐のように激しいものであれば、これらの指標線は際立つものなのである。また、動きが大胆であれば、これらは力強いものなのだ。ゆえに、時には構造上の論理への必要性でなければ、美的な必要性として、格式を重んじる趣味に対してひどく横柄で暴力的であるような、三重のペディメントによって三度繰り返された線が要請された。それは、交響曲の最後の小節のコードのように、精神的な乱れを抑え、その視線の落ち着きを取り戻すために置かれたのである。

この意味においてのみ、バロック建築は――最も偉大な巨匠の手になるものでも――だらしなくてけばけばしいものだし、それは以上の理由によるところだ。しかし、われわれは大滝がだらしないと不満を述べることはないし、軍の喊声にけばけばしさを見いだすこともない。ここにおける批評家による道徳的な判断は、建築家の目的が誤解されていたので、不適切だった。それは、実際には精神がきめ細かく行き届いていたのだが、粗削りな性質にみえたところに起因していた。バロックの手法は、目的が認められれば、正当化されるのだ。他の建造物は、他の手段によって落ち着きのなかに力強さを表してきた。これらの様式は、より壮大で、より満足のいく、深遠な存在理由も持つだろう。しかし、力強さのいきいきとした表出は、ただひとつの様式において表現される。つまり、十七世紀のイタリアのバロック建築である。

このことが、最後の非難にわれわれを導く。批評家はこう答えることができる、本当の強さは活気のなかにもあるが、抑制の内にあるもののほうがより高貴である、と。しかし、バロックの力強さは見せかけなのだ。それはありふれた理由のために「主張がすぎる」のである。つまり、誇大表現は不確かなものなのだ。バロック建築はあまりにしばしば、見せかけほど巨大ではなく、その眺望はそこまで広がらず、豊かさもそれほど貴重ではないのだ。建造物として偽りがあるという批判は確かに対処されてきた。われわれがすでに見てきたように、科学からの議論は結局何も生み出さなかった。しかしここでの議論は、道徳的趣味についてのものだ。われわれは、このように見せかけに満ちた様式を承認できるだろうか。つまり、偽りのファサード、偽りの遠近感、偽りの石工術、偽りの金細工の様式を。というのも、これら全ては他の建築様式以上に、バロック建築に見いだされることは認めねばならないからだ。それは、確かにいつもではないにしても、あまりにも頻繁に「見せかけ」の技芸なのである。

これは、十分に発達を遂げたルネサンス様式に対する全ての偏見のなかで最も一般的なものだろう。しかし、ここでもまた、結論よりも事実が理に適うのである。

虚偽の有害性は、欺こうとする者の意志のなか、もしくは、虚偽によって受けた損害のなかのある性質として存在していると考えられているに違いない。もし、借金を返済する際に、ある男が私にソブリン金貨ではなく、金メッキされたファージング銅貨を与えようとしていたのであれば、私に二十シリングの価値を与えるという約束を間違いなく破ることになるだろう。私をだますことは、彼の計画にとって不可欠なことだったし、そうしようという欲求は彼の企みのうちに示されていた。しかし、もし私が彼に何も貸していなかったときに何か輝く物を欲しがっていて、そして彼はソブリン金貨を与える余裕はなく、金ぴかのファージング銅貨を与えるか光るものを何も与えられないかとしよう。彼が私に金メッキされたファージング銅貨を与えようとしていたならば、それが偽のソブリン金貨になりうるとしても、そこには明らかに邪悪な意志も無礼もない。それは約束を違えたことにはならない。なぜなら、なんの約束もなされてはいなかったからだ。そこには、偶然私を「欺く」ことになるかもしれない偽の硬貨が存在しているだけだ。しかし、そこにはいかなる損害も存在しないし、だまそうとする意志も示されていない。というのも、この場合私が要求していたのはソブリン金貨ではなくて、ソブリン金貨の視覚的な効果であって、それこそ彼が与えようとしたものであり、実際与えたものだからだ。[*8]

私は、おそらくルネサンス様式の正面にある見せかけの窓が本物であるとは説得されないだろうし、私がルネサンス建築を知れば知るほど、信じる可能性はより低くなるだろう。しかし、私は信じるつもりもないし、偶然であれ説得されたとしても、私にとってはどうでもいいことなのだ。私は、窓がデザインに与えるバランスのために窓を欲している。もし、その窓が利便性から建設時に求められていたならば、おそらく本物としてつくられていただろう。しかし、逆に——ほぼ確実に——間違いなく求められなかったのだ。しかし、その美的な特性——その色の面、形、位置——がデザインには必要とされていた。ゆえにここに与えられたのだ。さもなくば、芸術的には残念な結果になっただろう。しかし、実際には見せかけの窓があるので、実用的にも美的にも満足のいくものになったのである。結局のところ、偽りは存在しない。というのも、建築家は気づいているように、私がその事実を知ろうとすれば、事実は簡単に読み取れるからだ。もし私が窓の石細工の外見がにせものであることに気づくとすれば、確かに本当の意味で芸術的な期待はずれの要素がそこにある。というのも、素材の性質がそれ自身の美的な美しさを持つからだ。しかし、バロックの建築家は、石よりも塗装を好むことはなかった。ヴィチェンツァの宮殿をスタッコ仕上げしたことに対して、ラスキンはパラディオと同様、落胆しなかった。ほとんどの世代が、高価な素材の美的な価値をより明確に実現することはなかった。たとえば、ローマのジェズ教会の聖イグナチオの祭壇の青銅とラピスラズリがそれを十分に示しているのかもしれない。しかし、これらの建築家は美的価値を重要視したし、経済的な、または他の障壁が立ちはだかった場合には、せめてデザインを第一に示すことを望んだ。高価な素材のなかでは、魅惑の部分のみが貴重さという想像的な価値――それが稀であること、ここに至る距離、捧げられた労働と犠牲――のなかに宿り、はるかに大きな部分は素材の美しさに宿っている。その獲得のために犠牲が捧げられ、労働が引き受けられた。そのため、これを見たバロックの建築家たちは、必要上、前者の魅惑を差し控えざるをえない場合でさえも、巧みな模倣によって後者、素材の美しさを救い出そうとしたのだった。また、その模倣は、むさ苦しかったり商業的だったりする近代の多くのもの――精巧につくられた模造品――とは異なっていた。それは、大胆な印象主義だったわけだし、人々の目を喜ばせるのに適していたのである。精神はかりに惑わされるとしても、みずからすすんで、一瞬だけ惑わされるのである。

多くの仕掛けが率直に喜ばせるためのものだ、と気づいた公平な観察者なら、考えてみればこれら全ての代用物――これらの擬似的な遠近感や描かれた影――に対して憤慨することもなく、不満を述べることもないだろう。なぜなら、彼はギリシア式のコーニスで、見せかけの卵と鏃を見せられるからだ。というのも、これはただの軽薄ではないからである。模倣は芸術に脈々と流れている。そして、この点でプラトンは、模倣の否定をバロック期を境に主張した批評家に比べるとより論理的なかたちで芸術を棄却したのだ。われわれが、ある方法の模倣を十分な時間にわたり継続したときには、その慣習は受け入れられるのである。卵鏃《やじり》飾りはひとつの慣習である。バロックの見せかけもまた慣習である。バロックの見せかけが実際に欺いたり、落胆させたりする慣習だというのには異論がある。もしわれわれがそれになじみ、刺激を求めることを止めてしまえば、心配は要らないのだ。実際バロック建築への批判者は、そこにあまりに多くの欺きがあると不平を述べるが、その不平は、バロック建築との出会いが不足していることに起因しているのだ。

したがって、道徳的にはルネサンスの「見せかけ」は正当化される。だからといって、同じ理由でそれがいつも同様に美学的に認められるというわけではない。もし「見せかけ」が度を超えて実現されるとすれば、われわれは建築を離れ、舞台装飾に行き着くことになる。舞台装飾が悪いというわけではない。そこには美的に望まれないものも存在しないのだ。そこにはただひとつ欠点がある。われわれにすぐれた永続性と力強さの感覚をもたらさない——そしてもたらしえない——ことである。しかし、これらは取り分け記念碑的な芸術においては、適切な性質なのだ。ゆえに、これらの性質は、われわれが建築に期待して当然なのである。これは、装おうとする度合いが重要であるという理論のいくらかの論拠になる。確かにそれは道徳的ではなく美的に重要なのだが、それでもなお重要なのである。しかし一方でバロック様式が、この重要性について最も鋭敏な感覚を持っていた。それは、装おうとする自由——ルネサンスが最初から主張したもの――が理論上は制限されることはないにしても、実践では、建築家が引き受けるだろうそれぞれ特有の条件に従わざるをえないことを認めていた。それは、心理の問題だった。十七世紀のようにきわめて想像力豊かだった時代には、建築の射程は幅広いものだった。そして、その影響は、生み出された全てのものを通じて感じられた。生の賑わいは、その荘厳な永遠性と同様に建築的な表現を求めていた。そして、バロック様式――別荘や庭園の卓越した様式――は、この賑わいに仕えることが可能だったのだ。驚きという美的な快は、その序列においては地位の低いものかもしれないが、それでも純粋だし、必ずしも恥ずべきものではないのだ。これは、巧妙さを知覚しただけの場合にも当てはまる。おのおのふさわしい機会においてこれらを獲得するために用いられる、バロックの見せかけのさまざまな工夫は、とても貴重だった。それ自体は滑稽だったり軽薄だったりするものの、これらの工夫は美的な関心と品位を手に入れたのだ。というのも、バロック様式の統一感が、それらの工夫を全体の構図のなかに結びつけていたからである。

小邸宅、グロット、庭の巧妙さは別にしても、明らかに仮設的な種類の建築を生み出す機会があった。それは祝祭、野外劇、演劇の建築であった。この建築が誠実で、このうえなく想像力豊かで、不思議と美しくあってはならないということの理由などはなかった。しかし、それは永遠であることもそう見えることも要求されていなかった。ここでは、われわれが記念碑的な芸術に当然抱く期待に対して、見せかけのもたらすあの落胆の危険がなかったのである。そして、バロック様式が最上のものであったこのような場合が、絶え間ない建築的な実験の場となっていたのである。それらは、心理学的な能力が鍛えられる学びの場となっていたのだ。

最後に、記念碑的な建築があった。劇場建築において習得された方策は、ここでは抑制されねばならない。ここでは、われわれは、永続性と力強さの感覚を確かなものとして保っておかねばならない。知覚されたときにわれわれのこれらの性質への確信を揺るがすような、偽りや幻惑はここでは許容されるはずもない。しかし、気づかれることのないごまかしと、安定性と量塊感にかかわらないごまかし――心理的な影響がわずかなごまかし――は、ここにおいてでさえ認められるかもしれない。パルテノン神殿は、湾曲したペディメントや基底部、傾けられたり膨らんだりした柱など多くの方法でわれわれを欺く。しかし、これらの工夫から建築が得た安定感は、こういった建設の事実の発見を超えて生き残るのである。イタリアの視覚効果の活用は、ギリシアよりも繊細さを欠いたが、より幅広く使われた。おそらく、それが採用された最もよく知られている例は、サン・ピエトロ大聖堂とベルニーニの柱廊をつないだ通廊にある。ここでは、一見平行に見える直線が平面では一点で交わり、奥行き感を高めている。確かに、これはいずれにしても非常に成功した方策というわけではない。というのも、東側の奥行きについて得られたものが、西側の奥行きにおいて失われているからだ。しかし、その記念碑性はまったく失われていない。この時代の建築家が具体化した重要な論点とは、記念碑的な建築においてすら「見せかけ」についての問題とは、原理というよりは程度の問題であり、規則というよりは実験の問題であるということだ。一般的に重要な位置にあり、その真面目な関心が表現されているデザインは、あからさまな錯覚をある程度「許容」することが可能で、あらゆる探査にかからないものに関しては、鉛直線と寸法をのぞけば、いくらでも含めることができるのはいうまでもない。ファサード全体を偽りの窓で構成するのは、舞台装飾的かもしれない。しかしとくにその実用的な必要性がなんらかの理由で明らかな場合、そのような窓一枚は、われわれのデザインへの信頼を決して貶めることはないのだ。この両極の間に、正当だと認める際の境界が、実験によってのみ見いだしうる――そして見いだされた――のだ。

われわれはここまで議論を擁護するために、最も「非道徳的」な様式から最も突出したものを選んで、建築における道徳的な判断にかかわるいくつかの顕著な例だけを掘り下げてきた。これら全ての問題における中心的な原則は明らかだ。つまり、作品の美学的な目的は、採用されるべき手段を決定する。その目的は、芸術家の本質――選択の基本的な傾向――に対してきっかけを与えるかもしれない。しかし、われわれはそれを正しく理解しなくてはならない。誤ってふるまいと類比されることから惑わされた道徳的判断には、美的な目的が公平に認識される以前に介在する傾向があるからである。芸術家は、自身の前にいままさに掲げたことに失敗するかもしれない。その失敗はあからさまな怠慢のような道徳的なものかもしれないが、しかしその失敗は美学的な失敗として現れ、美学的な目的の知見からのみ、その真の姿を見ることができるのだ。したがって、様式の美学的な価値の判断基準として、作品に宿る芸術家の道徳心をあてにすることはできないのである。

IV

ここまでは、建築批評が道徳的な好みを自覚的な原則と捉えるといつも、直ちに混乱を招くようにみえるかもしれない。その方法が神学的であろうが、功利主義的であろうが、直感的なものであろうが、結局は同じ結末を迎えた。つまり、それは偏見を生み、理由も理屈も利益もなしに趣味を破壊したのである。

それでは、われわれは、他方の批評家とともに以下のように言うべきなのだろうか。道徳にかかわる問題は美的な問題とはまったく異なるもので、われわれの思考から建築に対する道徳的な批判を、その語彙と連想とともに追い払ってしまえと。というのも、われわれが見てきたように、これは批判に対するおきまりの応答で、これが建築技術についてのより厳密な理解のある批評家が採用しがちだった方法だからだ。

しかし、建築についての道徳的批評の帰結のなかで、その論敵に対する影響もまた、少なからず悲惨なものだった。

確かに現時点でわれわれは、批評の二つの伝統を有している。一方に、この章で考察されてきた過ちが根差した伝統がある。つまり、いつも不当で、時には調子がよすぎて、しばしば無知な批評の伝統だが、文学的には強大な力を持つ伝統である。ロマン主義的誤謬の全ての潮流、倫理的誤謬の全ての潮流がともにこの水路へと流れ込んでいる。それは感傷的な批評である。

他方の批評の中心は、この批評とは明確に対置される。それは二つの形式をとる。「ディレッタンテ」――あの古きよき意味において――と技術的な形式である。この二つの形式は、確かに多くの点で異なっているが、以下の点においては似通う。つまり両者ともに専門化されており、学問的で、正確で、ある意味シニカルである。両者における偏りと現在の性質は、あるひとつの明白な原因に基づいている。すなわち感傷的な批評に対しての鋭い反動なのだ。愛好家、衒学者、機械工はつねに存在していた。しかし、感傷的な批評が生じるまでは、彼らの排他性は信条の問題というよりは気質の問題だった。逆に、ウィトルウィウスを筆頭とするより古き「衒学者」は、彼らの芸術にあらゆる道徳的な側面を主張し、それが真実の生の規則を巻き込み、また要求するものだと好んで論じたのである。しかし、われわれ自身の時代におけるより厳密な批評は、対立する学派の誤った感情と結論に対して自ずと生じる軽蔑のうちに、建築の領野を型どおりの技術手順に制限し、その批評を玄人だけのものだけにしてしまう。これがつまり二つ目の伝統、事実に基づく批評なのだ。

感傷的な批評が、建築という芸術に対する正確な知識と公正な経験を欠如させていることの帰結は、すでに提示されている。しかし、「〈事実〉」に基づく批評が、「〈感傷〉」による方法を受け入れない――歴史的に正当化されているが――ことはどこへと帰結するのか。その帰結は明白である。それ以外の生活から切り離して美を認識することは、経験を彩ることもなければ、経験から自身の深遠さを引き出してくることもないのだ。こうした美の認識は、他者に関心を持たせる力、創造に対し影響を及ぼす力、もしくは趣味を抑制する力を失っている。つまり、それは縮小し、それ自体では枯渇してしまうのだ。そして、もうひとつの結果も同様に明らかだ。このように孤立した認識は、種についての微細な区別を分け隔て、一方で、より大きな属を区別する視野を失うのだ。つまり、奥深いものと達成されたものとを見分ける区別である。ある正確でバランスの取れた関心がフランソワ・ブーシェとベリーニについての比較研究を行っている。つまり、一定の好奇心が、ブラマンテの平面図とチッペンデールの家具へと分け隔てなく広がっていくのだ。というのも、結局のところ偉大な芸術は、単に美的に巧みであるものからは、最終的な分析においては道徳に他ならない気高さによって、識別されるだろうからだ。あるいはむしろ、生活においてはわれわれが「道徳」と呼ぶ気高さは、それ自身美的なのだ。しかし、それが芸術においてと同様に、生活においてもわれわれに関心を与える以上、われわれは、生活へと想像力豊かに発展する感覚なしに芸術のなかの気高さに出会うことはできない——もしくはすべきでもないのだ。そして、この重大な領域へと想像力豊かに発展する建築——つまり深遠な建築——を、同様に熟達してはいるものの、決定的に瑣末な建築から区別することとは、美学的な批評にも不可欠な役割なのである。

　確かに、偽りではなく真実のアナロジーが倫理的な価値と美的な価値の間に存在している。その場合、両者は、ほぼ同一と見なせるような対応関係にある。建築の「威厳」とは、人の性格のなかにわれわれが認識するものと同じ「威厳」なのだ。したがって、ひとたびわれわれが建築においてそれを美的に識別したのであれば、その道徳的な反響が精神のなかに起こるだろう。しかし、その反響は、そのきっかけとなる音に依存している。そして、この場合には、その音とは建築の本来の声であり、〈量塊〉、〈空間〉、〈直線〉、〈一貫性〉という言語で語られているのだ。これらの建築における性質は、それらを理解する才能と、それらを正しく理解するための訓練された才能を求める。つまり、そのような性質は、人々が「極度の困難なく善し悪しを区別することも想定」されていないし、決して、倫理的な良心を自信を持って吟味することでも評価されないのである。それでもその性質は、われわれが生活に与える特定の価値にとても密接に結びつけられているので、美的判断が一度その性質を正しく認識してしまえば、その重要な良心は、それらの価値に同意するに違いないし、同意することでより豊かにできるのだ。このように美的な価値を豊かにすること、つまりその道徳的な反響を拒絶することは、ひとつの誤謬である。つまり、〈事実〉に基づく批評家たちの誤謬なのである。「良心」がそれらの価値を豊かにできるからといって、自身の目で、それらの価値を認識する僅かながらの力を持っていると想像することは、正反対に位置する趣味における倫理的誤謬なのだ。

道徳は、建築体験の内実を深める。対して、建築はわれわれの道徳の領域を拡張できる。あのケルベロスがとがめなかった賄賂は受け入れられる気配もなかったが、いまここで結論として提出できるのかもしれない。

諸価値（生活においてでも芸術においてでも）は、その最も強烈な状態においては、全てが共存しないのは明らかだ。繊細な美しさと圧倒的な力強さ、穏やかさと冒険、威厳とユーモアは、両者の大幅な譲歩によってのみ共存できる。偉大な建築は、偉大な人格と同じように、全ての価値を過剰なまでに包含して達成されてきたのではなく、その幾らかの性質を究極な形で具現化して達成されてきたのだ。芸術においては、日々の生活においてと同様に、最たる問題は何を犠牲とするかの正しい選択なのである。文明とは諸価値の組織化である。生活において、そして芸術において、文明とは、共存しうる価値の集合を持続的で満足いくパターンへと調整していくことであり、そのため必然的に大いなる拒絶が伴う。文明は、生活においても諸芸術においても、結果において差異が生じるものの、このパターンを織りなすのである。日々の行為のなかで実現されるパターンは、それぞれの新しい取り組みとともに消失していく一方、芸術において実現されるパターンは維持されるのである。

民主主義的な倫理におけるわれわれの現在の取り組みは、現状で手に入れられる最良のものかもしれない。最良ではなかったとしても、必要なものだろう。しかし、どちらの場合にしても、現行の道徳は妥協に晒されているかもしれないが、道徳についての想像力には、そのような制約など必要ない。その想像力は、どのような価値が従属や拒絶を強いるものかの感覚をいくらか持つべきだ。過去から生き延びてきた芸術は、そのような諸価値の痕跡をとどめているのである。

ギリシア建築なしでは――詩や他の芸術領域もだが――、われわれは、釣り合いと抑制という概念の潜在的な範囲と価値について、道徳面においても、より貧しい認識しか持てなかっただろう。十八世紀の建築なしでは、一貫性――一貫して課されてきた厳格な基準――という概念の潜在的な範囲と価値について、道徳面においても、より貧しい認識しか持てなかっただろう。ルネサンス建築なしでは、人間主義の信念について持つ感覚はさらに貧しいものになるだろう。その信念とは、全ての価値が理想としては漫然と軽蔑されることなくくまなく探求されるべき美徳だというものである。その信念は、同時代の画家や思想家を駆り立てたように、ルネサンスの職人を急激で猛烈な勢いのなかで正反対のデザインの最たるものに取り組むよう駆り立て、個々の企図において、束の間でも最上かつ完璧な類型を認識するよう駆り立てた。建築を精神の全ての気分に対応するものにした人間主義者の情熱は、コルテスのように、到達可能な丸い地平を切り開いた一方で、自身よりも偉大だと見なしていた過去に対する忠実さを捨て去ることもなかったのだ。

＊1 The Stones of Venice, vol.III, chap. ii, § 4.

＊2 The Stones of Venice, vol.III, chap. iv, § 35.

＊3 そのような理念の、いまや公理的になった性格に関して重大なのは、その理念が現実には偏見や方法論が倫理的なものとまったく対立するような著述家の著作にも慣例上含まれているのが見受けられることである。したがってムーア教授は、ルネサンス建築を意義深い芸術として考察するために捧げられた、数巻におよぶ著書の一巻において、彼の論述全体の基礎として、一貫して建築の機械論的な理想をおいている。最高度の学術的なゴシック研究によって、彼はこの理想への確信をおそらく深めているのだろう。構造の適切さこそ彼にとって唯一不変の価値基準である。いかなる建物に関しても、それが示したり掻き立てたりする人間の性質の類には、終始一言も割かれていない。しかし彼はこの科学的な著作において、機械論的な信条の宣言ではなく、あらゆる倫理的な常套句の手早く儀礼的な列挙で、劈頭を飾っている。「美術は」「それが属している国民や時代の、歴史的な前提、道徳的な諸条件、……そして宗教的な信仰」から「みずからの特性の全体を引き出している」という（あたかも、ある国民の美的な感覚が彼らの作

品の性格にまったく寄与しないかのようである）。また（ルネサンスについて）「この贅沢で非道徳的な生活に奉仕するため」「いまや美術が引っ張り出されたし、おおよそ美術は、そのような生活を活気づけるような主題の表現となっている」と彼は続ける。美術は「感性に訴える快と現世的な自尊心に仕え」、建築家は「調和的な精神において」自身の職務に向かう。ここでの関心の要点は、単にここで示唆された原則が間違っているとか誤解を導くなどというだけでなく——その両方であることはこれから示されるが——、むしろそれが証明されてもいないし適用されてすらいないことにあるのだ。それはもはや自覚的な思想体系の一部を形成しておらず、むしろ偏見に満ちた風潮を形成しているのである。機械論的な事例においては、いかなる権威や論拠も倫理的な事例に由来しない。また倫理的な事例も機械論的な事例では説明できない。倫理的な常套句は、その著書の議論においてなんら機能しない。それどころかその議論に対抗することさえある。しかしそれらはあまりに親しみ深いため、自覚なく提示され、自覚なく受け入れられているのだ。私のこの研究の理由となった、建築批評における分析の行き届かない混乱について、これ以上ふさわしい例は望めない。—— Charles Moore, The Character of Renaissance Architecture.

＊4　社会体制における悪弊は、フランスの十八世紀がそうだったように、時に芸術におけるある一定の成果の前提条件となりうる。しかし、芸術的な成果はその理由で社会状況を「表現」するのではない。芸術的な成果が社会状況を想起させることはありうるとしてもである。それは、山からの眺めが頂上に至るまでの疲労を「表現する」というのと同程度にしか、もっともらしくないだろう。その山が登るに値するものかどうかは別問題である。

＊5　The Stones of Venice, vol.I, .chap.ii, p.13.

＊6　たとえば、The Stones of Venice, vol.III, chap. ii, § 38.

＊7　Ranke's History of Popes, trans. S. Austin, vol.I, book iv, § 8. 私が長々とした箇所を引用したのは、労働者

たちの宗教的な熱狂と仕事における喜び（ゴシックの建造者に想定されていた二つの専売特許）を示すことに加え、この箇所が、ローマに二度目の帝国建築をもたらしたかのバロックの教皇［ウルバヌス八世］の豪勢な精神を例証するからである。

＊8　これは十分に明白だし、明白すぎるように思われるのだが、有名な序文でワーズワースは次のように記した。「もし私の仕事が不必要なものに見え、私が敵もなしに喧嘩している男のように見える人がいれば、そのような人は、人々が外面上どのような言語を持とうと、私が確立したい見解における実践的な信条はほぼ知られていないということを思い出すだろう。もし結論が許され、仮に許されたとして実行すべき最低限まで実行されたなら、われわれの判断は……現在のものとはかなり異なるだろう、私達が賞賛するときも批判するときも」。実際、事実を詳細に述べ、明確に描写しなかったために、この国やフランスに現れる全ての建築史において、バロック建築に固有の虚偽性への攻撃が繰り返される。その攻撃は、激しさと範囲において多岐に渡る。ルネサンス様式全体が見せかけであるとして「耐え難いもの」にされたかもしれないし、十七世紀の頂点において耐え難いものになったかもしれない。もしくは耐え難いものではなくとも、それはとても重大な汚点であり、謝罪されるべきものなのである。しかし、どの批評家も、ルネサンスの手法を手法の名の下で徹頭徹尾正当化しようという勇敢さ、またバロック様式が心理学的な基礎とそれに続く建築の芸術の自由とをつかみ取る最初の段階だったと主張する勇敢さを、望まないし求めてもいない。まだそれが実情なのだ。

第六章　生物学的誤謬

建築が現下の荒廃に墜ちてこのかた、その足元にはさまざまな潮流が寄せては返してきたが、なかでも進化の哲学〔philosophy of evolution〕ほど強い衝撃力を持って深くまで浸透したものはないとせねばなるまい。この哲学の流れは、その遠大な見通しこそ澄んでいるようでありながら、むしろもっかの事物を破壊して、その破片によって濁らされている。とすればこの波は、建築のもろもろの壁面からそれぞれの個性を洗い流したのであろうか。〈ロマン〉がみずからの勝手な個性を重ね合わせ、〈科学〉がそれを歪形し、〈倫理学〉がそれを修復しようと見当違いの努力を重ねた、建築のもろもろの個性を。

ルネサンスの諸様式がその連続を断たれずに続いていたあいだは、建築の判定基準も建築そのものと共に育まれ、共に発展した。ものを形成する原動力が、創造の力を統御すると同時に、批評的な趣味をもその支配下に置いていたのである。伝統という大きな輪郭がまずは頑としてあり、しかしなおもそのなかで形態の移り変わりがおこると、それにつれて理由づけが――相応の保守的な嘆きや、正当な抵抗を伴いつつ――後から生じ、それを受け入れ、是認した。様式についての批評基準を独裁するのは様式自身であり、趣味はそれを甘受していた。過去が死んでいくのは、現在にこそ生命があったからだった。人々の思考を占めていたのは様式そのものであって、様式の移り変わりではなかった。〔様式の〕連続それ自体が研究の対象となるようなことはなかった。だが、十九世紀になり、連続が途切れ、「リヴァイヴァル」の時代が始まると、趣味の基準は多元化し混迷することになった。過去の諸物が、現在と同時代に置かれる。連続が存在しなくなるのとときを同じくして、連続は――様式同士の歴史的な関係として――

研究の対象となる。歴史的な進化における別々の段階が同時に生命を与えられるとなると——所詮その生命は何も実質的なことを語らない亡霊のような生命にすぎないにしても——様式はもはやその権利を当然のごとく保障されるというわけにはいかなくなる。かつてそれが我がものにしていた権能は、いまや矯正、審問、比較対照を余儀なくされるのだ。こうして、かつては明快な導きの声であった建築が、忘れ去られ混迷した「異言語」〔『使徒言行録』十：四六ほか〕で語るものとなったとき、人々が耳を傾けずにいられないのが解釈というものであり、ひいては思考をよぎる風の音にまで何かの解釈を聞き取ってしまうようになるのである。

そうした風のなかの音のうちの三つまでを、われわれはこれまで検討してきたのであった。それらはいずれも建築そのものから遠く離れたところに淵源している。詩的な陶酔、科学への熱狂と探究心、社会の良心の奮い立つざわめき。こうした声を、建築の批評から切り分けていかねばならない。しかし、進化の哲学とは——広範に波及し、普遍的に有効であるかに見え、いまや学問の道具というよりは無意識的な思考の自然な経路となっているだけに——それらよりもさらに強い、衰えを知らない風であった。それはルネサンス建築の受容にどう関与してきたのだろうか。またそれは、われわれが建築に芸術としての価値を見いだし、よき建築のあの第三の条件——美〔喜び〕——に照らしてそれを判定することを、助けてきたのか否か。いまや、「進化」なるものが趣味にもたらした利益と損失を算定してみなければならない。

ある意味では、その利益は明瞭である。批評に対する進化論の影響のなかでもとりわけ明確なのは、結果としてわれわれの共感の幅が大きく拡がったということだ。

くっきりと画定された円が、十八世紀的な視野の限界を形成していた。そしてその内側では、すべてがはっきりと見てとられ、輝くばかりに照明を当てられる。だがその彼方は、外なる闇である。あの共感的な旅行者、議長《プレジダン》ド・ブロスも、ジオットの絵画群についてはただ一言「ひどく下手だ」という以外には何も語らない。ゲーテでさえ、アッシジを訪れてもそれらについてはまったく言及しないし、聖フランチェスコの二つの教会にも言及しない。彼の注意はすべて古典の神殿の名残に囚われるのだ。当時の建築史というものは、バベルの塔など歴史上の著名な建築物をいくつか挙げると、足早に目先の課題——当代の「よりよき作風〔manner〕」——へと続くのだった。「大いなる世紀《ル・グラン・シエクル》」〔ルイ一四世の治世〕から後ろに一歩下がれば、そこはもう「味気ない時代《ル・メシャン・タン》」である。彼らうるさがたの趣味人たちは、信仰上の義務から〈ゴシック〉の穹稜の下で一時間でも過ごさざるをえないとなれば、何はなくとも侵された目の保養とばかりに、華やいだシャンデリアをそこに吊るし、またみずからの篤信を形にしたいという要求を、渦巻状の古典的な装飾を凝らした高雅な木工品によって満たすことにぬかりない。「よりよき作風」の効能に安住する彼らには、過去を正当に評価する気概も能力も欠けていたのである。

おもに二つの原因が、このような萎縮した探究心からの解放をもたらした。それは感性の面では〈ロマン主義運動〉によってもたらされ、知性の面では進化の哲学によってもたらされたのだった。〈ロマン主義運動〉は、自分の都合からではあるが、遠く離れたものに詩的な価値を置いた。進化の哲学も、自分の都合からではあるが、あらゆるものへの分け隔てない関心を持って、科学としての強調を連続に置いた。これらはいずれも、われわれの探究心の幅を拡げるものだった。

だが、ロマン主義的な拡張は失敗だった。それは過去というものに美学的な価値を見いだしはしたものの、そこで見いだされた価値はあまりに気まぐれなものであり、客観的な基盤を持たなかったからである。進化論的な拡張も失敗だった。それは「価値」というものにまったく関心を持たなかったからである。それはさまざまな価値があることを否定はしないものの、まさにみずからの方法論の本質からして何物にも与することがない――価値を軽視し、ひいては無視する――のである。知性の面での利益があったとしても、結局のところ芸術にとっては損失なのだ。

「進化論的な」批評の目的は、第一義的には、賞玩することではなく説明することだ。事実を評価するのではなく、事実を叙述することが、その機能である。そしてそれがもたらす知見は、ただひとつの大原則から発している。すなわち、事物はその祖先についての知識を通して解明されるということだ。無からは何も生じない〔Ex nihilo nihil fit〕。事物の本性はその過去のうちに潜在している。この原則の強いるところによって、建築の無数の形式は、必然的な秩序におさまるのである。研究の眼目は、連続の各項から、連続そのものへと移行する。このような見方においては、賞賛や非難などが入る余地はない。ある芸術品の最も醜怪な特徴ですら、遺伝や環境を後づける便利な証拠となり、それを手段としてあらゆる対象が、広大にして鮮明な見通しのうちに適宜据えられる。このような傾向の考えは、〈倫理学的批評〉に対する修正として必要なことではあった。こうした理路をとおして、哲学的な冷静さによる明快な知見が、糾弾調の悲憤慷慨に取って代わったのだ。しかしながら、この傾向の向かう先は見誤りようもない。それは平準化の傾向なのである。建築上の連続のなかでたいして成功を収めたわけでもない時期が、最もすばらしい時期と同等の位置を得る。またそれ以上に、われわれが関心の中心に連続を据えると、マイナーな時代、移行や試行の局面のほうが、完成された様式の傑作群よりも優位な関心を獲得するのだ。というのも、そうした傑作を互いに結びつけたり、その隠れた起源へと結びつけたりすることこそが、知性の課題だからだ。だから建築においてだけでなく他の多くの研究分野——たとえば宗教や神話学——でも、原始的なものや表面に現れないものがことさら特筆され、古典の頂点を極めたものは不可避的になおざりにされるのである。特筆と特権視は紙一重だ。どんなに冷徹な厳密さも、あるひとつの価値は認めざるをえない——それはすなわち、知性的な関心である。そして関心はしだいに価値づけに取って代わることになる。かくして、高貴な祭式も血の供犠であるということになり、文明的習慣も野蛮な儀式とされ、ドリス式の神殿も、われわれがそれに注意を向けてしかるべきであることを言わんがために、かつては木造の小屋であったことを喚起する。問題はもはや、それがどうあるべきかではなく、ひいてはそれが何なのかですらない。それが何と結びつけられているか、なのだ。

しかしルネサンス建築はこの種の批評を実践するには実に不向きな分野である。その理由は、すでに確認したように、ルネサンス建築が趣味にもとづく建築であったということだ。すなわち、それは進化の法則の盲目的な導きのままに展開する建築ではなかった。それは自分の直接の過去を振り捨てて、意志的な行為によって、自分自身の血筋を選び取った——しかも正しく選び取った――のである。それは遺伝から身をかわす。またときとして環境を反映することがあったとしても、それはみずから大いに環境を創り出すこともしたのである。それは途中で行く手を変えることができた。個人の意志の命じるところにしたがってどこへなりとも向かうのだ。その黎明期に、ブルネレスキはドナテッロとともにローマの廃墟に分け入りつつ、〔一方で〕伝統を掘り崩すことができた。あたかもゼウスに対するプロメテウスのごとく法則に対して自立していたミケランジェロは、どんな連続原則よりも確実にその展開を統御した。そして彼が解き放った諸力もまた、後世の意志――パラディオ――によって堰き止められ、十八世紀によって打ち消されたのだった。ここには順序だった原因の行程《プロセッション》というものはなく、ただ冒険の競演が、趣味の幻想的仮面劇があるのみである。

　それは批評にとってどんな結果をもたらしたか。進化論の手法にうまくあてはまらないがゆえに、ルネサンス建築はあらゆる面で非難にさらされた。その意志が自分で自分の道を意識的に選んだがゆえに、それは気まぐれといわれた。建築の発展の常道を例解してみせるものではなかったがゆえに、それは意義に乏しいといわれた。連続を持たないがゆえに、つまり各項が「関連を欠いている」――あるいは、それ以前の様式と違ってその関連が厳密に「進化」によるものでない――ために、これら各項は、事実により《イプソ・ファクト》当然に、無価値かつ空虚なものとされた。ある特定の知性的な関心にとって思うに任せないことがある。ゆえに感性的〔美学的〕な関心も皆無である、というわけだ。これが趣味における進化論的誤謬である。

　それにかかると、〈ロマン主義的誤謬〉の場合と同様、ルネサンス建築は無視を蒙り、誤解を蒙ることになる。無視を蒙るというのは、歴史家は、連続の定式に囚われているかぎり、その定式にうまくあてはまらずそれを例解するための足しにもならない様式のことは駆け足で通り過ぎようとする定めにあるからである。しかも誤解をも蒙るというのは、ルネサンス建築についてのそのような申し訳程度の通りすがりの叙述は、せいぜい良くても他の様式についての定式に押し込められてなされることになるからだ。最も歪曲された結果をともなうそれは、建築の進化に関する最も低次の一般的用語にまで浸透している。趣味への先入観は、価値よりもむしろ事実ばかりが研究されるということにとどまらない。最も価値の低いものが最も研究の対象とされ、美しいものよりもむしろ歴史的にみて啓発的なものばかりが強調されるということにもとどまらない。この先入観はそれよりもさらに根深いものだ。というのも、進化論は生物学の研究のなかで養われてきたものだからである。歴史についての批評は、ともかくも価値を俎上に載せんとするや、無意識裡に建築に生物学の価値を押しつけようとしがちなのだ。ルネサンス建築は、一般論としてはそれが自分で自分の道を選ぶものであり「恣意的」であるという非難を受け、各論においては「必然性」の法則という不当な判決によって有罪宣告を受けた。この様式の紹介の典型的なものをひとつとって、そういったことがどのように起こるかを見てみよう。

ルネサンスの建築は、明確に三つの時期に区別されるといわれる。それはそのとおりである。フィレンツェ・ルネサンスの時期——一四〇〇年代《クアトロチェント》の時期——があり、それは試行的、実験的な、逡巡をともなうものである。ある種の素朴な質があり、それが魅力につながっているが、完成からは隔たっている。ブルネレスキの存在がこの時期では傑出している。この手の建築物のなかではパッツィ礼拝堂が最も初期の純粋な例であり、プラートにあるジュリアーノ・ダ・サンガッロの「牢獄《カルチェリ》」教会が最も新しい例である。これは未成熟の時期である。

第二は、ブラマンテとラファエロの時期だ。この時期は、はるかに自信に満ちている。明確な目的を持ち、それが高度に達成されている。ブルネレスキ的な試行的な魅力は消え去って、より確信に満ちた正統的なあり方に取って代わられる。そこでは、他のどの時代にもない、威厳と繊細さとの均衡が打ち立てられている。ブラマンテとラファエロそしてペルッツィの建築は、それに先立つ作品の子供のような不安定な愛らしさからも、それに続く作品の「大造りと無頓着」からも、同じくらい解放されている。それは、この時期の絵画が持つ非の打ち所のない余裕を共有している。廃墟となってしまったラファエロのヴィラ「マダマ」、ペルッツィのパラッツォ・マッシモ、あるいはファルネジーナ——これにどちらの名前を冠するべきかは議論の余地があるが——、そしてフィレンツェにおけるパンドルフィニの家も含めた、それ以外の多くのローマの家、これらはすべて、デザインにおけるこの偉大さと卓越性を保持している。これらの背後には最も偉大なもののイメージが認められる。すなわち不運にして達成されることのなかった、サン・ピエトロ大聖堂についてのブラマンテの構想である。

これはほんの短い時期であり、ほとんど一世代で事足りてしまう。しかしそれはルネサンスの絶頂期であり全盛期である。それは絵画や文明の絶頂期とも同調している。それはレオ十世とレオナルドの建築なのだ。「アテナイの学堂」に集う天才たちにそのモデルを見ることのできた時代の建築なのである。それがルネサンス建築の第二の時期であり、その高度の開花であった。

そしてこんどは衰退期が始まる。完璧な均衡はもはや維持されえない。避けがたい没落が忍び寄る。それは二つの相補的なかたちをとった。すなわち、誇張と虚ろさである。建築的な形態が持つ高貴ないでたちは落ち着かなさに取って代わられる。威厳は粉飾されて見せかけとなる。荘重さの感覚は大きさへの希求に堕する。それは〈バロック〉という時期、すなわち退廃の時期である。ブラマンテの一派が成し遂げたように、様式の問題がいったん解決されると、力の悪用しか残らず、建築は過度に自由であるための負担を感じることとなる。ブラマンテの建築がレオナルドの芸術と結びついていたのと同様に、バロックのこの状況はその時代の全般的な堕落と通じ合っている。すなわち、「誉れなき神々、人間性なき人々、無垢ならざるニンフたち、粗野ならざるサテュロスたちが、汚されたキャンバスの上の衆愚よろしく群れ集い、風景愛好が街路をごたつかせる」〔ラスキン『ヴェネツィアの石』第一巻第一章〕時代である。風景愛好、ブロークン・コーニス、三重、四重のペディメント、湾曲するファサード、芝居がかった平面計画、身振り手振りの彫刻たち。何もかもが不合理で、誇張され、度を超している。これが崩壊していく精神の見る夢であり、老衰した芸術の暴力である。近づきつつある死を予言する一種の建築的狂乱なのだ。しかし老衰は、時に暴力的でもあるいっぽう、またあるときは無感動でもある。近づきつつある臨終は、その前触れとして狂乱をともなうこともあれば、昏睡というかたちでその前兆があらわれることもある。そのため、ルネサンスの第三期は、時にその無節制とは対極の気分によっても特徴づけられる。そのような衰退期においては、ラファエロの絶妙なプロポーションがアカデミックな定型へと硬化する。建築は、けばけばしくないとすれば、堅苦しく、硬直した、生気のないものとなる。シンプルさは味気なさとなり、抑制された趣味のよさは空疎さとなる。そして終局が近づくにつれ、アンピール様式によってこの空疎さは建築の相貌のうえに決定的に定着しきることになる。ルネサンス建築は、みずからの出自であり、またみずからがそれに同一化しえたとその末期的な幻覚のなかで信じた古典の過去に、たゆたう記憶のままに没頭しながら、死んでいくのだ。

以上が、口調の差はあれ、われわれの歴史が口をそろえて説くところだ。しかしこれは、真実というにはいささかできすぎてはいないか。あまりに率直に神話的な趣を露呈したヘロドトスの語る物語にいささか似てはいないだろうか。これほどに完全な人生のイメージ――なぜそんなものを建築の歴史に見いださねばならないのだろうか。この三つの状態の連続――成長、成熟、衰弱――は、われわれが有機体の世界に見いだし、またわれわれ自身のうちに認める、生命における連続である。歴史の出来事や非生命的な事実の諸問題をわれわれ自身の人生の用語で読み解こうとすることは、思考そのものと同じ古さを持つ自然な習慣だ。それは明らかにメタファーであり、初めからメタファーを用いて書かれるものである文学でさえ、その採用が先んじていたわけではない。世界の変化はつねにそのような言葉でもって記述されることだろう。しかし少なくともその記述が事実に適ったものであるか確かにしておくほうが健全ではないか。大真面目に進化論の専門用語を使った建築の批評は、いまやあまりにもしばしば、事実のほうをこのあらかじめ決めつけられた記述に無理に適合させるものとなっているのだ。確かに近年、バロック様式についての多少なりとも尊重すべき評価が――評価というよりは酷評の緩和といったほうが正しいかもしれないが――ドイツからイギリスの批評へと忍びこんできたのも事実である。しかしこの新しい、くすんだ色も、いまだ古い模様にのっとって編み上げられている。未成熟、全盛、そして衰弱が、かわるがわるに決められた連続を踏襲する。いまだ建築はそれ自体が生命を持った有機体として、避けがたい運命のぜんまい仕掛けに従うものとして、われわれに提示される。先駆者ブルネレスキ、そして達成者ブラマンテのあとには、ベルニーニが、そして失墜が来なければならない、というわけだ。

あらためてこの生物学的な神話をたどってみよう。ブルネレスキの時期は試行的で未成熟だ――不器用だが、魅力がある。ある意味では確かにそうだが、しかしここからしてすでに完全には正しくない。これはブルネレスキの建築を、ブラマンテと同じ課題へのより未熟な回答だと見なすよう求めている。それは、後々完遂されることになる理想を不完全な道具立てをもって追い求め奮闘したかのように、ブルネレスキを提示する。連続にこだわって考えると、われわれは彼の建築をこのような角度から見ることを強いられるのだ。連続とのかかわりから言えば、この記述は適当かもしれない。しかしまさにそのことが進化論的誤謬なのである。芸術の価値は連続のうちにあるのではなく、個々の観点のうちにあるのだ。ブルネレスキにとってはブラマンテなど存在しなかった。彼の建築はブラマンテが成し遂げられなかったものではなく、彼自身の完遂された建築なのだ。彼の意図はブラマンテの意図に先立つものだ。したがって彼らは同じではなかった。初期ルネサンスの建築には、典型的な志向として、人を喜ばせることへの欲望があった。それはブラマンテのモニュメンタルな志向——気高さへの欲望——とは大いに異なる。子供の未成熟さは、不器用な思考と未発達な力によって、成熟した世界の「終りなき模倣」を表現することに終始するものだ。しかしルネサンスの「未成熟さ」は中世の職人技によって蓄積された技術を豊富に持っていた。いくつかの方向では——たとえば装飾的な彫刻においては——ほとんど完成されすぎていたとさえ言える。しかもそれは成熟したものを弱々しく模倣することに終始したわけでもない。当たり前だが、「成熟したもの」などまだ存在していなかったのだから。確かに、古代のものは存在した。しかしブルネレスキの建築は、ただローマの古典建築を模倣することからはほど遠いものである。それは、完全に固有な、形態のスケール、プロポーションの典範、装飾の理想をそなえていた。したがって未熟という捉え方は、いくつかの面では適切であるとしても、他の諸々の面で誤解を招くものだ。このように強引な対応関係は廃止するにしくはないのである。

美学的な理解の第一の条件は、われわれ自身の視点をその芸術作品に対して適切な位置に定めること、すなわち、その作品に即した観点から判断することだ。しかもその観点は、全体としての連続という観点とは同一でないかもしれない。連続を見て取ることに固執するなら、ブルネレスキとブラマンテを比較することを余儀なくされるだろうが、それは両者の様式が通約可能であるかぎりにおいてのみ——両者が意図を共有しているかぎりにおいてのみ——可能なことである。われわれは両者を建築空間の操作や論理的一貫性に関して比較してみようとする。

すると確かに、ブルネレスキは試行的で未成熟ということになる。しかしそれでは彼の個別的性質を言い尽くしたことにはならない。そうした質は彼が最終的に目指したことではないからだ。こうして、連続に強調を置けば置くほど、われわれは一四〇〇年代《クアトロチェント》の建築を不当に扱うことになる。ブルネレスキをたんにブラマンテの先行者と見なす慣わしは、ながらく彼の天才性を影におしとどめてきた。自立した地位や真似のできない長所を彼に認めること自体が矛盾であると受けとめられたのは、それほど昔のことではない。彼は、長きにわたる連続の発端に、しかも「経験もなく」登場したのに、どうして最高度に偉大であるということがありえようか、というわけだ。

　ブルネレスキの時期を矮小化した進化論的な批評は——同様の無意識的な動機によって——ブラマンテの時期に対しては正当といえる以上の評価を行った。すなわち、我らが建築の生涯の「全盛期にして絶頂期」という評価である。ルネサンスの中期の様式は、その最良の建築家の手になるものにあっては確かに高貴なものであったが、とはいえやはりそれなりの欠点も持っていた。それは禁を犯すことをあまりに恐れていた。ブラマンテ、ラファエロ、ペルッツィは権威あるものとして語りかける。しかし様式そのものの語り口はまるで写字生だ。様式の評価はその様式の最もいきいきとした点でなされてしかるべきであるが、様式の十全な理解のためには、その共通の役割にも目を光らせなくてはならない。ときとして——しかしなんとも稀なときに——この建築は、他のどんな様式にもまして、精神が持つ完全な人間主義という理念を具現する。しかしブラマンテの権威ある精神をわれわれに伝える例はいかにも少ない。ある脆弱性——あまりに生硬であまりに排他的な哲学性——によって、彼の着想は生まれると同時にしぼんでしまう。ルネサンスの連続における三段階のなかでこの中期は最も色濃くアカデミックだった。空虚で模倣的なことにかけてはアンピール様式といい勝負になったかもしれない。一四〇〇年代《クアトロチェント》の陽射しにあふれた建築に必ずといってよいほど去来する、のびのびとした陽気な生命感や、一六〇〇年代《セイチェント》に炎のように吹き出し蕩尽的な横溢のうちに無数の冒険にわが身を捧げたあの生命。かつては微笑み、後には声を立てて笑ったあの生命が、この中間の歳月にはあまりにしばしば明滅して、仄暗く消え入りそうな火花となってしまった。崇拝を集めた巨匠たち——たとえば〔アントニオ・コリオラーニ・ダ・〕サンガッロ（弟）——がそのころに建てたものの多くは、もしそれがもっと後になって建てられたものであったら、「進化論的」弾劾の格好の的になったことだろう。もし古代への隷従が力の衰退の印なのであれば、ブラマンテその人もまた退廃の罪状を免れまい。彼のモントリオのサン・ピエトロ礼拝堂のドームほど主張のない模倣作品は他にないのだから。ここにあるのは反響《エコー》の美だ。ここには、いきいきとしたものがほとんど感じられない。ローマの文明こそ、ルネサンスがあの恵まれた瞬間において達成した最も輝かしいものであり、最も円熟し完成したものだった。しかしその建築は、大体において考えすぎで活力に欠ける憾みがあった。われわれはそれが後続のものや先行するものに比べて劣っていると議論したいのではない。厳密に言って、それはそのどちらにも比較できないものなのであり、三者三様の美があるのだ。もしそれが三つのうちで最も好まれたとしても、ひとつの啓発的な事実が残る。すなわち、それのうちにある弱さは、「衰退しつつあること」

の弱さであり、過度に特別視された芸術の弱さだということだ。もしこれほど唐突にルネサンスの夏に割り込んできたのでなかったら、かの歴史家たちがそれを近づきつつある冬の寒さだといって取り上げたにちがいない弱さなのだ。

しかし、少なくとも建築にとっては、冬は近づいてきてはいなかった——近づいてきたのはむしろ、焼けつくようなギラギラした暑さだった。進化論的な連続が「絶頂期」についても「幼年期」についても正確とはほど遠い記述しかできなかったとすれば、「衰退期」についても拙劣なこじつけしかできなかったのである。退廃という言葉が何かを意味するとすれば、それは力の喪失、自信の喪失、統率力の喪失のことであろう。それは根底的な試行を着想する想像力も、それを貫徹するエネルギーも働かないということ——相続した資本からもはや利益を汲み出すことなくそれを食いつぶすことだ。バロック様式は、上記のようなことすべての反対である。バロック様式にどんな欠点があるにせよ、それは上記のようなことではない。建築における知性がこのときほど活性化したことはない。バロックの建築家たちは、彼らの課題をその基盤から取り上げ直した。ブルネレスキ的建築やブラマンテ的建築が静的だったのに対して、それは動的だった。前二者が完璧な均衡を配そうとしたのに対して、それは集約的な動きを追究した。これまですべての点で満たされてきた落ち着きへの期待は、ここでは満たされることなく、極限まで引き延ばされていた。建築はここに至って初めて、まったく心理学的に捉えられるようになった。これはあまりに大胆な革命であったから、その争点において要求されるものは複雑にならざるをえなかった。原理の転換はあまりに完全であり、その論理はあまりに完璧であったから、もしわれわれが視点の向きをうまくずらすことができなければ、バロックの建築家たちが心血を注いだ美徳は、悪徳とも見えかねなかった。みずからの美学への彼らのこだわりは、まさにそれが厳密なものであったがゆえに、鈍感で趣味を欠いているとも思われかねなかったのだ。もしかしたらそれは危険な美学であったかもしれない。それはここで論じるべきことではない。――しかしいやしくも正当な評価にあっては、バロック様式は退廃的建築――自発的な力や、着想のエネルギーや、創案の豊かさや、達成の輝きを欠いた建築――とは呼ばれえない。

それに対して絵画芸術は――たんに、とはいえ見事に、装飾的かつより緊密に建築を補助するものであるかぎりにおいては例外だが――この時期に実際に退廃を見せた。というのも、建築においてはただ実り多い進展の道筋を示したミケランジェロの天才が、絵画においては好ましいとされる限界に達し、さらに超え出てしまったのだから。つまりバロックの建築家たちが自分たちの継承したものの可能性をまさに創案の熱にうかされて追求していたとき、同時代の画家たちは過去の決まり文句の空疎で安易な反復にとどまって踏み迷っていたのだった。これこそが真の退廃である。芸術活動においてさえまったく異なった成果が同時に生じるのだから、ある民族のエネルギーが順序だった連続のうちに上昇と下降を繰り返すというのはまず事実ではない。建築が大きく前進した一方、絵画は独立した芸術としての気概を失い、バロック建築の燃え盛る光輝からの反射によってのみ照らされるものとなったのだ。

アンピール様式についてすら、退廃という咎は――この場合よりもっともらしいとはいえ

——説得力に欠ける。確かにそこには、形態の芸術にとって悪影響と切り離すことのできない文学的な観念への耽溺が見られる。しかしこの様式の諸形態は、生きた伝統と即応していた。それは美しかったし、その使用においても首尾一貫していた。退廃という判断は、ここでは事後遡及的な《エクス・ポスト・ファクト》判断である。アンピール様式は実際、歴史の一時点としては、ルネサンス建築の臨終を画するものではあった。それは未来を持たなかったし、他の成果へとつながることもなかった。しかしそれは純粋に社会的な根拠から説き明かすことも十分できるだろう。芸術における後援のあり方の変化、社会の関心の根底的な変化、古い組織の崩壊などは、フランスにおいては大革命とナポレオン戦争の必然的な帰結だった。この時点ではイタリアではなくフランスが、建築の聖火を担っていた。もしその聖火が落ちて消えてしまったのであれば、われわれはそれが燃え尽きたのだと言い立てる必要はない。

退廃というのは生物学的なメタファーである。生物学の分野では、それは事実に当てはまるし、法則にも従うだろう。だがその分野の外では、それは類比によって当てはまるにすぎない。われわれは有機体をある一定の基準によって判断することができる——その生命力〔the power to survive〕、既知の発達段階においてそれぞれ異なる、最高度に重要な力によってである。しかしその場合でも——未成熟、全盛、そして衰弱という連続が予測可能な法則によって統率されている場合でも——生命力は美学的な質の試金石とはなり得ない。春のか弱い若葉の芽吹きも、それが秋の紅葉で散っていくのも、夏の葉の力強さとくらべて美しくないということはない。そしてわれわれが実際の生きた有機体ではなく一連の芸術作品を扱うときには、進化論という試金石はそれにもまして誤りやすいものとなる。そこでは評価の対象となる一群を定義するのもわれわれ自身だからだ。われわれは、その連続が本当に連続であり、偶然による集まりではないという確信を持てなければならない。どの時点をとってもその連続をそれによって判断できるような、変わることのない共通の質があり、なおかつどの時点をとってもその質がその芸術の志向の真の核であるという確信を持てなければならない。ある建築の伝統が持つ生命力のようなものが評価可能で、たとえ恒常的な質であったとしても、それはとうてい妥当な質であるとは言えない。なぜなら、ある芸術の移り変わりゆく瞬間瞬間はそれぞれに自己正当化された自己完結したものだからだ。あるものを別のものへの参照によって評価するのは、批評の方法論として危険である。ある芸術の伝統におけるアルカイックな段階は、ただの技術の未成熟ではない。そこには特有の美学的な目標や着想、そして着想と技術との特有の関係が折り込まれているからだ。アルカイックな段階において、技術は着想の実現に十分なルールであってそれ以上のものではない。それは固有の生命を持つわけでも、それ自体として目的を持つわけでもないのだ。また、いわゆる退廃の時期が見せるのは技術の衰退とはほど遠いものであり――有機体が能力の衰退を見せるのとは違う――着想を押し潰してしまうほどの技術力の過剰さによってしばしば特筆される。萎縮するのは理念のほうである。だとすれば、われわれの判断の立脚点はそこでずれることになる。それはある時期をその技術によって判断し、別の時期をその着想によって判断するのだから。それどころか、こうした判断はしばしば両者をそのあいだにくる「絶頂期」の美学的な意図に関連づけることで、二つながら裏切ることになる。確かに近年突然に、アルカイック芸術の独立した価値が認識されるようになった。そのかぎりでは、生物学的誤謬は――ともかくも絵画と彫刻においては――確認された。しかしそうするとたいていそれと呼応するようにして、それより後の段階に対して不当な扱いがなされるようになるのだ。広範な視点をとり、包括的な定式を用い、あるべき限界を超えて進化論的な連続をたどらなければ気のすまない批評家たちの考え方が、いまだに自分の扱う諸事実をすべてひとつの理想に関係づけられたもののように読み解かせるのである。そのような態度も、建築の伝統がまだ生きていて、趣味が同時代の事物の相応の鑑賞に限定されていたときにはそれなりの対価を得ることができた。そのときには鑑賞だけでさしあたり十分であり、過去はただ無視されていたからだ。趣味は瞬間ごとに特化したものとしてあり、芸術の創造と足並み《パリ・パス》をそろえて展開した。想像力の柔軟さといった能力を求められることもなかった。しかし現代の批評は建築の歴史全体を公平な目で判断することを標榜する以上、あるいは対象をただひとつの「様式」に限ったとしても、それには何よりもまずこの能力が求められる。さまざまな美学的な意図は必ずしも同等に価値づけられるわけではない。しかしそれぞれの価値づけが評定される以前に少なくとも、それらは正しく区別され定義される必要がある。形態から形態へという外面的な展開をたどる建築の歴史の定義は、それ自体としてはこの美学的意図の必要な定義を与えるものではない。それは正しい分割を行うことはできないだろう。それはあまりに繊細さを欠き、概説的で、連続的すぎるだろう。それは知性的にはシンプルであっても、感性的〔美学的〕には不当であるだろう。

歴史的な進化論に基づく批評は、趣味の問題に対してせいぜい近道を与えることができるにすぎず、ロマン主義や機械論や倫理学の定式に基づく批評と変わらない。それは誤った単純化のいまひとつの事例でしかない。つまり、それは知性の権威をなきものにしている作用を前にしての、せっかちな知性の表れなのだ。

第七章　アカデミズムの伝統

I

ある主要な建築史家はこう述べている。「実際のところ、建築芸術には二つの様式がある――ひとつは十六世紀よりも前に普遍的に用いられていたものであり、もうひとつはそれ以後に考案されたものだ」。彼によれば、「建築の真の様式」は前者に属し、「コピーないし模倣的な様式」は後者に属するという[*1]。

ルネサンスの建築は模倣的である。それは、先行するいかなる建造物の様式よりも模倣的である。その建築ははるか彼方にまで規範を求め、それらにより大きな栄誉を与えるのだ。確かに、すでにここまで見てきたように、ルネサンス建築は変化に富み、多様であり、新たな試みに積極的である。すなわちそれは未来へと推し進む。しかしルネサンスの建築は、それに劣らずつねに過去を振り返りもする。ルネサンスの建築は、みずからに固有の課題も有していたが、同じくギリシアやローマにも関心を抱いていたのだ。ルネサンスの時代において初めて、問題はたんに「この形式は美しいか、あるいはきちんと適合しているか」というものではなく、「それは正しいか」というものになった。建築はそのとき初めて、みずからの過去を正典化したのだ。

ルネサンス建築の際立った特徴は、過去に向けられたまなざし、古代への没頭である。ルネサンスの様式が示す多様性を研究し、その活力を実感し、その模倣への趨勢がいかに避けがたいものであったか、そしてそれに伴う創造的な天分がいかに深いものであるかということをもっとも明確に見てとった者でさえ、このことは少なくとも認めざるをえないはずである。

しかし、この核心的な事実が否定しえないものであるのに対し、批評家がそこから引き出したのは、ほとんど対立する二つの立場であった。一方でルネサンスの建築は、模倣的で、生との接触を失ってしまったといわれる。それは生気を失った、人工的な、「アカデミズムの」様式である。それは独創性を欠いているばかりか、その時代の要求に対応すべく無意識に湧き上がる様式にあるような適合性をも欠いている。すなわち、教会ないし都市の機構に対応すべく湧き上がった中世の様式や、独創性を兼ね備えつつも古代国家にぴったりと対応していた古典的様式そのものが持っていたような適合性が、ルネサンス建築には欠けているのだ。「おそらく、宗教改革以来ヨーロッパで建てられた建築物は、いかなる建築を装っていようとも、形式あるいは細部のいずれかにおいて、それが建てられたのとは別の地方や時代のものを多少なりともコピーしていないようなものはひとつとして存在しない。事実、そのデザインがどこか別の国や人々から借りられていないような建築物は存在しないのだが、われわれとそうした人々とのつながりは知識によるものにすぎず、血縁や感情とはまったく関係がないのである[*2]」。すなわちルネサンス建築は、われわれの近代における「リヴァイバル」と同様に、ある時代と場所におけるごく自然な産物が持つ長所を欠いている。それはあまりにも古典主義的なのだ。

他方で、まったく正反対の結論にいたる批評家の一派もある。彼らはルネサンスが適合性や美という理想を、「正しさ」という理想に置き換えたことに不満を述べるのではなく、その「正しさ」が不十分であることに不満を述べるのである。彼らは古代への回帰を批判はせず、むしろそれに拍手喝采する。しかし彼らの言い分では、初期ルネサンスは古典的な作法に未習熟であり、後期ルネサンスはそれを故意に誤用したのだ。彼らはブラマンテ、パラディオ、そしてアカデミズムの流派には賛同するが、それ以外の人々——とりわけバロック——に対しては、たえず酷評を浴びせる。ルネサンスの建築は古典主義のデザインの形式を歪め、「規則」に反している。それは十分に古典主義的ではないのだ。

現在、建築に対するわれわれのまなざしに影響を与えている先入観のなかでも、この「模倣」という論点は間違いなく取りあげるに値する。それを賞賛するにせよ非難するにせよ、われわれはルネサンス様式をある意味で古典的様式の転写であると見なしているし、そう見なさずにはいられない。問題なのは、それがいかなる意味においてなのか、ということである。われわれは、ある批評家においてはあまりに追従的で、別の批評家においてはあまりに無頓着とされるこの「模倣」を、どのように見るべきなのだろうか。

その答えは簡単なものではない。というのも一見、ルネサンス建築における古典の影響はさまざまに異なった姿をまとっているからだ。ブルネレスキの古典主義は、本質的に古代への敬虔な従属だった。そして結果的に、それは類稀な独創性を持つ様式を生み出したのである。「地中の財宝を探し求める者」——彼がくる日も廃墟の中を熱心に這い回るのを見てローマの人々は彼をそう呼んだのだが——は、フィレンツェへ戻ると、優美さと軽やかさと魅力にあふれた建築の創始者となった。その建築におけるモールディングの張り出しや柱身の胴部は目立たず、すっきりとした装飾によって飾られている。それは硬直的ではなく、それほど厳格な規則を持つのでもない様式であり、めったに量感は感じられない。さらにその建築はローマよりもむしろエトルリアの手法に倣っており、大部分において、量感があるどころか、空中に軽く鉛筆で描かれたような様式である。しかし、古代の様式を翻案するというのがブルネレスキの目的であり、それを復興したというのは彼の誇張にすぎなかった。後の時代、すなわち自己意識の力がもっとも強まり、そしていかなる時代にもまして独創的な天分を持った芸術家が首都に集まった時代、ルネサンスは建築に関するかぎり単なる再生産の努力だけで満足した。すでに挙げたサン・ピエトロ・イン・モントーリオの小教会——わずかな細部を除けば単なるギリシア・ローマ風の教会にすぎない——は、ブラマンテの最盛期の作である。サン・ピエトロ大聖堂でさえ、彼の計画は古代の建築物の観点から着想されていたのだ。すなわちコンスタンティヌスのバシリカのアーチにパンテオンをのせるようなものである。他方、復興したギリシア・ローマの文化が広く濫用され、アカデミックな「規則」が忘れられつつあった時代の大きな反動として、キリスト教建築においてローマ帝国のイメージがきわめて驚くべき仕方で第二の生を送ることになった。皇帝たちの門や水道橋が、彼らの誇り高き古典風の碑文とともに、バロックの都市において再び立ち上がった。堂々たる都市計画、広大な眺望、傲慢な記念碑、よい景観を求める本能、その大きさや規模はすべて同じである。そしてネロ帝の夢想を満足させたであろうこの建築はローマ教皇シクストゥス五世の事業によるものだが、彼は異教を大いに嫌ったためにヴァチカンの彫刻をうとましく思い、ベルヴェデーレでヴィーナスとアポロンの前を通り過ぎるときには顔をしかめるような人物だった。しかも彼はピウス二世が保護した古代の廃墟を破壊し、残したのは、そのうえに勝利の象徴である十字架を掲げることができるというだけで彼が価値を見いだしたものだった。そしてついに、この様式への極端な情熱と嫌悪を経た末に、十八世紀の建築が古典的な模範と近代の要請をごく自然な一貫性へと至らしめたとき、過去はいま一度それに対する従属を喚起し、ギリシア様式がそれに伴って立ち現れ、そして最後には、ルネサンスは、模倣的と注記されて死に絶えるのだ。

イタリアの様式が喚起するのは古代建築の精神を召還し、またあるときはその字面のみを召還したのだった。新しさへの渇望にとらわれているかと思えば、ふたたびウィトルウィウス的な粗布をまとって改悛した。古典による支配の本質は、それを表明するさまざまな形式の多様性の下に隠されている。その本質はいったい何にあったのだろうか。

II

建築物における古典様式への回帰は、ルネサンスの人間主義という一般的な運動——すなわち、あらゆる点において生に触れていた文化的局面——の一部をなしている。それは、起源においては無意識的かつ結果においては深甚で、だがその表現においてはしばしば表面的かつ規則信奉的《ペダンティック》であるという奇妙な矛盾を一様にあらゆるところで呈している。歴史的に、規則信奉《ペダントリー》と人間主義は手を取り合ってきた。とはいえ、人間主義はその理想において規則信奉と対立するのだが。

人間主義とは、みずから考え、感じ、行動し、結果の必然を堅持しようとする人間の活動である。この精神の態度は、ルネサンスの生におけるさまざまな活力すべてに共通のものだ。ブルネレスキ、マキャヴェッリ、ミケランジェロ、チェーザレ・ボルジア、ガリレオらも、この点に関しては本質的に同じである。どの場合にも、新しい方法は唐突に獲得され、試行され、そのうえで着実に結論へと導かれる。権威、習慣、正統性などは無視されたり拒まれたりし、議論は実用的かつ現実的、人間的である。「この新しい事実には価値があるのだろうか」という疑問は、各個人の経験という法廷において直接的に決定され、それをくつがえす審級はない。すぐれたものとは、人間による基準を満たし、実際に人間の力の拡大をもたらしたと見なされるものなのだ。

実際、力こそが——力に対する意識の高め、そしてその及ぶ範囲を拡げることこそが——ルネサンスの理想だった。そしてギリシアとローマはほとんど必然的にそのイメージ、象徴となった。ローマ帝国が力の到達する頂点を定め、神聖ローマ帝国がその記憶を護持していた。ギリシア人やローマ人たちの名前は征服の代名詞として残り、ウェルギリウスやオウィディウスさえもが、魔術師、妖術師、王であった。彼らの言葉では、仮に魔術と呼ぶにふさわしいものが見いだされたとしても、その力は隠されたままであった。しかしなんといってもローマ人が建造した石造りは、きわめて可視的なものであったゆえに、中世の世界に入ってからも力を失わなかった。それらはみずからの規模と威厳によって中世世界を小さく見せ、その影を薄くさせていたのである。それらは誰もが理解しうる力のしるしであり、目覚めつつあったルネサンスの精神がそこから受けた影響はデュ・ベレー〔Du Bellay、フランスの詩人〕のソネットからも推し量ることができる。人間主義は、建築家たちの想像力を不可避的にローマの建築物へと向けさせたのである。

すでに見てきたように、ルネサンスの様式とは趣味の建築であり、いかなる論理、一貫性、正当化も、それが快を与えてくれる以上に追い求めはしない。この点において明らかにそれは、意志の自由を強調するという人間主義の本性的な傾向にしたがっている。そして、心理学的な方法論と、力学的事実や伝統的形式に対する大胆な取り扱いとをともなうバロック的手法は、典型的に人間主義的なものである。しかしこの自由への要求は、建築をジレンマにおとしいれた。というのもあらゆる芸術、とりわけそのなかでも建築は、永続性という原理を必要とするからだ。それは、変奏するに足る主題、取り組むべき手ごたえのある実質、変化させるべき、あるいは保持すべき形式、霊感が衰えたときに身を寄せることのできる基盤、などを必要とする。建築芸術が有用性と建設技術とに密接に結びついていたあいだは、この二つ自体が建築の必要とする永続的要素を供給していた。ギリシア建築は概して楣《まぐさ》の論理を、ゴシック建築はアーチの論理を遵守していた。それらの建設技術上の原理が課した制約、それらのおかげで示唆される形式は、デザインをする上で十分なものだった。しかしルネサンスにおいて、建築が実験的な趣味の学にみずからの基礎を置き、そしてそれ以外の制約を一切拒んだとき、建築は初めて自由であることの当惑にさらされたのだ。バロック芸術は、創造的な活力を失うやいなや、頼るものを失う。そのとき、バロックは（その失敗作が証拠立てているように）意味も目的もない力、「空虚な爆発〔*bombinans in vacuo*〕」となる。

それゆえ建築は、実用と建設技術という、デザインを決定する上での絶対的な権威を否定したがゆえに、デザインそのものの内に新たな権威を創造することになった。そして力を崇拝する人間主義がローマを理想として称揚したために、この権威は当然ながらローマのデザインのなかに探し求められた。ローマの建築物はたんに霊感だけではなく、規則をも与えなければならなかったのである。

だから、ブルネレスキによる手探りの古典主義をブラマンテのいっそう厳格な手法へと導き、十七世紀の放蕩をパラディオのアカデミズムの縛りへと引き戻すには、こうした状況においては美的な必要性だけで十分だった。

しかし、より強力な別の原因も働いていた。三つの影響が連携して、ルネサンスの建築をアカデミックな芸術へと変化させたのである。それは学問の復興、印刷術の発明、ウィトルウィウスの発見だった。学問は、古代に対する正確かつ原典に忠実な帰依という理想を設けた。ウィトルウィウスは規範を与え、印刷術はそれを普及させた。このことが意味する影響力は計り知れない。書物の実際の影響力は、その名声と手に届きやすさに左右される。希少で、厳重に保護されていたいにしえの写本は、書物にほとんど魔術的ともいえる権威を与えたものの、それを手にできる機会は少なかった。安価な印刷物の普及はそれを入手可能なものにしたが、そのことが書物から名声を引き剥がすことにもなった。これら二つの時代に挟まれた時期は、書物にとってのかつてなく、それ以降も二度とない好機だったのである。ウィトルウィウスはまさこの狭間で発見された。そしてこの好機によって、彼はおそらく他のいかなる書き手にもまさる勝者となったのだ。彼の論文は、十五世紀の前半にザンクト・ガレン〔修道院〕で発見され、イタリアにおける最初の印刷は一四六四年になされた。そして数年のうちに（初版には日付がない）、ウィトルウィウスのテクストはローマで出版されたのである。そして、一世紀もたたないうちに十二もの異なった版が出版された。うち七つはイタリア語への翻訳であり、他はフランス語とドイツ語への翻訳だった。アルベルティはそれにもとづいて彼の偉大な仕事を確立し、その影響は一五六三年までには、ジョン・シュートの短いエッセイに見られるように、イギリスにも及んでいた。セルリオの文章を通じて、ウィトルウィウスは、それまでフランソワ一世のわずかな古典主義に甘んじていたフランスを制覇した。また、パラディオの文章によって彼は、イギリスで至高の存在となった。アウグストゥス時代の批評家〔＝ウィトルウィウス〕はこう書いている。「皇帝よ、自然はわたしに十分な背丈を与えなかった。わたしの顔貌は老いに縁取られている。病弱さがわたしの体を弱めたのだ……しかし、これらの生まれながらに与えられたものを奪われようとも、わたしは自分が述べる教訓を通じて栄誉を受けることができると信じている。わたしはみずからの技芸を通じて、富を積み上げようとはしなかった。……得たものといえば、ごくわずかな名声だけだった。しかしこの仕事によって、わたしは後世の人々に名を知られるようになることをいまなお望んでいる」。〔彼の〕希望がこれほど十分に満たされたことはいまだかつてなかった。古代の一切の栄光は、この追従的で背の低い、不遇の建築家のもとに集中することを運命づけられていた。三〇〇年ものあいだ、ヨーロッパ中が彼に対して神に対するがごとく頭を垂れていたのである。

目に見える世界をかくも深く変化させたこの論文は、実にルネサンスの気質にぴったりと合うように形づくられていた。その論文は建築理論というよりも、一般的な知識と特殊な知識を雑然と組み合わせた百科全書である。「哲学者たちによるすべての事物の起源について」というのがある章のタイトルであり〔『建築書』第二書・一、三章〕、その次の章は「煉瓦について」と名づけられている。より古いギリシアの論文からの影響はいたるところに見られるが、特に光学に関する微細な観察、および音響学に関する章においてそれは著しい。美的な区分はソフィストのやり方にならったものであり、ギリシア語の単語が繰り返し用いられている。他方で、著者の直接的な経験についても、特に軍事建築の詳細な指示に関して、同じくらい明瞭に見て取れる。この本の包括的な視野は、同時に実用的かつ理論的なものであり、十六、十七世紀においてヨーロッパ人の精神がその虜になっていた分け隔てのない好奇心に一致した。そこには建設技術と土木工学に関する有用で実用的な助言が豊富に積み上げられていたが、そのあちこちに独りよがりの道徳哲学や地理学、天文学、そして多くの神話的歴史が織り込まれていた。われわれは、〈十二星座を通じた太陽の進行〉も、〈非常に重いものを動かすためのクテシフォンの装置〉についても読むことができる。ドリス式オーダーの起源についての説は、ジョン・シュートによって引用されているが、それは単純なものである。「ドルスという名の賢人（ヘレネーの息子とオプティクスというニンフ）が完璧に近い最初の支柱を発明し、つくった直後にそれをドリカと名づけた」というものである。そしてコリント様式の歴史——これは魅力的な寓話であるが——は、十八世紀の幾人かのすぐれた批評家すらも満足させたのである。*3

これらすべてが熱心に受容された。だが、そのなかでももっとも熱心に迎え入れられたのは、有名な「〈規則〉」だった。「柱頭は、その冠板《アバクス》の縦横の長さが、円柱の下部の直径にその十八分の一を足したものに等しくなければならない。柱頭全体の高さは（渦巻装飾《ヴォリュート》も含め）、直径の半分でなければならない。渦巻装飾の正面は、冠板のもっとものせり出したところから、その冠板の幅の三九分の一だけ後ろに引っ込まなければならない」〔『建築書』第三書・五章〕など、それらは古典的建築の無限の細部にまでわたっていた。人間主義の建築家は、この難解な規定にこだわった。彼らはこれを引用し、図解し、尊崇し、賞賛した。しかもなお、彼らはそれを無視することは完全に自由だと感じていたのである。

III

というのも、ウィトルウィウスの影響を言い立てる者たちがたいてい忘れてしまっているのは、ルネサンス期の建築家の興味深い二面的な性格において、学者の熱中が芸術家の思いつきを服従させることがいかに少なかったかということなのだ。確かに学識への熱中は存在していたし、それが建築における新たな力であったことは事実である。しかし建築にとっては幸運なことに、学者気質は欠けていたのである。この驚くべき時代にあっては、規則信奉《ペダントリー》がひとつの理想だった。しかしそれは霊感であって、方法ではなかった。ウィトルウィウスは建築家が芸術の慣習を習得する手助けをしたが、その可能性は、理解はされたが探求はされなかった。彼はその規則信奉に、学問という壮麗さと威厳をまとわせたのである。しかしイタリアでは、彼が芸術家の意思に反していると見なされたとき、彼の諸法則は慇懃に無視されたのだ。かの厳格なパラディオでさえも、みずから建築する段になるとかなり寛容になった。彼が著作を残した動機は、ウィトルウィウスの聖典を普及させるためというよりも、彼みずからが「古代以来、もっとも高貴で美しい建築物」に数え入れた自分独自の達成を知らしめることにあった。ヴィニョーラの見地も、それに劣らず実践的である。彼は古典的なコーニスに反して「わたしはしばしばこれ〔ヴィニョーラ自身の考案したコーニス〕を用いて大きな成功を収めた」、と書いている。「大成功した〔riesce molto grata〕」と。そしてもっとも熱烈なウィトルウィウス主義者だったセルリオもまた、新しいものの魅力を認めていた。

前述の人々はアカデミズムの一派の巨匠たちだった。対する別の陣営——ボロミーニにおいて絶頂に達した様式の建築家たち——は、古典主義的な形式を装飾方式のためのたんなる原材料として、望むとき、望むようなやり方で用いた。彼らは、独創性への情熱に身を焦がし、それはときとして悪癖とさえ言えるものとなった。彼らの欠点がいかなるものであれ——われわれがすでに論じてきたバロックに対する主要な非難をもってしても——模倣的だといって彼らを非難することは誰にもできない。

アカデミズムの芸術にも、危険はひそんでいる。それはときとして、もっかの問題をあらためて考えることを暗に拒絶することになる。またときとして、それは様式というもののある種の貪欲さによって、過去の想像力を現在の想像力のために利用しようとすることにもなる。しかしこれはイタリアの場合には当てはまらなかった。古代と近代の建築が対応しなければならなかった状況の違いは、ミケランジェロ以降の芸術を席巻した独創性への渇望ともあいまって、アカデミズムの定式が不毛さを生み出さないということを保証していた。当時のイタリアの建築は、さまざまな強い個性によっていわば拡散され、生活の急速な変化によって変転し、地方の伝統によって引き裂かれ、混乱をもたらす絵画の影響をつねに受けていた。このようなイタリア建築の活力に対して、アカデミズムの約束事は、不毛な画一性を与えるどころか、梃子でいうところの支点を与え、基本的な目標を一致させたのだった。たとえ不要な付柱や無味乾燥な宮殿が結果的に生まれることがあったとしても、それは決して高い代償ではなかった。

イタリア以外では、アカデミズムの伝統の価値は異なってはいたが、同様に重大であった。そこでは、この伝統の役割は、移ろいやすい絵画的《ピクチュアレスク》な活力を制約することではなく、基準を定め、方法を伝達することにあった。そこではルネサンスは既成の事実であり、ヨーロッパは中世趣味に背を向け、イタリアに指針を求めた。イタリアの建築はひとつの流行であり、それは避けがたいことであった。しかし、フランスとイギリスで勃興した「イタリア的」様式は、古くからの国民的な建築における本来の利点を犠牲にしたにもかかわらず、外国の物真似にすぎなかった。一般的に言えることだが、流行の精神は細部に固執し、原理をつかみ損ねてしまう。ドイツで書かれた図案集を手にした無知な建設者たちは、空間にプロポーションや威厳を与えることも覚束なかった。しかし柱頭や帯状装飾《フリーズ》は真正のローマのモードだった。このように無節操な放蕩によって、〔イギリスの〕ジェームズ一世時代の邸宅にであれ、〔フランスの〕トゥーレーヌの城にであれ、場所さえあればあらゆる形やサイズの小さな付柱が無闇に用いられていた。しかし、セルリオやパラディオの印刷物がもたらされると、それらが正統性の拠り所となった。アカデミズムの影響が、イギリスやフランスの建築を救済したのである。それが与えた形式の典範は、霊感のない建築家でも最低限の分別の目安を守れることを保証した。いっぽう天才は――もし天才がいたとすれば――この学術的な知識を、目的としてではなく手段として用いるものとして信頼された。イギリスのレン、ヴァンブラ、アダム、およびフランスの十八世紀の建築のすべてが、この事実を証明している。

ウィトルウィウスの価値は、この時代と場所とにかかわりを持っていた。誇張された栄光と、嘘偽りのない実用性による評判が三〇〇年にわたって続いたのち、彼は愚かさの代名詞となった。〔アレクサンダー・〕ポープは彼を風刺した。考古学者たちは、ローマの建築物が彼の法則に完全には一致していないことを発見した。ギリシア復興運動は、ローマそのものを権威から追い落とした。科学はギリシアとローマの双方に背を向けた。そしてロマン主義は、「無学の天才」という神話によって、あらゆる約束事、規則、規範に対し、それが何であれ侮蔑を投げかけた。などなど。

この激変のなかで、ルネサンス建築が「模倣的であり、アカデミックであり、生気がない」という近年の偏見が生まれた。確かにそれなりの真実が、こうした判断の背後にはある。それは一理あるという程度にすぎないとはいえ、偏見を生むには十分だったのだ。ただ、根本的にはここには混同がある。過去の達成が新たな方向に進もうとする活力を押しつぶすとき、芸術は悪い意味でアカデミックなものとなる。しかしルネサンスにおけるアカデミックな規範は、それまでのルネサンスの達成を表現したのではなく、古代の達成を表現したのだ。ルネサンスにとってそれらは決して満たされることのない探究心の象徴だった。つまりそれは惰性の源ではなく、絶えることのない豊かさの源だったのである。規則信奉は表面的なものだった。「オーダー」についての贅言《ジャーゴン》――われわれにとってはまったく生気を失ったものだが、彼らにとってはまったく霊感に満ち溢れていた――の背後で、イタリアの建築家たちは膨大かつ避けがたい問題を解決しようとしていたのだ。彼らはヨーロッパの様式をヨーロッパ文明の本道へ引き戻していた――すなわち、地平線の向こう側とこちら側に広がり、時には覆い隠されることもあるが、長いあいだ避け続けることもできない、ローマという道へ。彼らは古代の形式が近代世界の使用に耐えるようにそれを適合させ、拡張し、蘇らせていた。その変化は実に自然なものである。ヨーロッパはもはやみずからをその近接の過去にとっての希望や習慣のうちに見いだすのではなく、逆に自分たちの起源となったより遠く、より文明化した社会のうちに見いだしたのだ。中世の様式は行き着くところまで行って、もはやその有用性は失われていた。もし出来事の必然に抵抗し、地方的なゴシックの痕跡にすがりついていたとしたら――たとえ当時はそれがいきいきとして「合理的」であり、またそれが生き延びているいまでは絵画的《ピクチュアレスク》でロマン主義的であったとしても――それは実際のところ、様式として人工的な振舞いとなっていただろう。それは数世代のうちに、建築の状態を、三〇〇年後の考古学のまがいものと同じくらい、生気のない、偽りのアカデミズムへと導いていただろう。

ルネサンス建築がアカデミズムの伝統にもとづいて構築された――つまりそれが多少なりとも模倣的だった――ということは、この場合の歴史的、美学的な状況を正しく理解するならば、決して汚点ではないように思える。むしろ逆に、アカデミズムの伝統は、ごく自然で必然的でいきいきとした、積極的な力だったことが理解されるだろう。ルネサンスの建築家たちは、その本能的な趣味が促すときはいつでも規範から逸脱した。逆に、みずからの創造的な実験が有益さの限界を逸脱したと感じたときはいつでも規範へと立ち戻った。そして、建築における形式上の慣例はそれが無視されるときでさえも価値を持つのだということが理解されなければならない。それは見る者の頭の中にあって、あるデザインにおいて何が新しいのかについての知覚を鋭敏にするのだ。それは、詩人が詩の韻律の通例の形式のおかげで変調に最大限の価値を与えることができるのと同じように、新たな試みを浮き彫りにし、アクセントを与える。だからルネサンスの建築においては、円柱の直径を太くすること、コーニスのせり出しを突然増やすこと、そして比率やプロポーションのきわめてわずかな変化のひとつひとつが、意図的な効果を持つことができた。新しい美的な意図がまさに表現されようとするとき、それはまず、ただひとつの方向へと収斂していく無数のこうした逸脱のなかに姿を現し、力を増していくのだ。われわれはたとえば初期のバロックにそのような逸脱をみとめるだろうし、その効果の要因の多くがこの逸脱と矛盾するアカデミックな規範の中にこそ存しているということを理解するだろう。

さらに、建築について継承されてきたこの慣例は、新たな様式の分節を助ける一方で、批評の刃先を鋭利に保つことにも寄与する。フィレンツェでは、新たなモールディングの出現がエピグラムやソネットの主題となりえた。そうした冒険を試みる建築家は、迫害される危険すらあった[*4]。アカデミズムの伝統は、趣味の基準がもったいぶった仕方で保護されると同時に、批判的に維持されることを確実にしたのだ。

IV

ルネサンスにおいてそうであったように、アカデミズムの伝統は芸術のいきいきとした感覚に結びつけられることによって実を結ぶ。しかしアカデミズムの理論は、いつの時代においても不毛である。

ある形式が過去に用いられたということを理由に、将来においてもそれを変更なく用いなければならないとする見方は、明らかに、建築におけるいかなる発展とも背反する。しかし実際には、このような考え方こそアカデミックな理論が含意していることなのである。そして、様式におけるわれわれ近代人の「純粋性」や「正しさ」に対する盲信は、これと同じ憶断に依拠しているのだ。「これは『過ち』なのだが、わたしはウィトルウィウスの教訓と反対のことをしようとしている」、とセルリオは書いている。いまではこの言葉は不条理なものに聞こえてしまう。しかし、近代の建築物において「純粋な」ルイ十六世様式や「純粋な」アン女王様式にこだわるような趣味のほうがよほど不条理であろう。確かに、すでに達成された美からのあらゆる逸脱は、見る者に対してみずからを正当化しなければならない。そしてそれがたんなる無知や、空虚な「独創性」の結果ではなく、熟慮の結果であるように見えねばならない。しかし逸脱も、思考によってみとめられ目を満足させるならば生きた芸術のしるしとなる。そして「正しさ」への盲信は、次のような仮定によって支えられているにすぎない。すなわち、建築はいまや、そしてこれからからも永遠に、われわれの趣味や習慣がどんな犠牲を払っても従わなければならない生気を失った営みであるという仮定である。したがって、ルネサンス建築が「十分に古典主義的ではない」という判断は、それが「あまりに古典主義的すぎる」という判断と同様に誤った土台にもとづいている。

このように、「純粋な様式」を事細かに遵守することは、想像する力が衰えているというしるしであり、かつそれはまた、思考の不足を示すしるしでもある。つまりそれは一般的に、様式の本質を規定することに失敗したしるしなのである。われわれが建築において人間主義の規則信奉にすがりついているのは、人間主義の理想が建築に対して持つ意味を把握できないからである。

批評とは本性的に知性的なものである。それは純粋に知性的な言葉によってみずからの主題を規定しようとする。しかし、趣味——この批評が主題とするもの——は純粋に知性的なものではない。建築を「理解」しようとする批評の努力は、単なる趣味の混乱した主張に、さらに自身の趣味の主張をつけ加える以上のことはしてこなかった。それは趣味を知解可能なものにはしてこなかったのである。

われわれは、建築を過度に知性的なものにしようとするこの傾向について、すでにいくつかの典型的な例をたどってきた。われわれは、建築が純粋に機械論的な言葉、純粋に歴史的な言葉へと還元されるのを見てきた。またわれわれは、建築が、詩的な理念や品行の理念、および生物学の理念と関連づけられるのを見てきた。しかし、あらゆる批評の形式のなかでも、建築美を〈五つのオーダー〉の約束事——あるいは他の約束事——に限定するアカデミズムの理論は、この極端な知性にもとづく情熱のもっとも完全な例である。それは、美を知性的な秩序〔order〕の形式として実現するべくなされてきた試みのなかでも、もっとも意識的なものである。

実際、古典的な建築の美はオーダーにある、という主張はしばしばなされている。そして分析によると、オーダーは照応、反復、そして諸部分間の決まった比率の存在のうちにあるとみなされる。比例、同一性、そして照応は、われわれの思考にとって必要な連鎖や構造の一部をなしている。理性はそれらを探求するよう強いられる。理性がそれらを見つけたとき、われわれは理解し、支配したという意識を感じる。オーダーは精神の欲求なのである。そしてオーダーは古典的建築のなかに見いだされる。だとすると、建築の美——少なくとも古典的建築の美——がオーダーに存するということ以上に自然なことがあろうか。数学的な美よりも高次の、より完璧な美など存在しうるだろうか、とプラトンは問うている。そしてこの数学的な比率という規範によって、アカデミズムの批評はこの要求を押しつける。

このような理論の主張を可能にするわれわれの批評の知性的偏重は、よほど根深いものであるに違いない。というのも、このような快い幻想——知性を大いに喜ばせ、大いに称揚されている――など、経験の最初の一筆で消え去ってしまうものだからである。デザインにおける〈オーダー〉が〈美〉とは完全に区別されるということが、すぐさま明らかになるだろう。このうえなく醜い装飾や、まったく楽しみのない建築物――いかなる人間もそこから喜びを引き出せないような建築物――の多くは、大いにオーダーを有している。それらのデザインは固定された比例を明白に呈示しているのである。日常目にする醜悪な共同住宅や倉庫やその他の商業建築のなかから、この類の例を引き合いに出すまでもない。ここにはオーダーはあるが、美はない。むしろその反対に、醜悪さがあるだけだ。

十八世紀の批評家たちはこの困難を感じとり、美は「〈オーダー〉と〈多様性〉の賢明な混合」にあるということを好んだ。そしてこの定義は、それ以上にふさわしいものが存在しないがゆえに幾度となく繰り返されてきた。このような取り繕いもまた、ほとんど私たちの役には立たない。というのも、「賢明な」という言葉の本質にはなんの光も投げかけられておらず、一方の過剰と他方の過少という二つの中庸にそれがあるということしかわからないからだ。そしてさらに致命的な見落としがある。すなわち、秩序と多様性のあらゆる混合段階は、美しいとされるものと同じくらい、醜いとされるもののなかにも見いだされるということが見過ごされているのだ。最小限の秩序は、よかれ悪しかれすべてのデザインに含まれている。しかしだとすれば、見る者の目を満足させるのは〈オーダー〉でも、〈オーダー〉と〈多様性〉のあいだの比率でもなく、その組み合わせがどんなものであれ、美しい〈オーダー〉と美しい〈多様性〉なのだということは明らかである。

秩序がわかりやすさをもたらすということ、つまり、それがわれわれの思考の助けとなるということは認められている。しかし、すみやかにかつ明瞭に醜さを感じとるという行為は、それがすみやかあることによってより快適になるわけではないし、醜さはそれが明瞭であるからといって美しくなるわけではない。そして醜さと組み合わされた秩序は、醜さをより際立たせ、それを陰鬱な仕方で精神に印象づけることに寄与するだけである。

プロポーションについても同じことが言える。あたかも、プロポーションの存在によって美がもたらされるとか、プロポーションが美を説明してくれるとでも言うかのように、美しい建物のなかに正確な数学的シークエンスを発見しようとする試みは絶えず行われてきた。低俗な曲の音程は、気高い音楽のそれに劣らず数学的であるし、人間の身体のプロポーションは、レオナルド・ダ・ヴィンチのような芸術家たちはそれを（ウィトルウィウスに倣って）円や正方形のなかに描き出すことを試みたが、正確にそれらの形と関係づけられたときにもっとも美しくなるわけではない。「プロポーション」は美の一形式であるということが理解され、他方では数学の一形態であることが理解された。しかしこの言葉が上記の二つの場合において異なった含みを持つということは理解されなかった。批評は、肉体から遊離した精神にとっての美学を発明するために必要とされるのではない。（精神が肉体から遊離していない）われわれの、実際に有する性向を説明するために必要とされるのである。われわれの美的な趣味はある部分において身体的なものである。そして、数学的な「プロポーション」が抽象的な知性に属しているのに対し、美的な「プロポーション」は身体的な感覚の性向なのである。そこにも法則や比例は存在しているが、それらが属する幾何学は数学的なものとは異なる幾何学である。そして、われわれがこの趣味の幾何学を習得するまでは、いかなる確実な建築批評も存在しえないだろう。

〈量塊《マッス》〉、〈空間〉、〈線〉、そして〈一貫性〉。建築においては、これらがその幾何学の四大領域を構成している。建築が「強靭さ」〔firmness〕によって科学を満足させ、その有用性〔commodity〕において一般的な使用を満足させるとき、芸術となった建築はこれら四つの手段を通じて、最後の「すぐれた建築の条件」を達成するだろう――すなわちそれは「喜び」〔delight〕である。〈量塊〉、〈空間〉、〈線〉、そして〈一貫性〉という、われわれの身体的な意識に対する直接的な作用によって、建築はみずからの芸術としての価値を伝える。これらは、建築の美的方法論においてそれ以上単純化することのできない要素である。趣味の問題とは、これらを効果的に用いる方法論と、それに対するわれわれの応答の様態とを、短絡的な結論を求める心がもたらす〈ロマン主義的、倫理的、力学的、生物学的、あるいはアカデミズムの誤謬〉によって歪められることなく、注意深く研究することである。

＊1　Fergusson, History of Modern Architecture.〔ジェイムズ・ファーガソン〕

＊2　Fergusson, History of Modern Architecture.

＊3　この挿話を——先ほどと同様に——シュートの英語から引用する。「その後、ある少女がコリントの国に埋葬された。彼女が埋葬された後、（その死を大いに嘆いた）乳母は生前の彼女のお気に入りが可愛らしいカップ、あるいはそれに類する意匠を凝らした小物であったことを知っていたので、見る者の目を喜ばせるにふさわしいものだけをたくさん一緒にして、それらを取りまとめて壊した。そしてそれらを小さな可愛い籠に入れ、その籠を彼女の墓の上に置き四角い敷石で覆った。それが済むと、彼女はさめざめと泣きこう言った。「喜びは喜びとともに去れ」。そして乳母はそこを去った。このバスケットは偶然アカントスと呼ばれる草の茎の上に置かれた。この草はフランス語ではBranckursine、英語ではbearefoteと呼ばれる。春になると、すべての茎が葉を押し上げ、バスケットの脇に沿って成長し、バスケットを覆っていた石をこれ以上ないほどに持ち上げた。これが、ウィトルウィウスがヴォルータ〔渦巻き装飾〕と呼んだ流行に発展した」。コリントのカリマクスがそこに通りかかって、コリント式オーダーの着想を得た。

＊4　ミリツィア〔フランチェスコ・ミリツィアFrancesco Milizia（1725-98）〕によると、バルトリーニ宮殿におけるバッチョ・ダニョーロの窓の処理が憤怒を引き起こしたという。この際、フィレンツェの人々がヴェローナのポルタ・デ・ボルザリをより詳しく知っていたならば怒りを鎮めていたかもしれない。そこにはバッチョの古典的な先例があった。

第八章　人間主義の価値

I

建築は、それを単純かつ直接に知覚するならば、光と影とを通して呈示される、空間と量塊《マッス》と線との組み合わせである。これらわずかな要素のみが、建築経験の中核をなすのである。文学的空想や、歴史的想像力や、道義上の理屈、そして科学的な計算は、この経験を構成することも規定することもできない。それに付随し、彩りを加えるものではあるかもしれないとしても。われわれの建築に対する判断がこうした二次的、付随的な関心に基づいて行われるようになった場合、それに引き続いて生じる混沌はどれほどのものになるだろうか。それは、これまでの章で示唆してきたとおりであり、現今の建築の状況によって確認されるとおりであろう。そこで次になすべきは、これらの中心的な要素――空間、量塊、線――が、どこまでわれわれの批評に適切かつ安定した基盤を提供できるのかを検討することである。

建築における、知覚されたとおりの空間、量塊、線。それらは現れ〔appearances〕である。われわれはそこからさらに、構築に関する事実や、歴史的ないし社会的な事実など、その建築物についての知覚されない事実を推測することもありうるだろう。しかし建築芸術は、事実の直接的な相にかかわるものであり、現れとしての事実にかかわるものなのである。

そしてこうした現れは人間の〔身体〕機能と結びついている。それらの空間を通して、われわれは自分が動く姿を思い描くことができる。それらの量塊は、われわれがそうであるのと同じように、圧力に耐え、抵抗する力を持つ。それらの線は、われわれがそれを追いかけたり描写したりすれば、われわれの道となり身振りとなるだろう。

「頭でっかち」の建築物や「プロポーションのおかしい」空間をちょっと思い描いてみてほしい。確かに、そうした性質がどれほど不快と感じられるかが、それを観る者の建築に対する感受性によってまちまちであるのは間違いない。しかし、いずれは、その頭でっかちさ加減やプロポーションの崩れが十分に明らかになった時点で、誰もがそうした建築物や空間を醜いと判断し、それらの存在になんらかの居心地の悪さを覚えることになるだろう。ここまでは同意を得られると思う。

　では、何がこの居心地の悪さの原因なのだろうか。しばしば言われるのは、頭でっかちの建築物や狭苦しい空間が醜いのは、それらが、不安定さの観念、崩壊の観念、拘束の観念などを示唆するからだということだ。しかしそうした観念は、それ自体が不愉快なものというわけではない。われわれはそのような単語の定義を辞書で読んでも平然としているが、そうした定義は、それがまともな定義であれば、拘束とか崩壊とかの観念を伝達しているだろう。詩はそうした観念をいきいきと伝えるだろう。しかしわれわれはそこから微塵も居心地の悪さを経験することはない。逆に、ハムレットの「小屋に、小部屋に、閉じ込められて〔cabined, cribbed, confined〕」〔『マクベス』、第三幕、第四場〕という言葉は、まさに観念がいきいきと伝えられることによって、われわれを楽しませる。また、次のようなときも、サムソンはわれわれの平安をひどくかき乱すわけではない。

「彼があれら二つの太い柱を

あちらへそちらへと、恐ろしい振動とともに
引っぱり、揺すると、ついに柱は崩落した。さらに柱に続いて
屋根全体が、雷鳴のごとき轟音とともに
その下にいた全ての人々の頭上に引き落とされた」
〔ミルトン「闘士サムソン」一六四八〜一六五二行〕

だとすれば明らかに、そうした建築を前にしてのわれわれの居心地の悪さは、単に拘束や不安定さの観念だけから生じるものではないのである。

しかしそれは、われわれの直接的な経験における実際の脆弱性や拘束によってもたらされるのでもない。確かにわれわれは、自分の動きが邪魔されたり、力を失ったり、萎縮したりすることには不愉快を感じる。しかし、五〇フィート〔約一五メートル〕四方で高さ七フィート〔約二メートル〕の部屋があったとしてもそれによってわれわれの実際の動きが拘束されるわけではないし、花崗岩の建築物が（外見上）ガラス製の店構えのうえに建てられていたとしても、そのことでわれわれが下敷きになるということはない。

確かにそこには不安定さ――ないしは不安定さの現れ――がある。しかしそれがあるのは建築物のなかにである。そこには居心地の悪さがある。しかしそれがあるのはわれわれ自身のなかにである。では何が起きたというのか。結論は明白であると思われる。具体的な光景によって、単なる観念にはなしえなかったことがなされたのだ。すなわち、われわれの身体的な記憶

が呼び起こされたのである。もちろん実際の不安定な状態や過負荷の状態ではなく、過去にわれわれが実際に経験した脆弱性や、ままならぬ試みや、崩壊の兆候に伴っていた精神の状況がわれわれのうちに呼び覚まされたのである。われわれは建築物を見据えて、その外見的な状態に自分自身を同一化してきた。われわれは自分自身を建築の言葉に転写してきたのだ。

しかし、われわれが自分自身を同一化する建築の「状態」は、実際のものである必要はない。実際に尖塔にかかる圧力は下向きであるが、尖塔が「沈んでいく」と語る者はいない。尖塔は、うまくデザインされていれば——よくある言い回しが証示するとおり——天に向かってそびえ立つように見えるものなのだ。われわれは、実際の下向きの圧力にではなく、外見上の上向きの衝動にこそ自分自身を同一化するのである。同様に、やはり言語による——無意識なものであるがゆえに——すぐれた証言によれば、アーチは「飛ぶ」のであり、眺望は「ひらける」のであり、ドームは「膨らむ」のであり、ギリシアの神殿は「静穏」であり、バロックのファサードは「動き続ける」のである。事実、すべての建築は、われわれによって無意識に人間的な動きや人間的な情緒を付与されている。とすれば、先ほど述べたことに対応するもうひとつの原理がこれである。われわれは建築を自分自身の言葉に転写する。

これが建築の人間主義である。われわれの〔身体〕機能の似姿《イメージ》を具体的な形態へと投影しようとする傾向こそが、建築にとっては、創造的デザインの基盤である。逆に、具体的な形態のなかにそうした〔身体〕機能の似姿を見て取る傾向こそが、批評的な鑑賞の真の基盤である。[*1]

II

このような主張に対しては、いくつかの反論が予想される。塔が「立ち上がる」とか、アーチが「飛ぶ」とかいうのは——建築を活気づけるこうしたさまざまな動きは——言葉によるメタファーにすぎない、といわれるだろう。そうしたメタファーから有効な結論を引き出すことはできないというわけだ。さらに、二重の「転写」によってわれわれがおこなう建築美の解釈は過程としては複雑であるけれども、すぐれた建築の享受は単純かつ直接的な経験なのである。そして——と、重ねて反論があるだろう——この理論はあまりに複雑であるばかりでなく、またあまりに身体的でもある。建築を意識的に享受するさい、身体はいかなる役割も果たさない——ないしは小さな、目立たない役割しか果たさない。そうした享受がわれわれにいだかせるのは、意識のうえでの身体的な喜びよりも、むしろ知的かつ精神的な満足である、というわけだ。そしてさらには、そのような理論はあまりに「牽強付会」だといわれるだろう。過去の偉大な建築家たちがそれほどまでに洗練されたデザイン原理にしたがっていたとは、われわれにはにわかに想像しがたいのである。そしてもしそうした類の過程が本当に建築においてなんらかの位置を占めているとしても、われわれが得る多様な快をどこまでそれによって説明できるのか、という疑問が最後にあり得るだろう。まずこれらの反論を検討することから始めるのが好都合であろう。

アーチが飛ぶ、ドームが膨らむ、尖塔が天に向かってそびえ立つ、などというのは、「言葉によるメタファーにすぎない」。確かにそれらはメタファーである。しかしメタファーというものは、これだけ普遍的に使用されかつすぐに理解されるほどに明瞭である場合には、それが言及している、真実かつ信頼に足る経験を前提としているのだ。そのようなメタファーは、文学的な思いつきとはまったく異なる。単なる文学的メタファーは、それ自身の独創性や技巧性に重きを置く。

「目を覚ませ。朝が夜の椀に
石を放り込み、星々を追い払ったから
〔Awake, for Morning in the bowl of Night
Has flung the Stone which puts the stars to flight,〕」〔オマル・ハイヤーム作、エドワード・フィッツジェラルド訳『ルバイヤート』〕

右のような言葉を読むとき、われわれはまず物とその描写との明らかな懸隔に立ち止まり、それから類似点に気づくことになる。しかし、ある塔について「立つ」とか「傾く」とか「立ち上がる」などと語るときや、ある曲線について「窮屈だ」とか「流れるようだ」などというときには、そうした言葉はわれわれがみずからの印象をもとに与えることのできるもっとも単純かつ直接的な言葉なのだ。われわれは、類似点を求めて議論することもなく、逆に、まずその言い回しがしっくりくるということを意識し、その後ようやくメタファーの要素に気づくのである。しかるに芸術がわれわれに語りかけるのは、沈思の過程を通してよりもむしろ直接的な印象を通してであり、その最大の機会が、心から感じとられ普遍的に理解される言語としての、このような普遍的な身体のメタファーなのだ。メタファーとは、その定義からして、ある物を別の物の言葉へと転写することであり、それこそがここで論じている理論の主張していることである。建築芸術とは身体の諸状態を建築物の諸形態へと転写することである、とこの理論は主張するのだ。

二番目の点はさらに難しい問題を提起するように思われる。われわれの理論の過程は複雑である。一方、われわれの感じる享受の過程はこのうえなく単純なものである。とはいえこの場合もやはり、意識において単純である過程が分析において単純である必要は必ずしもない、ということは明らかなはずである。ここで示唆されているのは、われわれが自分自身を柱であると、または柱を自分自身であると考える、ということではない。確かに、鋭敏な美的感性と内省的な習慣とが合わされば、転写の過程が意識の領域に上ってくることは大いにあるだろう。しかし、結果としてもたらされる快に対してどれほど鋭い感性を持っていたとしても、だからといってその快をつくり出す過程に意識的でなければならないという理由はひとつもないのだ。とはいえ、そこにはなんらかの原因や過程が存在するはずである。われわれがもっとも意識しない過程が、まさにもっとも根深く普遍的で継続的なものだということがある。たとえば呼吸の過程のように。そして、われわれが自身の身体機能を外界へと投影し、外界を自身の言葉を通して読み取るというこの習慣は、まちがいなく太古から続く、一般的かつ深遠な習慣である。それは実際、見たものを知覚し解釈するうえでの自然なやり方なのだ。それは、つねに真似をし続け、「無限に模倣する」ことが世界を思い描く上で自然と生まれる方法となっている子供のやり方である。それは、「霊魂論《アニミズム》」を信じ、あらゆる対象に自分自身と同じように力が宿ると考える野蛮人のやり方である。*2 それは、みずからの信仰や欲望を、思考がそれらを正確に表現することになる遥か以前に、手の込んだダンスの所作を通して身体的に表出する未開の諸民族のやり方である。それは、彼らの神話がまさにこの本能のための巨大な記念碑となっているギリシア人たちのような、卓越した才能を与えられた人種のやり方である。それは、作為的な思いつきを繰り出すことによってではなくただ単純にそう知覚することによって外界を人間化する、時代や場所を超えたあの詩的な精神のやり方である。世界を科学的に実際のとおりに知覚し解釈することは、より後発の、より「自然」から遠ざかった、より洗練された段階なのであり、われわれは、太陽が昇る、というときにさえ、そのような段階から依然後戻りしているのである。世界を科学的に知覚することはわれわれに強制されるものであるが、世界を人間主義的に知覚することはもとより当然にわれわれ自身のものである。科学的な方法は知性と実践にとって有用ではあるが、世界を人間化し、世界をわれわれ自身の身体とわれわれ自身の意志との類比によって解釈する、素朴な、擬人観的な方法は、依然として美的な方法でありうる。すなわちそれは詩の基盤であり、建築の礎なのだ。

意識的な建築的快と、ただ暗示されているにすぎない建築的快との間にも、これと似たような混同があり、それが、われわれの理論が身体の状態にあまりに強勢を置いているという反論の背景となっているようだ。なるほど確かに、われわれが建築において得る快は何よりもまず心理的なものもあり精神的なものである。だが、身体の状態と心理や感情の状態とが結びついているとは、あえて強調するまでもない。われわれの理論は、身体の状態が見る者の意識のなかに大きく入り込んでくるといっているわけではない。そうではなく、身体の状態や、身体の状態が示唆するものが、彼の快にとって必須の前提条件となっているといっているのだ。意識にはそれらが欠落している、というのは実際まことに重要な点である。身体的な条件の大きな変化が起こるとき、それはわれわれの心理面、感情面の調性に変化を及ぼすのみならず、われわれの意識をのみ込んでしまう。たとえばある人物が手に汗握るような試合に参加しているとき、彼は興奮を味わい、またそれに喜びを感じることもあるだろう。しかしこの快活さの倍音、すなわちこの状態にもっぱら知性的かつ感情的に付きまとうものは、身体的な経験に押し流されてしまう。心理のほうがそうした倍音にかまっていられなくなるのだ。まさに、建築的快における意識的な身体的要素がほんのわずかなものであり、建築的形態を模倣するようにわれわれが行う自己順応がほんの微妙なものであるからこそ、身体的な状態に付属する知性面や感情面の価値に、われわれは大いにかまってやることができるのだ。生命やきらめきそのものであるかのような、強健で躍るような曲線に満ちた、十八世紀の威勢のいいデザインを何かしら見てみれば、それらが喚起する運動の身体的な反響はそれにふさわしい心理的、感情的な影《ペナンブラ》のようなものを思い起こさせるのに十分ではあるが、それを圧倒するまではいかないのである。芸術の経験が身体活動の経験と同じくらい暴力的であったり興奮を誘うものであったりするといおうとした者はいまだ誰もいない。むしろ芸術の経験は、より微妙で、より深遠で、より長続きし、そしていわばより大きな余韻を持つと主張されている。われわれが考えている理論は、この差異を理解することを助けてくれるものなのである。

美的本能の働きについての説明というものは、いかに正確なものであろうとも、不可避的に現代の年輪をともなわざるを得ない。それが過去の芸術家に適用されると、どうしてもちぐはぐに見えてしまう。そうした説明の必要性も、それらが用いる言語も、ともに本質的にわれわれの時代のものだからである。だか——次の反論に話を移すと——建築は人間の身体およびその状態に基づいたデザインの芸術であるという捉え方が過去の建築家たちにとってまったく異質なものであったとしても、それはわれわれの理論にとって深刻な障害となることはないだろう。しかも、それすらつねに当てはまるわけではない。事実、ルネサンスの建築家たちはしばしば、人間の身体をみずからのデザインの基礎に置くことに関心を寄せた。あるいはむしろ、いかにして当時のデザインの伝統のなかに人間の身体が入り込んだのかを理解することに関心を寄せたといってもよい。彼らのスケッチのなかには、男性の形態のプロポーションが建築のドローイングのプロポーションのなかに織り込まれ、その各部分と対応するようにされているのを見ることができるものもある。労作ではあるものの独創性には欠けているが、トスカナ式、イオニア式、コリント式のオーダーを人間の形態に描き出したものが、ジョン・シュートによって、英国における最初期の建築についての印刷物のなかで発表されている。この関係で言えば、実際に女人像《カリアティッド》や巨人像を柱そのものと置き換えるという古くからある、しかしほとんどの場合適切ではなかった習慣があるが、これも無意味なものではない。人間の身体がなんらかの仕方でデザインの問題に入り込んでいることが認識されていたのだ。しかし人々が問題をはっきりと理解するには、当時は思考の習慣が客観に偏りすぎていた。結局のところこれは純然たる心理学の問題である。彼らには、自分たちが本能的に摑んでいたことを知的なかたちで述べる方途がなかったのだ。そしてこの建築と身体との対応は抽象的な原理としては真理であったわけだが、それを彼らは具体的なディテールにおいて実証しようと無駄な探求を行うこともあったのである。そこで彼らは建築のなかに身体のプロポーションや均整が実際に再現されているのを見いだそうとしたが、当然、その結果、とるにたらない子供じみたものがときとして出来上がるのであった。ヴァザーリがある建築物を称賛して、まるで「建てられたというよりも、生まれてきた」―― non murato ma veramente nato ――かに見えると述べたとき、彼は真理により近づいていた。建築が精神の生命的な価値を伝達するためには、身体がそうであるように、有機的な現れを持たねばならない。また、ヴァザーリよりも偉大な批評家であったミケランジェロその人は、建築について次のように書いたとき、おそらく彼自身が認識していた以上に、さらに深い真理に触れていた。「人間の像を、とりわけその解剖学を会得していない者、また会得しない者は、決してそれを理解することはできない」。

III

しかし、こうした説明をどこまで拡張することができるのかと問うことは自然なことである。

それが真理であることを認めたとして、それが全てであるとまで言えるのだろうか。建築的な形態におけるわれわれの快は、多面的なものであるように思われる。このようなひとつの原理のみによってそれを説明しきれるのだろうか。この問いに対する完全な回答は、おそらく、実際の建築の実践に伴う実験と検証という長い過程のなかでのみ得られるだろう。〈人間主義〉が、建築の細部にどこまで詳しく分け入っていけるのか、建築の主要なデザインをどこまで単独で統治することができるのかは、いずれにせよ、大量の事例があり、自由に図版を使えるのでなければ、示すことはできない。ルネサンス建築に基づいてこれらの研究を行うことは、別に一巻を要する仕事である。しかしこの主題の主要な部分——空間、量塊《マッス》、線、一貫性、そしてそれらが比較的わかりやすく用いられた例——については、ここで抜粋することができるだろう。

　この原理は、おそらくは線においてもっともはっきりと実感することができる。線は、どのようなものであるにせよ、建築においてわれわれに視覚的に提示されるものの大きな部分を形づくっている。さて、ほとんどの場合、これらの線のうちのひとつにわれわれが注意を向けようとするとき、その長さ全体が完全に同時に見えることはない。つまりわれわれは、それを目で「追う」ことになる。精神は空間内の諸点を継起的に移行し、それが運動となって与えられる。しかしわれわれにとって、運動があるということは、表現があるということである。というのも、われわれ自身の運動は、われわれが知っている、もっとも単純で、もっとも本能的で、またもっとも普遍的な表現形態だからである。運動は、われわれ自身に同一化されることによって、意味を持つ。そして線は、運動を通して、身振りとなり、表現行為となるのである。だからたとえば、柱頭の渦巻きは、強いとか弱いとか、きついとか緩いとか、力強いとか、流れるようだとか、さまざまに認識される。事実、われわれはそのような用語で、柱頭を称賛したり非難したりしている。しかし、それらがそういった性質を持つとわれわれが認識するのは、われわれ自身の運動との無意識の類推《アナロジー》によってでしかあり得ない。線――あるいは運動――とそれが示す感じとの関係をわれわれが知り得るのは、われわれ自身の身体においてのみだからである。

運動は、曲線においてもっとも明白に伝達されるが、真っ直ぐな線によっても伝えられる。もちろん、建築の直角的な形態、つまり扉や窓を区画している直線は、それ自体が感覚作用として認識されるというよりも、それらによって囲まれるかたちを規定するものとして主に認識される。それらは主に、所与の表面のうえに、ある区画の位置を規定するために用いられる。このことの美学的な価値についてはすぐあとで考察する。しかし、垂直線を強調することはいつも、ただちにわれわれに上方向への感覚を呼び覚まし、平たくのびる線――水平線――は、落ち着きを示唆する何かを伝えてくれる。だから建築家は、あるデザインにおける線ひとつをとっても、すでに相当な選択肢を手にしているのだ。建築家は視線の通り道を統御する。そしてわれわれがたどる通り道はわれわれにとっての運動となり、運動はわれわれの気分を規定する。

しかしわれわれの運動の感覚に影響を与える方途は線だけではない。空間もまた、それを統御する。空間は二次元でも三次元でもありうる。まずより単純な場合を考えよう。建築デザインの大部分は、さまざまな表面の上に、つまりさまざまな空間の中に、さまざまな形態を配列することに存する。ここで運動が演じる役割は、ありふれた事例からでもはっきりするだろう。壁にいくつかの絵画を配列しようとしている男はこんなことを言うだろう。ある絵画はそれが占める空間のなかで「窮屈だ」とか「所在ない」とか、また、上とか下に「来たがっている」とか。これはつまり、ある表面の上のさまざまな形態の位置が、われわれの身体的な意識の言葉で理解されているということである。もしある区画が下に「来たがっている」のだとすれば、それはわれわれ自身が、無意識にその区画になりきることによって、運動への本能を絶えず邪魔されているという感覚を得るということである。その図式の配列は人間化が不十分である、ということなのだ。それは絵画的《ピクチュアレスク》であるかもしれないし、有用であるかもしれないし、力学的に優っているかもしれない。しかしそれはわれわれの理想的な運動と一致しないのである。そして建築における配置の美とは、線の美と同様、空間における運動のしやすさについてのわれわれ自身の身体的経験から生じてくるものなのだ。

　しかし、あらゆる運動がそれ自体で快であったり不快であったりするわけではない。大半はどちらとも言えないものである。とはいえ、それ自体どちらとも言えない運動であっても、継起的に運動が示唆されると、なんらかのさらなる運動への期待や、それにともなう欲望がわれわれの内に呼び起される。そしてもし建築の空間が、この期待をはじめには呼び起こし、つぎにそれを裏切るように配列されていれば、われわれはそこに醜さをみる。たとえば、あるデザインが——典型的な十八世紀の邸宅がそうであるように——明らかに均整に基づいており、均等な運動のリズムにわれわれを慣らしていたとして、窓のうちのひとつが列から外れて他ののよりも下に置かれたとしたら、われわれは居心地の悪さを感じるはずである。それが目障りに感じられるのは、デザインのその箇所に達したときに意に反して段を踏み外し、沈み込むことを強制される、われわれの運動の感覚に対してである。だが、その窓と、それを直接に取り囲んでいる諸形態との関係は、必ずしもそれ自体として醜いというわけではない。

これとは逆の事例も挙げられるだろう。古典的なデザイン――イタリアにおいてはブラマンテによって頂点を極めた――は、威信、品格、平穏などを目指している。それは、あらゆる箇所で均衡感を示すことによってなされる。その形態は、まわりを囲む輪郭のなかにあって運動をほのめかすようなものをすべて打ち消すべく調整されている。それらの形態はいわば、それぞれの空間の重心に位置づけられ、そのことによってわれわれの意識は静止点上に保たれるのだ。しかし、バロックの建築家たちは、このような配列を拒否した。彼らが採用したのは、もし切り離して置かれれば不調和となるであろう空間配置であった。ヴェルフリンが指摘したように、彼らは教会のファサードにあえて入り組んだ形態を詰め込んだ。下部の窓は両側の付け柱《ピラスター》の間に押し込まれ、重心よりも上に配される。それらは側面からの圧力と上方向への運動を感じさせる。これは、もし単独で置かれれば、われわれをいつまでも落ち着かないままにさせるだろう。しかし、そのデザインの上部においてわれわれの期待は満たされる。上方向への運動は、側面へとより大きく広がる空間において拡散され、最後に花開く装飾的な彫刻のなかへと逃げ道を見いだすか、あるいは頂部のペディメントの下方向への運動やコーニスの水平線が誇張的に強調されることによって阻止されるのである。したがって、ブラマンテ風のデザインのただ中にあっては破壊的で相容れないものとなるであろう運動が、ここでは価値を与えられ、平穏ではなく活力を動機とする、より劇的でしかも完成度においても劣ることのないデザインの処理の基盤とされるのである。

IV

しかし、建築が与える空間には、長さと幅しか持たない空間――すなわち、われわれが外から眺める表面――の他にも、三次元の、われわれがその中に居る空間がある。そして、まさにそこにこそ建築芸術の中心がある。諸芸術の機能は多くの点で重なり合っている。建築には彫刻と共有するものが多々あるし、音楽とはさらに多くのものを共有している。しかし、建築に特有の領分や、建築においてのみ典型的であるような快もまた存在する。空間は建築の専売特許である。建築は〈芸術〉のなかで唯一、空間に十全な価値を与えることができるのだ。建築はわれわれを三次元の虚空によって取り巻くことができる。そしてそのことから引き出される快はすべて、建築のみが与えることのできるものなのだ。絵画は空間を描写することができる。詩は、シェリーの作品のように、空間の像《イメージ》を想起させることができる。音楽は、空間の類比《アナロジー》を与えることができる。しかし建築は直接、空間を扱う。建築は空間を素材として用い、われわれをそのただ中に置く。

奇妙なことに、批評は、建築における空間的諸価値の至上性をこれまで認識し損ねてきた。批評の伝統は実用性に基づいている。われわれのものの考え方は物質にとらわれている。われわれが語るのは、われわれが工具で扱えるものやわれわれの視線を引き止めるものについてである。つくり上げられるのは物質であり、空間はそこに勝手に生じてくる。空間とは「何ものでもないもの」である――すなわち固体の否定にすぎない。こうして、われわれは空間を見過ごすことになる。

しかし、われわれがそれを見過ごすことがあろうと、空間はわれわれに影響を与え、われわれの精神を統御することができる。そしてわれわれが空間から受け取る快――説明不能と思われるような、あるいは、わざわざ説明しようとはしないような快――の大部分は、現実には空間から生じてきているのだ。実利的な観点からでさえ、空間は論理上われわれの目的である。空間を囲い込むことが建築物の目的なのだ。われわれが何かを建てるときに行っているのは、都合のよい分量の空間を切り取り、遮断し、保護すること以外の何物でもないのであり、あらゆる建築はそのような必要性から生じてくるのである。しかし、美学的には、空間はそれにもまして至上のものである。建築家は、彫刻家が粘土で造形するのと同じように、空間で造形する。彼はみずからの空間を芸術作品としてデザインする。すなわち、彼は空間固有の手段を通して、そこに立ち入る者に特定の気分をかきたてることを意図するのである。

彼の方法とは何か。彼が何に訴えるかといえば、答えはここでもまた〈運動〉である。事実、空間とは運動の自由のことである。それこそが、われわれにとっての空間の価値であり、そのようなものとして空間はわれわれの身体的意識に入ってくるのである。われわれは、本能的に自分が居る空間に適応し、その空間に自分自身を投影し、その空間を観念的にみずからの運動によって満たす。さまざまな実例のなかでもきわめて単純なものを取り上げてみよう。われわれが身廊の端に立ち入り、長く続く列柱を見渡すとき、われわれは、ほとんど強制されるようにして、前へと歩を進めはじめる。その空間の性格が、それを要求するのである。たとえ立ち止まったままであったとしても、視線は眺望の先へと導かれ、われわれは想像のなかでそれに付き従う。空間が、ある運動を示唆したのだ。ひとたびこうした示唆が成立すると、それに同調するものはなんでもわれわれを助けるように感じられるようになり、それを妨げるものはなんでも場違いな醜いものに見えてくる。さらには、われわれは、そのような運動を締めくくり満足させるような何かを求めるだろう——たとえば、窓や祭壇などが挙げられる。そして、左右対称な空間の終端としてならばなんら申し分ないであろう窓のない壁も、強調された軸線の終端にあれば醜いものとなる。それは単純に、動機のない、クライマックスのない運動というものが、われわれの身体的な本能に背反するからである。すなわち、それは人間化されていないのだ。

一方、左右対称な空間は、身体に合わせてしかるべくプロポーションを整えられたものであれば——（というのも、すべての左右対称な空間が美しいというわけではないので）——他方をさしおいてどちらか一方向に運動を誘発するということはない。そのことが、われわれに平衡感や統御感を与える。われわれの意識はつねに中心へと回帰し、再度中心から全方向へと均等に導かれていく。しかしわれわれは、まさにそうした運動の身体的記憶をみずからの内に有している。というのも、われわれは呼吸をするたびにそうした運動を行っているからだ。したがって、そのような性格を持った空間は、拡がりというこの基本的な感覚を通して、われわれの美の感覚にさらなる一項目を追加する。呼吸の過程はふつう意識されることはないとはいえ、その価値は生死にかかわる重大なものであるから、それが通常に機能することを制限するものはなんであれ苦痛を伴うし、また――ある点を超えれば――特別な恐怖を伴う。また、それに対する助力――たとえば高いところの空気において感じ取られるような――は、きわめてわずかなものであっても快を伴う。拡張の必要性は、われわれのあらゆる身体運動において感じられ、呼吸においてもっとも重要なものとして感じられるのであるが、それはただすべての個々人において心から感じられるばかりでなく、明らかに人類の無限の太古からのものでもある。だとすれば、それが身体の健全さの真の象徴となっていったこと、またそれを満足させる空間が美しいものとして見え、それを棄損する空間が醜いものとして見えることも、驚くにあたらない。

とはいえ、われわれはいくつかの決まった空間のプロポーションを建築的に正しいものとして制定するというわけにはいかない。建築における空間の価値は、確かに、何よりもまず実際の寸法に影響される。しかしそれに影響を与えるものとして考慮すべき事柄はその他にも山ほどあるのだ。それは光の当て方や影の位置によっても影響される。光源は視線を惹きつけ、それ自身、光源が提示する独立した運動を成立させる。またそれは、色彩によっても影響される。

暗い床と明るい天井が与える空間感覚は、暗い天井と明るい床によってつくり出されるものとは完全に異なっている。またそれは、われわれ自身の期待によっても影響される。すなわちわれわれが直前に後にした空間によって。またそれは、支配的な線の性格によっても影響される。垂直を強調することは、周知のように、実際以上に高さがあるというイリュージョンを与えるし、水平を強調することは、実際よりも幅があるという感覚を与える。またそれは、突出部によっても影響される――立面においても平面においても。それは空間を切断し、その空間が一体ではなく複数であるかのように感じさせる。だから、ドームを持つ左右対称の教会において、それがひとつの空間として経験されるか五つの空間として経験されるかは、翼廊の深さが翼廊自身の幅やドームのスパンに対してどのような関係にあるかに依っている。また、力強く張り出したコーニスが、空間感覚の上方向の境界を、それを実際に閉じている屋根に代わって定めることもある。

したがって、建築家の助けとなるのは、それぞれの特殊な場合ごとの複雑な条件から生じる空間価値を構想する力がきわめて充実していることだけである。建築家にとって、自由にすることのできない場面などないし、必ずうまくいく「決まった比率」などもない。建築は機械ではなく芸術である。デザインの創造や批評について既成の試金石を与えるような建築理論は、みずからが間違っていることを告白しているようなものだ。しかしながら、あらゆる建築物の美において、空間価値こそが、われわれの運動の感覚に訴えかけることによって主役を演じることになるだろう。

V

虚空が運動にとっての必須の媒体であるとすれば、固体は支えるための本質的な手段である。そして、物理的な堅固さや安定性に依拠することは、建築空間に価値を与えるあの本能的な拡張の必要性に劣らず、われわれの本性にとって基礎的なことである。触れることのできる物体が予期に反して抵抗を欠いていると、身体の究極の拠り所が喪失してしまう。かりにそうしたことがまだ明白ではなかったとしても、ほんの微弱な地震の揺れさえもが十分に引き起こしうるような、身体中に染み渡った不安が、量塊の基本的な安定性への信頼がわれわれの本性の内にいかに深く組織化されているかを示すことになるだろう。重さ、圧力、そして抵抗は、われわれの習慣的な身体経験の一部であり、われわれは自分が目にする形態のうちに重さや圧力や抵抗として見えるものが示されていると、無意識的な模倣の本能によって、それらに自分を同一化するように強いられる。あらゆる物体は、重さや圧力の示唆を伴っている。その物体の輪郭内で体積がどのように配置されるかに応じて、重さの示唆は落ち着いた配分にもぎこちない配分にもなるし、物体内部の圧力や地面への圧力の示唆は、安定した力強いものへと収まることもあればそうならないこともある。このことはどんな物質の塊についても言え、彫刻芸術もこの事実のうえに築かれている。しかしこの塊が構造的に組み合わされると、そこには身体機能の複雑な示唆が絡んでくる――数のうえでも増え、規模のうえでも大きくなり、明瞭になる。

建築は、そうした圧力や抵抗の示唆のなかから、われわれ自身の身体的な安全や力強さの記憶にもっともはっきりと合致し、またその記憶をもっともいきいきと呼び覚ますものを、選別して強調する。人間化されていない自然の形態の世界では、こうしたわれわれの身体という基準が、あらゆる局面で否定される。われわれを取り囲んでいる物体は、しばしば弱かったりすっきりとしていなかったりするばかりでなく、強いものであるにもかかわらず、その強さが人間的なものではないがために、われわれの内にその強さを反響させることができないこともある。自然が物体に求めるのは、工学と同様、それぞれにとって実際に必要なものとしての安定性や力である。しかし芸術が物体に求める安定性や力は、われわれ自身の安定性や力に類似し、かつそれを確証させるものである。建築は、量塊という価値によって固体の形態にこのような人間的妥当性を与え、われわれの内で脈打つ本能を満足させる。建築は、こうした妥当性を、その装飾の細部の内にも、その構造をつくることになる個別の要素の内にも、その構造そのものの内にも、そして総体的な構成の内にも追求する。ヴェネツィアのサルーテは――ひとつだけ例を挙げるなら――これらすべての点において量塊的価値を有している。カナル・グランデの連続的な水平の曲線によって示唆される大きく弧を描くような運動が、あたかも海に面したゲートのように佇む教会の静的な量塊によって休息へと導かれる。ドームの描く線が、巨大な体積の量塊が休息しているという感覚をつくり出し、さらにはその下の教会に負荷をかける――しかし押し潰すというのではない――重さの感覚をつくり出す。ちょうどその頂塔《ランタン》もまた、このドームを押し潰すことなく負荷をかけているのと同様に。量塊が動かしがたく休息しているという印象は、十六個の巨大な渦巻きが配されることによってさらに強められる。これらがドームと教会とが不意に分断されるのを覆い隠すことによって、その総体に、量塊と呼ぶにふさわしい体積の一体性を与えている。この独創的な渦巻きの対によって、円形のプランから八角形のプランへの完璧な連続的移行が行われる。それらの堆《うずたか》く回転する形態は、重たい物質がその最終的な真の姿に収まるときの形態に似ている。それらが支える巨大な彫像と台座は、渦巻きの外へと向かう運動を制止し、それを教会の上にとどめ置こうとするかに見える。シルエットにおいては、それらの彫像は(頂塔にあるオベリスクと同じく)、全体の構成にピラミッド型の輪郭を与えることに寄与している。そしてピラミッド型の輪郭線は、何にもまして量塊に一体性と強さを与えるのだ。下側の翼部のいくつかのデザイン上の欠点を除けば、この教会のほとんどすべての要素が、量塊の美を、そして量塊の力を高らかに示しており、それによってこのバロックのもっとも豊かで幻想的な夢にさえ、本質的な簡潔さと威厳とを与えるに至っている。

したがって、建築における量塊の主要な条件とは次のようなものである。まず第一に、全体としての効果が諸部分のそれに優越していなければならない。部分は、全体の総合的な性格を強化し、われわれがその体積を実感するのを助けるものでなければならない。その一体的な現れを損ねるような仕方で量塊から分離してしまってはならない。このことはたとえば、ルネサンスにおいて必ずといってよいほどコーニスをはじめとする意匠が施されたことの理由にもなっている。それは、建築物の諸要素を束ねあげるため、そしてそれが視線にとって単一の印象となるよう強いるためだったのである。

第二に、全体の配置は、しっかりと調整された重さについてのわれわれの感覚に適合するものでなければならない。バロックの建築家たちが、後退する平面の効果や上方向の遠近法が量塊に与える影響を念入りに検討したのは、そのためである。ラスティケーションを施した基礎や、台形の基壇、ピラミッド型の構成などを用いること、また、ドリス式のオーダーをより軽いイオニア式やコリント式の下に置くことも、明らかにそのためである。

最後に、建築物の諸々の部分は、必ず適切な「スケール」に従うべきである。いかなるデザインにおいても、スケールとは装飾（ないしは副次的な部位）がより大きな要素に対して持つ関係のことであり、それがそのデザインのサイズに関するわれわれの印象を制御する。いかなる建築においても、次の三つの事柄が区別されうる。すなわち、それが持つ実際の大きさ、それが持つかのように見える大きさ、そしてそれが与える大きさの感覚である。後の二つはしばしば混同されてきたのだが、美的な価値を持つのは、大きさの感覚のみである。建築物において「実物大に見える」ことに失敗すること（サン・ピエトロ大聖堂がそうだといわれる）は、欠点ではない。なぜなら、大きい物は、だからといって小さい物よりも美しいとは言えず、きわめて小さい物体でも――たとえばたんなる宝石でも――いま述べた三つの条件を満たすなら、威厳や量塊の感覚や大きいという感覚を与えることができるからだ。その一方で、大きく見える建築物であっても、大きい物としての感覚を与えることに失敗することもある。たとえば、サウス・ケンジントンの新しい美術館を見てその面積が広大であることに気づかない者はいまい。それはその大きさのとおりに見える。しかし、全体が諸部分に優越しておらず、部分が多くてスケールが小さいのだ。そのため、われわれはこの建築物が大きいということを認識する一方で、それが伝えるのは、大きいという感覚ではなく、無数の小さいという感覚なのである。

小さなスケールも、大きなスケールに劣らず、量塊の効果を強調するために用いられうる。たとえば、細かいモールディングが、大きな切れ目のない《アンブロークン》表面とともに用いられるときだ。そのような建築物にみずからを投影しようとするとき、われわれは本能的にその細部を計測の単位として用い、そのことが余計に切れ目のない《アンブロークン》量塊の広大さと簡潔さを感じさせるのである。大まかに言えば、クアトロチェントの建築家たちはこの方法を用い、一方バロックの建築家たちは部分そのものの規模によって量塊を強調した。しかしどちらの場合でも、成功の条件は同一であった。すなわち、全体は諸部分に優越し、重さは効果的に整えられ、スケールは一貫したものとして維持されなければならない。

VI

人間主義の本能が世界のなかに見いだそうとするのは、われわれ自身の身体にかかわる物理的条件であり、われわれが楽しむような運動であり、われわれを支えることのできるような抵抗であり、われわれが当惑したり邪魔されたりすることのない環境である。すなわち人間主義の本能は、ある種の量塊や線や空間を見いだそうとするのであり、そうしたものを創り出し、そしてそれを創り出したときにはその適切さを認識する傾向を持っている。また、自分が見るものを模倣しようとするわれわれの本能によって、そうした適切さとして見えるものはわれわれにとって現実の喜びとなるのである。

しかし、われわれの本能は、こうした好ましい物理的状態に加えて、秩序〔order〕をも求めてやまない。というのも、秩序こそは人間の精神のパターンだからである。そして精神のパターンは、身体の気質に劣らず、具体的な世界に反映されうる。建築における秩序ということが意味するのは、その諸部分の位置、性格、規模などに関して、一定の決まった関係が存在しているということである。秩序は、われわれが自分の見るものをより整理されたかたちで解釈することを可能にする。形態を首尾一貫したものとすることによってそれを知的に理解することを可能にする。秩序は精神の欲望を満たし、建築を人間化するのである。

しかしながら、建築における秩序、ないし首尾一貫性は、量塊、空間、線などの価値とは異なる平面に存立している。というのも、後者はそれだけで美をもたらすことができるが、一方、秩序は（前章で示したように）醜さとも両立するからである。とはいえ、ギリシアやローマから引き継がれてきたあらゆる建築において、秩序が主要な役割を果たしていることは明らかである。では、その位置づけと機能とはいかなるものなのか。

秩序——固定された比率があるということ——が美をもたらすわけではない。秩序と多様性の混合が美をもたらすわけでもない。人間化された量塊や、空間や、線がつねづね伝達すべく意図されている効果のために必要なかぎりにおいて、秩序や、それに類するもののみが、美をもたらすことができるのである。したがって、建築の量塊や空間や線をわれわれにとっての理想的な運動や安定感に呼応させるときには、つねに何がしかの均整《シンメトリー》や平衡をともなうことになるのである。必ずしも完全な左右対称《シンメトリー》でなければならないわけではない。われわれは自分の体内に左右の感覚を持っており、建築がこの二元性に適合すべきことを本能的に要求する。それなしには、われわれは自身の言葉を通して建築を読み取ったり解釈したりすることはそれほどスムーズにはできないだろう。ある物体が対称性を欠いていると、それが示唆する運動には、どちらか一方の側への強調や傾きがともなうことになるが、それがそのデザインの雰囲気に適していることもある。しかし、建築が均衡や平穏という快を伝達しようとしている場合や、よどみない前進運動を伝えようとしている場合には、その結果は、対称的な構成や軸にもとづいた平面計画でなければならない。〈均整〉や〈平衡〉は、どちらも〈秩序〉の一形式である。しかしそれらが美しいのは、それらが秩序に基づいているからではなく、それらにともなう運動や安定感がわれわれにとっての自然な喜びだからである。だとすれば、建築が記念碑的な芸術であり、逃げ場のないたゆまぬ影響力によってわれわれを取り巻いているものである以上、そこでは、平穏で邪魔されることのない運動こそがもっとも頻繁に求められることになるだろう。だから、〈秩序〉は、美を保証するものではないが、美の結果として生じることはあるのである。

さらに、建築における〈一貫性〉も、美とは区別されるものであるとはいえ、それ固有の機能を有している。人間化された量塊や空間や線が美の基盤となるように、一貫性は様式の基盤となるのだ。量塊や空間や線は個別の美的な快、つまり分離され切り離された美の素材を提供する。しかし建築が目指すのは分離された快以上の何かである。建築は何よりもまず総合の芸術である。建築は、絵画や彫刻や従属的な諸芸術の美を統御し、指導し、さらには自分自身の美ですら厳しく秩序づける。建築が様式を通じてみずからにもたらそうとするのは、明快さや視界であり、自然の美には見られないあの一貫性である。自然は、確かに科学にとってみれば知的に理解可能なシステムである。しかし、なんとなしに一目で自然のなかに見いだすことのできるさまざまなものの群れは、知的に理解可能なものではない。それらは、継続的な注意や捨象といった行為によってのみ理解されるのであり、しかもその場合でも、視覚が与えてくれるものを、実際には見えていないものの記憶や想像で補わねばならない。したがって、自然における〈秩序〉は、われわれの視覚行為とはなんら関係を持たない。それは人間化されていないのだ。それは存在はしているが、われわれには決して捉えられないものなのだ。このような秩序は、自然においては隠されており暗黙のものとなっているが、建築はそれを目に見えるものとする。建築は視覚と理解という二つの行為の完全な対応を与える。そこから建築における一貫性の法則が生じる。その法則とはすなわち、同時に見られるものは同時に理解されねばならない、というものである。目と精神とは連れだって進むのでなければならない。思考と視覚は、同じ歩調で、足並みをそろえて運動するのだ。連続性のほころびは、気分の連続性にせよスケールの連続性にせよ、この穏やかなユニゾンを断ち切って、われわれを人間化された世界から混沌とした世界へと再び引き戻してしまう。量塊、空間、線の価値は、精神の気分と同じく無限であるが、それらは互いに相反するものであるため、同時に達成されることはない。様式は、一貫性によって美を精神のパターンへと従属させ、美が提示するものを選別して、全てが、ただ一度考えてみることで知的に理解可能なものとしてあらわれるようにするとともに、あらゆる部分が全体の美を反響し、解明し、補強するようにする。

これまでに創造された全ての様式のうちで、ギリシアとローマの形式は、それに続くルネサンスの形式とともに、この点でもっとも正確かつ厳格である。したがってそれらの形式は、機能とスケールという多様ではあるが鋭利な観念に明瞭さを与えるのにもっとも適した手段である。もちろん他の手段も、将来的には出てくるだろう。古典主義的デザインの射程が十八世紀まで絶えることなく拡大し続けたのだとすれば、その歴史が終結したと断言することはできない。しかし、まずはこの一世紀にわたる見当違いの論理を処分することから始めねばならない。建築は、繊細に、しかし単純に知覚されねばならない。ところが芸術の「理論」は、知性の力に達することなく、繊細な知覚を鈍化させてしまった。空間的で量塊的で一貫性のある建築、われわれの快に呼応するリズムを持った建築が、もっとも大きく、なおかつもっとも正しく、花開いた時代は二つある。それは、古代と、そして古代が基盤となった時代——思考そのものが人間的であった二つの時代——である。その建築の中心は人間の身体であった。その建築が用いた方法は、身体の好ましい状態を石へと投影することであった。そして精神の気分——力や笑い、力強さや恐怖や静けさ——は、その建築の境界に沿って目に見えるかたちをとった。

それらの気分を堂々と選択したこと、そしてそれを明瞭に規定したこと。それが古典的様式の二つの徴である。古代の建築は完璧な規定においてすぐれ、ルネサンスの建築はその選択の幅と大胆さにおいてすぐれている。

＊1　ここで前提とされている美学的理論は、言うまでもないが、新しいものではない。それは二十年前にリップスによって最初に発展させられたものであり、それ以来つねに議論の的となり、しばしば誤解されてきたものだ。
以下の記述は、この美学的視点がもっとも実り多いかたちで具体的に適用されたベレンソン氏のイタリア絵画研究における多くの示唆に負っている。これを例外とすれば、本章は全て筆者自身が建築の研究と実践において直接に得た経験からもたらされたものであり、哲学上の興味よりもむしろ建築上の興味にこたえることを意図したものである。リップスの理論は、長らく支持されてきたものであり、私から見ても有用に思われるが、純粋な建築の批評に対してはほとんど影響を及ぼしてこなかった。英国の建築文献においては完全に無視されており、わが国でももっとも哲学的な批評家であるブロムフィールド氏でさえ、それを冷淡に迎えているにすぎない（*The Mistress Art*, p. 118）。だが、理論においても実践においても、その建築上の重要性は甚大である。そしてそれが認知されていないからこそ、あの〈批評の誤謬〉がいまだにのさばっているのだ。批評にはなんらかの理論がなければならないが、そこに真の理論が欠けているために、間違っていることが明らかな理論で間に合わせることになる。

私は、明快さを損わないと思われるかぎり、純粋に心理学的な議論は省略しておいた。この側面に関心があるのであれば、ヴァーノン・リーの最近の著作のなかに、この問題についてこれまで英語で書かれたなかでもっとも広範な概観と、この主題についての海外の必須文献を網羅したリファレンスとが提示されている。

＊2　こうしたことから、子供や未開の種族が表現的な芸術においてしばしば実に非凡な成果を挙げる能力を持つ一方、世界に対する科学的な見方によってそのような天賦の才はたいていの場合に損なわれるということが、最近ではよく知られるようになった。子供や未開人に偉大な建築を鑑賞する能力がないとしても、それは彼らが美的感覚を欠いているからではなく（子供にとっては、たとえばある家具の全体的な形態が強い意味や印象を持っているということはしばしばある）、彼らの注意の射程や持続力があまりに限定的であるために、それらの知覚を美的な総体へと秩序立てることも、ましてやそれを具体的に実感することもできないからである。彼らはわれわれ以上に、そのような半-意識的ないし潜在意識的な、とはいえ完全に未知のものとは言えないような世界に生きている。しかしながら、建築は、他のあらゆる芸術と同様に、そのような世界を当てにしてみずからの効果を発揮しているのだ。

第九章　結論

ルネサンスの偉大な名匠たちのあいだには、たとえ彼らの衝動、そして成し遂げたことがいかに異なっていようとも、逸脱することのない法則が存在した。彼らの建築にはその法則を内包する四つの要素があり、そうした要素のうち〈量塊〉、〈空間〉、〈線〉は人間の身体的な美〔喜び〕に呼応し、〈一貫性〉はわれわれの思考に適合する。これらの要素を取り入れた手法は人間の心身を満たすのに十分であった。こうした手法を使えば、彫刻、色彩、学術的な先例、詩的な幻想、建設や使い勝手に関する厳格な論理なしでも、思いのままに建築を建てることができた。名匠たちは四つの要素すべてを用いることができたが、同時に、これらの拘束を受けることは決してなかった。人間主義に立脚した建築は自律した芸術となったのである。

建築とは世界の人間化されたパターンであり、われわれの生活における鮮明なイメージが反映された形態の図式である。これは真に美的なものである。そしてそこでは、最初はあやふやだがそれでも適切な三番目の「よい建設の条件」、すなわち「美」の法則が求められるべきである。これらの「美の法則」と「強」や「用」の要求を結びつけることが次なる問題である。実際それは建築家にとっての現実的な課題でもある。この結合がどのような妥協を伴いながら、いかにして達成されたのかを追跡することは歴史家の役目である。しかしこれらの三つの研究はそれぞれ異なったものであり、決定的かつ中心的な建築批評の役割は最初のものである。

この人間主義の原理は、ルネサンス建築においてわれわれが感じる快を説明してくれると同時に、われわれに欠かせないなんらかの最終的な絆を与えてくれる。また、ルネサンス様式の異なる局面——一見正反対に見える——に共通するつながりを形づくっている。さらにこの原理は、ルネサンス建築が古代の建築に対して奇妙な態度、すなわち従順でかつ荒々しい傾向を示す理由を教えてくれる。そして、ルネサンス建築がどのように同時代の思想全体の傾向——すなわち文学や生活に対する人間主義者的態度——に結びつくのかを説明してくれる。

野蛮なる者が最初に産み落とし、科学的精神がいまだに肯定している人間とは、彼らの住む世界の中心ではなく、世界が生み出す数多の所産のひとつにすぎない。ただし人間は他の存在と違って意識があり、複雑なものである。冷酷な地球に不慣れな人間はゆっくりと、しかし骨折りながら、人間性を欠いた自然にみずからを適応させていく。そして時には危険を承知でこの自然を自分の要求に従わせようとする。ときとしてすばらしいが、たいていは愛想がなく、粗野で恐るべき光景が人々の周りに広がっている。人々は野蛮人のごとく、その自然の前で足をすくませるかもしれない。また科学者のごとく、それが何であるかを求めて公平な分析をするかもしれない。自然とは結局、その起源においてそうであったように、時にわれわれにとって未知かつ非人間的なものであり、しばしば人間の希望を破壊するものであり続けている。しかし第三の道が開かれている。人間はこの現実世界のなかで彼が獲得するであろう世界のパターンを構築することができる。これが哲学、生活、そして諸芸術における人間主義の道筋なのである。

人間主義の建築はギリシア時代に登場した。そしてギリシア人が初めて人間を「世界の安息の場」に誘ったといわれてきた。彼らの思想は人間中心的であり、建築も同様であった。プロタゴラスは最初に人間性を形而上学の中心に、そして「万物の基準」に据えた。詩人たちは、ヘラクレスおよびテセウスの功業や、神々とケンタウルスの争いにおいて、人間的理性による暗い世界の片隅の征服を祝福した。ソクラテスは、思索というものを占星術的な言葉を弄することから良心の行いへと引き下げた。劇作家は悲劇を過酷な儀式と考え、それをそのまま放置するのではなく、われわれの精神が要求するところにしたがい、生活の手本とした。彼らが最初の人間主義者だった。こうした人々のあいだで、かつ同じような趣向を満たすために、以下のようにして建築はつくられたのである。建築のいくつかの要素は、まさに原初的な必要性から生まれてきている。しかし厳密に秩序づけられ、選ばれた結果、その建設上の必要性あるいは大雑把な実用性は身体的な喜びに適合し、その精神の像を嘲ることになった。精神とは正反対のもの、つまり物質の単なる重さ、大きさ、釣り合いこそが重要になるのである。他方、われわれが単に空隙として認識する中空部分である空間が、彼ら人間主義者にとっての精神の言語となった。人間とは無関係な具体的な形からなる世界のなかで、人間主義者の建築家たちは人々の性向や体躯に応じて、人々の望むように世界を構築した。

しかし人間主義は理想とともに現実的側面も持っている。さらにそれはギリシア人が定め、打ち立て、ローマ人が堅固にこの地球上に根付かせた価値観である。ギリシア建築ほどやかましくなく、制限も少ないローマ建築は、量塊、空間、線、そして素朴で広く一般的な使用に一貫して対応できる原理を保っていた。そしてこの原理によってローマ建築は生き残り、それが開花した時代や場所に依存することはなくなった。思考におけるそれと同様に、建築においてもこの人間主義は西洋世界に対する深く民族的な力をギリシアではなくローマに負っているのである。

このようにして人間主義とともに勃興した建築は、人間主義とともに一時評判を落としたのだが、後に人間主義とともに回復した。ローマやルネサンスの建築から幻想的であきれるほどのゴシックの表現力へと移り進むことは、人間主義から魔術へ、あるいは調和の研究から風変わりなものへの信仰へと推移するようなものである。それは人間的な形の論理が非人間的な科学の論理に取って代わられることであり、ガラス、ブロンズ、象牙、金の眩いばかりのディテールの美しさを見いだすことであり、そして彫刻のなかに建築を見失うことである。ここには確かに構造がある。それは大胆で、複雑巧妙であるが、しかしそれが人間的な構造であることはめったにない。そこには詩があり、興味を引く職人技と洗練された発明がある。しかし建築における最高級の特別な質——内と外の境界に位置する純粋な同一性——が企てられているわけではない。この驚くべき構築が生み出す線はときにわれわれの動きに調和し、また次の瞬間、窮屈でぎこちない混乱によってわれわれの動きに矛盾をきたす。量塊は頻繁に多様性のなかに埋没する。空間とその一貫性は、もしもまったく望まれず、省みられないとしてもやってくる。そしてその理由はたいてい、みずからが受け継いだ異教の秩序を保持する教会の儀式が平面に調和を課すからである。この儀式に別れを告げたゴシックの場合、その市中の建物や街路が十分に例証しているように、秩序ある形態にはまったく無頓着である。ゴシックは中世の精神それ自体と同様に、怠惰な思考の網目のなかで身動きがとれなくなる。そして、人間はそのときまさにそうした怠惰な思考の中心であることをやめたのである。

ルネサンス期においてその中心が回復し、人間主義がもう一度意識的な思考の原理となったとき、当然の帰結として、建築におけるローマのデザインがそれとともに現れた。しかし今度は、その意図に差異があった。人間主義には二つの敵がいる。ひとつは混沌であり、もうひとつは非人間的秩序《インヒューマン・オーダー》である。古代において、人間主義は主に世界の原初的な混乱と闘っていた。重要なのは秩序であり、それは規律や規則に密着していた。だからこそ、ギリシア建築は建築様式のなかで最も厳格なのである。そしてローマの場合、スペインやイギリスのようないかなる遠方の入植地に部隊が宿営していようとも、そこにこぢんまりした集会場をつくり、その帝国の空間秩序を妥協なく保持していた。しかしルネサンスの思考において、人間主義は混沌に対してではなく、死んだスコラ主義的理論体系の非人間的《インヒューマン》な厳密さに対して闘うことを余儀なくされた。その理論体系の過ちは論理の不足ではなく、人間との関連性を欠いた論理の過剰だったのである。このように、ルネサンスにおける人間主義が、あらゆる形態において強調していたのは、秩序よりもむしろ自由だったのである。そしてルネサンス建築がゴシック様式の単なる建設的な論理に反旗を翻し、古代の美的な論理へ情熱を持って立ち返る一方で、ルネサンス建築はこの論理を生活の激しい多様性に沿わせていった。それはもはや、古典の持つ均衡と静謐という制約にとどまっていることに充足してはいない。ルネサンス建築はギリシアやローマの建築言語を学んできた。しかしルネサンスそれ自身は、学んだことのなかからみずからが語る言語を選び取っていくだろう。ルネサンス建築はあらゆる価値、あらゆる約束事の達成方法を探究し、楽しみ、表現するだろう。そこから、飽くことのない好奇心、性急さ、様式の短期性が生まれ、古典的形態からバロックやロココが発明した陽気な活用への転換がもたらされ、また第一章で斟酌したように、趣味が順応的かつ迅速に復活することになる。しかしそれでもなお、ルネサンス様式は人間主義の言語を採用する。そしてそれゆえに、古典建築にたいする緩やかな関係性を持ち、「さまざまなオーダー」を頼りにし、過去の絶え間ない検討を行うのである。そしてなお、古典時代と同様に、それは量塊、空間、線、一貫性を持って表現し、これらの四つを介してわれわれの生活と調和した建築を建てるのである。ルネサンス様式によって、それらの四つの要素は身体の音楽——その力、動き、落ち着き——に反響する。そしてルネサンス建築はその和声に呼応する精神を、石に見られるダンスのリズムのなかに魅惑的に導くのである。

ウェルギリウスはダンテに仕え、ヴィーナスとともに住んでいるアドリア海の聖堂の孤独のなかで、聖ヨハネは次のことを熟考する。[*1] 禁欲的なエネルギーは古典的静謐に一番よく整合するのではないのだろうか、と。人間主義の建築はその傍らに古い世界と新しい世界を保持している。言い換えればそれは、静謐さとエネルギーを保持しているということである。絶え間ない変化の精神はヨーロッパで勃興した。そして四世紀にわたり、建築は異教徒の美の形に沿って変化してきた。まねごとではない異教信仰の美。ルネサンス建築を模倣の芸術であるとしてわれわれがそれを放逐するとき、ルネサンス建築は完全に誤って解釈される。ルネサンス建築は古典に仕えるものである。それは奴隷のみじめな義務感を伴うものではなく、また学者の忍耐をつねに伴うものですらなく、愛する者のように、適度な力の発火のようなものを伴う、威風堂々としたものである。ブルネレスキ、ブラマンテ、ミケランジェロ、ベルニーニは、ほとんどの者が持ち得ないオリジナリティというものを持っている。しかし彼らは過去を追い求めた。彼らが建物を建てた土壌は、過去の廃墟の砕片を伴う、重苦しいものであった。

しかし、心に届く道筋を見いだしており、かつその基礎がしっかりしているあらゆる芸術は、それに先立つものと同系統のもの、すなわち先祖と相続者を抱えていなければならない。なんとなれば、心に届く道筋などほとんどないからである。そして、バロックが示し得た幻想の自由が存在するにもかかわらず、はっきりと調和した親しみある二つの芸術形式が、どれほどの距離感によって、そしてどれほど大きな生活上の変化によって分け隔てられているのかを、われわれはしばしば忘れてしまう。それはまるで、われわれがパラティノの丘からフォロ・ロマーノを見渡すドーム群を見るような、そしてサン・ロレンツォの正面が〔マルクス・アウレリウス〕アントニヌスのグレイのポルティコの向こうに立ち上がるのを見るようなものである。古典主義の力がひとたび確立されたところでは、その影が容易に消えることはない。十五世紀には、マンテーニャが人物をカエサルの如く描き、古代の装飾帯と柱によって教会の伝説を見事なものに仕立て上げた。人間主義の建築家たちは深みのある建築をつくった。マンテーニャの描く英雄の如く、彼らはローマ風の装いで働き、ローマの聖人のごとく、ローマの壊れた教会でみずからの理想を夢見たのである。

＊1　ヴェネーレのサン・ジョヴァンニ——そこで洗礼者〔ヨハネ〕はヴィーナスと居を共にしていた——とは、アブルッツィ海岸に建つ荒廃した教会のことである。その構造はロマネスクであるが、その名の由来はさらに古い。しかし、その保護者《パトロン》たちが完璧な調和を実現しえたのは、ルネサンスになってからのことだった。その調和の完璧さは、いまや若葉を食べ歩く山羊すらも邪魔することができないほどである。

エピローグ　一九二四年

これらの章を十年前に書いたとき、若さゆえにその望みの無謀さに十分考えが至らなかったのだが、私の言うべきことが建築を実践する者や哲学にかかわっている者の興味を引くことができるかもしれないと考えていた。また同時に書物は、ほかにいかなることを意図しようとも、読み物であり続けるべきと主張する人々の意にかなうことを望んでいた。

みずからの主題をさらに次の段階へと推し進めることは、こういった野望を抱くことがもはやできない領域へ踏み込むことになる。もしいま、それを試みるとすれば、それはまったく別個のより専門的な構成をとることになるだろう。

しかしこの本は幸いなことにそのままでも議論を喚起することができたので、一、二のことをエピローグという形で返答の意味もこめて言わせていただきたい。

この本において否定的な議論が建設的な主張を上回っているとの正当な論評がある。しかし、もし私の導いた結論が正しく評価されたとすれば、そのようになるのはやむをえないとの認識に至るのではと私は思う。

私の主張は「理論」――すなわち建築的な善悪を純粋に知性に基づいて判断しようとする試み――そのものがわれわれの不幸の原因のひとつであるということである。理論こそ、バベルの塔の足場の上でなされていたおしゃべりの中身だったのではないかと私は思う。それは伝統の代替物であり、イングランドにおけるわれわれの伝統がナッシュとともに途絶えた後、成長し増殖してきたのである。私は、建築の教育や批評において常々強く主張される「第一原理」がいかに理不尽なものかを示すことを目指した。そして、これらの誤謬がどのように発生し、なぜいまだに支持されているかを指し示そうとした。なぜならこういった問題では、ある考え方に対して反論するだけでは十分ではなく、その根幹が暴かれなければその考え方が残ってしまうからである。

さらに、いかなる過ちもそこに埋め込まれたいくばくかの真実から活力の一部を得ているので、ここではそれぞれの場合における真実の部分をあからさまにし、これらの半－真実が実際のところ、それらによって正当化されると思われている理論から派生するものではなく、むしろ八章で言及している人間主義の一般原則から派生するものだということを示すことを目指した。

これは、いかに簡潔に行ったとしても長い作業であった。しかし、この部分の長さは私が好んでそうしているわけではなく、誤謬の数によってそのようになっているのだ。

そしてこのようにして開墾された土地に私は本格的な理論を植えつけるようなことはしなかったが、それは私の主張の本質からすると至極当然のことである。ここでできることとすればせいぜい土地を開墾し、創造的な本能がどこにあり、その構成要素が何であるかを明確にすることくらいであり、これらは本書にて試みたところである。しかしその本能の働きに関する新たな法典を考案しようとすることは、私が一義的には知的と考えていない能力を再び知的に扱うことになってしまう。

したがって、もし建築家が以下のように返答したとすれば、異議を唱える必要性を私はほとんど感じない。「私の問題の最初の部分は目的と手段、すなわち実用的な目的に向けた技術的な手段にかかわる部分であり、純粋に理性的思考の問題である。しかしさらなる問題は趣味の部分で、ここでは私は自分の目で確かめることができるので、私が良いと感じたものが他人の議論ごときで覆されることはない」。こういった姿勢はまさに過去の偉大な建築家のとってきたものであった。ただそこには相違点がある。それは、彼らには自身の建築の様式が完全に浸透しており、誤謬に満ちた教育も受けていなかったということである。それに対して現在の教育はこれらのあらゆる過ちの亡霊に取り付かれており、活力のある真の伝統も不在のなか、「様式」については、われわれは百科事典的に、しかしそれゆえ、表層的にならざるを得ないかたちでの理解になりがちである。

われわれが建築における「美」と感じるものは論理的な証明の対象ではない。それは、直接かつ単純な直観として意識に体験されるものである。その根源はわれわれの身体的な記憶が蓄えられている無意識の領域にあり、一部はそこに依拠していると同時に、また一部はある種の視覚や運動の刺激にともなうさらなる心地よさに依拠しているのである。

しかしこういったプロセスが（ほとんどの場合）意識下で進行し、単なる「快」として意識に上ってくるのと同じように、創造的な能力の鍛錬はそのプロセスの分析にあるのではなくむしろその感性をより研ぎ澄ますところにある。そしてそれは、第八章で言及している「人間化」された価値、すなわち量塊、空間、線、一貫性を、実際に体現するような作品に慣れ親しむことを通してしかわれわれには実現できないのである。

しかしそうであれば、集中的に研究している時間以外でわれわれの目が習慣的に何を見ているかが非常に重要になってくる。ここでもまた、巨匠たちはわれわれよりも有利な立場にあった。彼らは、しばしば量塊、空間、線が一貫性を持って表現された建物に囲まれて生活し、行動しており、彼らの目は比較的同一の意図を持つ建築に慣れ親しんでいたのである。われわれの目は、仮に真摯な建築がどういったものであるかはっきりと分かっていたとしても、商業的、政治的につくられた怪物のような建築の寄せ集めのなかを目を皿のようにして探さなくてはならないのである。それは例えれば、鉄道事故のさなかでヴァイオリンの調弦をさせられるようなものである。

その一方で、建築的な感受性のいかなる教育でも不可欠とされる人間的な建築の遺産が、失われるがままにされている。我が教会当局は、金銭的な利益のために取り壊すことができそうなレン設計の教会がいまだ数件あることに気づいてそわそわしはじめた。また、我が政府は、無意味な学会に金を浪費し、墓場のような博物館を維持するための分配金は捻出する一方で、リージェント・ストリートの破壊を通してそれを回収しようと喜び勇んで邁進している。ここでの唯一の救いは、後者の事業によって喚起された怒りが、クォドラントのノーマン・ショー氏の仰々しい建物によってわれわれがいかにナッシュの人間主義からかけ離れてしまったのかが最初に示されたときよりは、ともかくも著しく大きくなっていることである。

では、実際のところわれわれはどのような結論へ導かれるのであろうか。端的に言うと、人間主義的な建築の伝統と、より日常的に、より濃密に接することが必要だということだ。確かにこの結論にはなんら新しいところはない。しかしわれわれはそこに以下の点をつけ加えておくべきだろう。すなわち、その伝統は、もはや名声や権威だけに寄りかかることはできそうもなく、建築美学の本質に対する一貫した考えに裏づけられるようになるだろうということだ。それ以上に、われわれはその伝統自体を若干異なる角度から見て行くべきである。レンやヴァンブラやナッシュの作品を例の十九世紀の誤謬の規則に当てはめて見ることにこれ以上こだわるべきではない。そうすればそれらの作品はかなり異なった見え方をしてくる。

これはすでに始まっているのかもしれない。最近のレンの没後二百年記念の際に出版された文献で目立ったのは、多くの著者はレンを偉大なバロック建築家という役どころで紹介しようと努力していたことである。私が思うに、これこそが「新たな角度」である。これはバロックの本質とレンの真の着想の元となったもの双方に対するよりすぐれた理解を意味する。それは、いままでの批評家がレンの建築言語におけるいわば品詞を見てきたのに対し、今度はレンの言語全体に注意を払っているのである。

ここで私はバロックという主題に関して一言つけ加えたい。私はこの本の主要な目的がこの様式を擁護することにあるかのような言及をたびたび目にする。しかしそれは部分と全体をとりちがえ、私の主張と例証を混同してしまうことである。バロックが最高度に興味深いのは、それが、デザインの問題に対して純粋に心理学的に取り組んでおり、力学的、学術的な「タブー」から解放されているからであり、また、スケールの利用、〈運動〉の探求、量塊のコンポジションや空間の価値への専心によっている。ヴィニョーラからベルニーニまでの偉大なバロック建築家によるこれらの要素の扱いの巧みさによって、彼らのつくりあげた様式は、英国の書き手たちが与えた評価とは大きく異なるものとなった。しかし私の議論は本質的にその問題を超えた先までいくものである。そして私がバロックの主題に頻繁に立ち戻ったのは、その主題が私の考えていた見解に対するリトマス試験紙のような役割を担っていたからである。さらに、私が何がしかのバロック建築の「演劇性」を弁護したとすれば、それはそこで表されたようなわざとらしさをあらかじめ排除するようなア・プリオリな建築上の法則など存在しないことを示すためである。しかし「演劇性」はある場面では適切かもしれないが、別のところでは場違いかもしれない。この点に関しては、寛大にも私の弟子であると宣言している数名の著者たちの情熱のほうが私のそれをしのいでしまっている。いずれにせよ、バロックの演劇性はあまりにも大げさに扱われすぎたように私には見受けられる。それに対して、仮により多くの注意がローマのパラッツォにも払われ、ナポリの教会ばかりにこれほどの注意が払われてきたのでなければ、様式の本質的な重要性がここまで広範に見過ごされることはなかったであろう。バロック建築と十七世紀の散文との間にはかなりの親和性がある。たとえばダンの奇想や文彩などは、われわれの嗜好に合うか否かは判断が分かれるところだが、もしそれらによって根底にあるリズム、ゆったりとした間や重みを見過ごしてしまうことになるのであれば、われわれは散文の本質そのものを見逃したことになってしまう。バロックの批評家のなかには、もしかすると建築を聴き分ける耳を持っていない者もいるのかもしれない。

初めのほうの章における私の主張は、少なくとも若い世代の建築家においては、比較的広範な支持を得たようだが、第八章で概説した建築のデザインに関する考え方は、誤って解釈されることがあったように思う。ある著者が主張したように、身体的な記憶によって「建築の本質や魅力のすべてが解明される」などとは、かたときも主張していない。まして、実践において「建築家は住宅の設計という課題を前にしたときに……まず身体の状態を想像し、それを主題として採用する」などと示唆してもいない。建築家が直面する一連の検討項目において適切さや常識にかかわることが無数にあることは当然のことである。これらが、最初に取り組むべき課題の範囲と性質を決定し、建築家の困難の九割を構成するのであり、そうした問題点が明快に無理なく解決されるのを目の当たりにすることには紛れもない満足感がある。しかし私は建築においてはこれらを超えたところに、これらの事項に還元されることのない美の可能性があるということを証明しようと努めた。建築家はさまざまな案を検討するなかで、いつかは単なる美的な好みに判断を委ねることになる。その好みが心理学的に何に基づいているかを示す試みのなかで、私は、(一) それが建築家の問題の出発点を形成すると示唆したわけでもなく、(二) 彼が実践において、その選択を決定する心理学的な過程を必ず意識しているはずだと示唆したわけでもない。ほとんどの場合それは、その源泉を探求するには及ばない、純粋に直観的な美の判断として体験される。しかしながら、私はこれらを探求することは有益であると考える。なぜなら、これらの過程が意識されればされるほど、われわれの創造活動がより明確に導かれることになり、躊躇するような場面でも、誤った理論に惑わされ、的外れな理由で解決策を受け入れるようなことになりにくくなるからである。

私を批判する者が、時々肝心な一節を見過ごしてしまっているようだとすれば、それは、議論を凝縮したことの代償として認めざるを得ない。しかし、議論を引き延ばせば、木によって森が見えなくなるように感じられ、私にとって不本意なことであった。議論は密集しているが、本は短くなっている。そして私としては、もし必要とあらば、同じことを二度繰り返している本を読むよりは同じものを繰り返して読むほうを好む。

先日、私はこの本に関する英国王立建築家協会での議論の報告書に目を通していた。何人かあまりにも寛大な発言者がいるなかで、一人の「私はスコット氏の本を十四回読んだ（と彼は断言した）が、あれはかなり退屈なものだ」との発言に感謝と深い反省の念を禁じえない。

十四回はあまりにも多い。しかし、本書が明確に答えている事柄について異論を唱えつつ、続編を書くべきだと親切にも勧めてくださる方々に私ができることは、この辛抱強い友人の例を紹介することくらいである。

フィレンツェ、ヴィラ・メディチにて

一九二四年三月九日

訳者あとがき

本書は Geoffrey Scott, *Architecture of Humanism: A study in the history of taste*, Constable, 1914 の日本語訳であり、翻訳にあたっては一九二四年の第二版を用いている。著者や本書についての解説を補足し、訳者あとがきとしたい。

著者

本書を著したジェフリー・スコット（一八八四〜一九二九）はさまざまな肩書を持つ博識家である。建築に興味のある者に対しては、二〇世紀を代表する建築論のひとつともいわれる本書の著者として、また、文学に興味のある者にとっては、詩人あるいは作家ジェイムズ・ボズウェル（一七四〇〜一七九五）の膨大な私書の編纂者として知られている。しかし、スコットが最も高く評価されたのは、英国で創設された文学賞として最も古く権威のあるジェイムス・テイト・ブラック記念賞を受賞した、オランダの女流作家イザベル・ド・シャリエールの伝記『ゼリーデの肖像』であった。こういった一見つながりのない功績は、彼の恩師でもあるバーナード・ベレンソンが評したように、スコットがあくまでも知的好事家《ディレッタント》であり、飽きやすく、退屈に耐えられない性分によるところが大きかったことが推測される。ただ、その時々に気が向いた分野での彼の活躍を確実なものとしたのは彼が類稀なる文才に恵まれていたからだった。

ジェフリー・スコットは、一八八四年六月十五日にロンドン郊外のハムステッドに七人兄弟の末っ子として生まれた。父親ラッセル・スコットは、リノリウムの前身にあたる床材の製造会社を経営しており、その成功によって、ある程度裕福な生活環境が保証されていた。現地の学校に学んだ後、一八九八年に名門ラグビー校に進学し、そこでの優秀な成績によりオックスフォード大学、ニュー・カレッジに進み、著名な古典学者、ギルバート・マレーのもとで学ぶことになる。スコットの文才は在学中から顕著で、一九〇二年には「シェリーの死」という詩でニューディゲート賞を受賞する。また、在学中から建築への熱意は旺盛で、「イギリス建築の国家的特性について」[*1]と題した建築史のエッセイで学長賞を受賞した。

まだオックスフォード在学中の一九〇六年三月に、彼の人生における大きな転機が訪れる。彼は、のちに著名な経済学者となるジョン・メイナード・ケインズと一緒にイタリアのフィレンツェ郊外にあるヴィラ・イ・タッティに招かれ、そこでアメリカ人の美術史家のバーナードとメアリー・ベレンソン夫妻と出会う。夫人のメアリー・ベレンソンは、昨今では夫バーナードの著作に深くかかわっていたことが判明している美術歴史家であり、同時に、ヴィラ・イ・タッティで繰り広げられた米英人の社交サークルの中心的人物でもあった。彼女は十九歳年下の「黒い瞳で青白い、ボッティチェリの肖像画のような」[*2]スコットを溺愛し、彼を精神的にそして時には金銭的にも支援することになる。学業でトップクラスになれず、古典学者としての道を断念せざるをえなかったスコットは一九〇七年の秋から約二年間(一九〇八年から一二年までとの記述もある)、バーナード・ベレンソンの私設秘書兼司書となり、ヨーロッパ各地を共に旅行し、ヴィラ・イ・タッティの社交界に浸るなかで「美学的傍観者」として美術作品を鑑賞するベレンソン流の人間主義的なアプローチを自らのものとしていった。

一九一〇年にスコットは、メアリー・ベレンソンから紹介された建築家セシル・ピンセントとフィレンツェにパートナーシップを設立し、ヴィッラ・イ・タッティの改修を最初の仕事として依頼されることになる。本人はわずか一学期ほどAAスクールで建築を学んだにすぎないにもかかわらず、である。当然のことながら建築家としての実務を手掛けたのはピンセントで、スコットはいわば「目利き」として家具や備品のセレクションに係わっていたようだ。五年間に渡った改修工事は、本書の執筆期間にほぼ相当するわけだが、ベレンソン夫妻(特にメアリー・ベレンソン)から、実質的な研究環境の保障と具体的な激励や助言を受けながら本書は完成を見ることとなる。一九一二年末までには本書の前半は完了し、翌年の八月には最終章の調整を残してタイプされていた。出来栄えは上々で、出版社も初稿の段階でその後の二冊の出版を約束したほどであった。

本書は一九一四年六月に出版された。当時の英国の建築シーンはウェストミンスターのセントラル・ホール(一九一一)、ホテルのリッツ(一九〇六)、英国博物館エドワード七世ギャラリー(一九一四)などの竣工もあり、主流とまではいかないまでも、古典主義的傾向がひとつの流れとして勢いを持ちつつある状況であった。そして本書はバンハムによると、その「絶頂を記す」[*3]書として迎えられ、ザ・モーニング・ポスト紙の書評では好意的な批評を受け、そして美術評論家ロビー・ロスの主催するアカデミー誌で「建築論における重要な声明」と評された。さらにロンドン・タイムズの書評誌「ザ・タイムズ・リテラリー・サプリメント」(TLS)では、ヴィラ・イ・タッティの社交界の常連だった米国人女流作家イーディス・ウォートンによる書評の中で「洞察に富んだ見事な本」と絶賛された。その時スコットは、自らの成功に自信を得て、本書でも触れている「人間主義の建築を具体的に細かく探究」する本書のいわば続編に取りかかる意欲に満ちていた。しかし意気込みはさておき、どういった内容とするかについては本人も「新しい本のイメージがまったくわいてこない」[*4]と認めるような状況だった。
　しかし、その年の八月から始まった第一次世界大戦に伴う新たな仕事や本人の人間関係のトラブルの影響もあり、執筆から数年遠ざかることになる。大戦中スコットは、在ローマ英国大使の随行員そしてのちには報道官の肩書でさらに人脈を広げ、華々しい社交界での交流に拍車がかかった。一九一八年には当時改修の仕事を引き受けていたヴィラ・メディチの所有者で、アイルランド貴族、デサール伯爵の娘でもあった、在英米国大使のウィリアム・ベヤード・カティングの未亡人シビル・カティング夫人との結婚に至る。これは今までスコットを支えてくれたパトロン、ベレンソン夫妻との関係の悪化を意味し、特にメアリーは精神的に病んでしまうほど大きな打撃を受けた。そしてその影響は、スコット自身にも及んだ。前夫との間の娘、歴史家のアイリス・オリゴーは、当時スコットは、まったく仕事を手につけられなくなるほどの「落ち込み」に苛まれ、一九一八年に再開した本書の続編は書斎の机の上に置かれたフールスキャップ紙に、「趣味の歴史、第一巻、第一章、それはとても困難……」と書かれたきり、そこからまったく進むことがなかったと回想している。[*5]
　その後スコットは神経衰弱と診断されスイス・ローザンヌのクリニックで当時精神分析医として名を馳せたロジェ・ビトスのもとで治療を受ける。そして治療が功を奏したのか、[*6]スコットの作家活動を妨げていた障壁は取り除かれ、療養中から書き始めた詩を詩集としてまとめ、またこの地で着想した十八世紀の女流作家イザベル・ド・シャリエールの伝記に着手することになる。ビトスの療法、すなわち悩ましいことを意識の外へ追いやる訓練結果かは定かでないが、スコットは、この時期を境に本人を悩ませていた続編とは遠く離れた領域へと移ってしまった。

「人間主義の建築」

　本書の原題は〈The Architecture of Humanism: A study in the history of taste〉である。ここで片仮名の「ヒューマニズム」ではなく「人間主義」とした点について注釈を加えたい。スコットは〈Humanism〉を「自ら考え、感じ、行動し、結果の必然を堅持しようとする人間の活動である」と定義している。しかし一方で建築における〈Humanism〉を「われわれの〔身体〕機能の似姿《イメージ》を具体的な形態へと投影しようとする傾向」とも述べており、二つの定義を分け隔てなく使用することで論を展開している。つまり、論を展開するうえでの中心的な概念にもかかわらず、極めて独特なニュアンスで使われているのである。
　建築史家レイナー・バンハムなどは、スコットが象徴性や物語性といった「誤謬」を排して、ルネサンス建築を純粋に形態、趣味、快の建築とした主張はすべて、この両義的な用法にかかっているとまで述べている。

こういった特殊な事情に対して片仮名の「ヒューマニズム」は他のニュアンスを連想させる言葉である。特にルドルフ・ウィットコウワーの「ヒューマニズム建築の源流」のような後期ルネサンス建築にシンボリックな規則性を見いだすといった、スコットと真っ向から対立する主張の書物を連想させる点や、浜口隆一による同タイトルの書物の存在、あるいは日本語の「ヒューマニズム」という言葉が人道主義（英語では〈humanitarianism〉）の意味合いで使われることが多いということも手伝って、いささか堅いとはいえ「人間主義」という言葉で統一することとした。

「イギリス建築の国家的特性について」

オックスフォード在学中に書かれたエッセイ「イギリス建築の国家的特性について」は、本書の基本となっているとの指摘がある一方で、[*4]ベレンソンとの出会いがのスコットの建築観に及ぼした影響をはかるうえでも貴重な資料を提供してくれる。イギリス学長賞を受賞し一九〇八年に出版されたこのエッセイは、イギリスらしさを表現する建築を巡っての論考である。建築は、芸術として評価され、科学として説明され、そしてシンボルとして解釈される、という基本認識の確認から始まるが、随所に本書と共通する認識が見受けられる。「芸術は、確かに美の基準で判断されていると主張する。しかし構想力は留まることを知らない、これらに満足することなく新しい興味の対象、より親しみのある感心を技術的な好奇心、文学的な空想または歴史的な示唆に求める」。言い回しは異なるにせよ、これはのちに誤謬として糾弾することとなる、美の基準が他の分野へ拡散しているという状況認識を示している。

しかし論考の目的はあくまでもイギリス建築の特性を明らかにすることである。ここでスコットはイギリス建築では保守性と強い地域性が重要な特質だと主張し、こういった要件を見事に体現したのが「古いゴシックと折り合いをつける」ことを標榜していたクリストファー・レンだと続けた。レンは「古さと新しさをあらゆるところで結合することができた。古典の権威を保ちつつ、ゴシックが見せたあらゆる使用に対応する巧みさを取り込むことができた。……古典の精神を形式主義に陥らずに継承することができ……そして硬直的な借り物の様式のなかに数世紀続いた国民の気質を組み込む場を見いだした独創的な建築であった」[*1]。

ここにはベレンソンの感情移入心理学の兆しすらうかがえないが、本書の根底に流れるスコットの美意識を垣間見ることができる。それはすなわちバロック様式への礼賛であり、形式主義に対する抵抗、そして二つの相反する要素を兼ね備えた建築――ここでは古典様式とゴシック的な気配りであり、本書では古典様式と公正無私な趣味による自由な表現――の評価である。

本論

本書は、当時のアーキテクチュラル・レビュー誌の書評で「趣味の歴史をめぐる一考察」ではなく「悪趣味の歴史」ではないかと揶揄されたが[*7]、エピローグでスコット自身も認めるように否定的な議論のほうが建設的な主張を上回る構成となっている。レイナー・バンハム著「第一機械時代の建築理論[*3]」では第四章の表題を「イギリス：レザビーとスコット」と、この時代に影響を持った建築家・理論家ウィリアム・レザビーとスコットを対置しているが、本論部分に関してもレザビーの建築理論との関係と比較するとその直接的な対応関係が浮き彫りになって興味深い。

レザビーは、アーツ・アンド・クラフツ運動第二世代の中心的な理論家であり、建築におけるシンボリズムの重要性を表明し、ラスキンやモリスの自然に対する考えや倫理的立場を受け継いだが、その一方で建設の合理性や機能主義的な主張をも表明した。芸術を人間の意志の積み重ねととらえていたレザビーは、ルネサンスを人間の思考における神秘的な古代と科学的な近代との決定的な断絶ととらえていた。レザビーの代表作「建築：建築芸術の歴史と理論への序論」（一九一二）では二五〇ページに及ぶ著作のわずか二十ページほどしかルネサンス建築に割かれなかったことがよく指摘されるが（スコットは本書で「わずか八ページ」と記述している）、内容もかなり厳しいものであった。「ルネサンス建築：レトリックと第一原理の建築」と題されるこの章は、ルネサンス建築をイタリア国内の局所的な復古様式としては理解できるものの、他のヨーロッパ諸国で支持される根拠がないと明言し、芸術としても過去を顧みることで生気を失った「退屈な様式」とまで言い切っている。またスコットの主張する趣味に関しては「民衆との係わりを持たないことのもう一つの弊害として、ルネサンス芸術は誇りやかわいらしい形、あるいは趣味と見えがかりの問題として考えられるようになった。そこには偉大な芸術が偉大な科学と同様、必然の発見であることが理解されていなかったようだ[*8]」と切り捨てている。

本論の第一章では、スコットのルネサンス建築観を概説している。彼はルネサンスを一五世紀のブルネルスキから十九世紀初頭のゴシックリバイバルの始まりまでと幅広く捉え、いわゆるバロックをルネサンス建築の発展形と見なしている。これはルネサンスの次の章を「現代の状況」とし、バロックに相当する時代を混乱期と決めつけて無視し、ゴシックリバイバルの説明に移ってしまう前述のレザビーの歴史書における時代区分を意識したものなのかもしれない。スコットはここでルネサンス建築を美的な、内的な衝動によって作り上げられた趣味の建築として描きだす。そしてここには「イギリス建築の国家的特性について」で主張したスコットの美意識が貫かれている。

次章からはバロック建築の評価を貶めることに加担した批評への検証が行われる。最初に挙げられたロマン主義の誤謬は文学における意味または連想のメカニズムを建築に当てはめようとしたことへの反論であり、「建築におけるシンボリズムの呪術的な重要性を文学への参照を通して明らかにしようとした」[*9]レザビーの「建築、神秘主義と神話」(一八九一)での主張への反論といえよう。二つ目に挙げられたロマン主義の誤謬は自然に強い詩的価値を見いだし、原始的なものやピクチャレスクを評価するラスキンの自然礼賛的な立場に反論するものであるが、これは「人間の作る芸術的な形態の起源をたどるとわれわれは自然の直接的な模倣に行き当たる」[*10]としてレザビーが継承した立場でもあった。また三つ目の力学的誤謬についてスコットは、これを「事実を求めることに傾注し、建築の科学をその芸術と混同した」[*11]こととしているが、これはラスキンが「崇高な芸術に与えるものがほとんどない」[*12][*13]と見なした科学の建築における表象を目指し、ゴシック建築が「比率の美学的観点から発展したのではなく、リブ・ヴォールトや傾斜した控え壁や石の縦桟の窓を(構造的に)最大限生かすことによってできた」[*14]とまで主張したレザビーへ向けた反論と言えよう。

四つ目の倫理的誤謬についてスコットは、「建築芸術が趣味に訴えることに気がついたが、倫理的な趣味しか法則化されていなかったのでそれを美の判断に転用したこと」[*11]とまとめているが、これはラスキンの『建築の七灯』のひとつでもある倫理がバロックを不信心で抑圧的で不誠実だと批判していることに対する反論である。なおこれはレザビーが建築が作り手や製作者を表象するものとしてアーツ・アンド・クラフツで受け継ぎ、広めた姿勢でもあった。そして五つ目の生物学的誤謬は、「建築を生き物と見なして、本来まったく関係ない有機体に適用する原理をあてはめ歴史を読み間違えた」[*11]こと、すなわち建築様式の変遷を説明するうえで進化論を導入したことへの反論である。この歴史観とレザビーとの関係性は不明であるが、ルネサンスを「断絶」と捉えたり、バロックを無視する態度には、歴史をひとつの連続的な発展として捉えようとする姿勢が見受けられる。

当時主流であった五つの評価軸を誤謬として論破したあと、スコットはアカデミズムの伝統に目を向ける。ここでアカデミズムの伝統については「建築を死んだ慣習と見なし、その法則から外れることを許容できない態度であり、その法則が時と場合によってはふさわしくないということに気がつかない姿勢」[*11]だと批判する。

以上のようにルネサンス建築を貶めていた五つの評価軸の誤りとアカデミズムの伝統の根拠の希薄さを明らかにしたうえで初めて本書の「建設的」な部分に至る。ここでまずスコットはリップスに由来する感情移入美学を適用し建築に対する快、不快は「われわれが自分自身を建築の言葉に転写」することで決定することを明らかにする。これがスコットが言うところの建築の人間主義である。「われわれの〔身体〕昨日の似姿《イメージ》を具体的な形態へと投影しようとする傾向こそが、建築にとっては、創造的なデザインの基盤である。逆に、具体的な形態の中にそうした〔身体〕機能の似姿を見て取る傾向こそが、批評的な鑑賞の真の基盤」なのである。そして「建築芸術とは身体の諸状態を建築物の諸形態に転写すること」であり、その美的評価も同様な擬人的な方法でなされるべきだと主張する。このような人間と建築との関係によって確立された建築美の原則は、建築が精神の生命的な価値を伝達したか否かでその評価が決まってくる。そしてスコットはそのために建築は「身体がそうであるように、有機的な現れを持たねばならない」と続ける。また有機的な現れを建築はいかようにして持つことができるのかという問いに対しては、建築の基本要素、すなわち線、空間、量塊と一貫性によって表現されることを例示する。そして結論として、「人間化された量塊や空間や線が美の基盤」となり、切り離された個々の美的快を提供し、「一貫性」は様式の基盤となり我々の知的な要求に応えるとした。

このように建築における美の定義を確立したところで、スコットは再度ルネサンス建築の評価に話を戻す。「空間的で量塊的で一貫性のある建築、我々の快に呼応するリズムを持った建築が、もっとも大きく、なおかつもっとも正しく、花開いた時代は二つある。それは古代と、そして古代が基盤となった時代——思考そのものが人間的であった時代——である。その建築の中心は人間の身体だった。その建築が用いた方法は、身体の好ましい状態を石へと投影することであった。……それらの〔精神の〕気分を堂々と選択したこと。それが古典的様式の二つの徴である。古代の建築は完璧な規定においてすぐれ、ルネサンスの建築はその選択の幅と大胆さにおいてすぐれている」。そして最後に、ルネサンス建築の選択の幅と大胆さは、ルネサンスの人間主義が自由を強調するものであったからだとし、その自由が量塊、空間、線、一貫性を介して人々の生活と調和した建築を実現できる様式を成立させているのだと結んでいる。

二つの最終章

本書は、一九二四年出版の第二版の翻訳である。これはちょうどイザベル・ド・シャリエールの伝記『ゼリーデの肖像』が出版された年、すなわちスコットが伝記作家として歩み始めた年でもある。第二版への序文に「テキストについては多少の変更がなされた。しかし、これらは本書の議論に影響するものではない」と付記されているが、実際のところ初版から大きな構成の変更がなされている。

これは、第二版の段階ですでにスコットが続編を断念していたからかどうかはわからないが、初版にあった第九章の大部分が削除され、その代わりに結論という章が加わっている。第二版における結論の章は、初版の第八章の終わりの部分と第九章の終わりの一部を合体したものであり、ここでは初版の第九章の中核部分が割愛されている。確かにそういった目で見てみると「結論」の章は本の流れからしても短く、唐突な感がある。

初版の最終章は、執筆中にメアリー・ベレンソンに宛てた手紙にあるように、スコットにとっても最も困難を極めた章のようだった（初版の第八、九章を指していると考えられる）。「一つの章でこの問題を展開するには大きな困難を伴う。……いつになったらこの章が自分の思いどおりの形になるかわからない。本のほかの部分は結構いいものになったと確信している」[*4]

スコットが悪戦苦闘した章は、「私が建築とリップス、ＢＢ（バーナード・ベレンソン）、ヒルデブランドと（驚くことなかれ！）ヴァーノン・リーらの連携によって理論化された知覚の理論との関係性を論じる」[*4]ものであった。困難を極めたのは、内容と表現の適切な調和の確立であった。「私に言わせれば、内容の的確で正確な言いまわしは私の書くような本の限られた紙面では、過度に哲学的で複雑である。しかし、ＢＢが指向する快い概説は本当に重要な哲学的な要件をあまりに軽く扱ってしまっている。それはあまりにもつかみどころがなく、論理的思考をする人々を極度に憤慨させ、精密な精神分析家を困惑させる。ある時期はそれが提案として有用であったことを否定するわけではないが、今はより厳密なものが求められている」[*4]。スコット自身にとって十分満足のいく表現ができなかったのか、あるいは単に主張を取り下げたのかは定かではないが、ここでの主張は第二版では大きく削られてしまっている。

「芸術と思考」と題する初版の第九章でスコットは、芸術作品とそれに関する思考との関係について述べている。それらは、はるかアリストテレスの時代には一体として存在していたものの、徐々に離れ、今となってはまったく別物になってしまったとしている。特にここ一世紀の間の芸術に関する思考の批評としての発展が、芸術との亀裂をもはや修復できなくなるほどまでに広げてしまったのである。こういった状況認識に加え、当時の芸術もジレンマを抱えていた。「歴史上初めてすべての芸術が同時期に存在できるようになった。時間のベールも距離の妨げも一挙に取り払われてしまった。……生きた芸術の規範が壊されたまさにその瞬間に芸術のエネルギーは途方に暮れ、優柔不断になった」。このような「伝統から見放され、さまざまな主張にさらされ、困惑している状況で、芸術は初めて抽象的な思考に指導を求めることになる」。ここでスコットは、こういった時代の要請する思考、すなわち芸術と思考をつなぐものして、美的経験をより正確に分析するための科学－心理学を提唱する。そして趣味の心理学、あるいはそれが示唆する鋭敏化された自己意識こそが芸術と思考を結ぶ批評の確立への道だと主張する。「なぜなら批評の問題は最終的に、芸術作品の外在的な要素を客観的に説明することにかかっているのではなく、われわれの反応の性質にかかっているからである。それはこのこと、しかもこのことのみが作品の質を決定づけるからである。われわれは、本能的に美を物事の外在的な特性と見なしてしまうが、実際はわれわれのうちの知覚における評価である。これらについての適切な科学は心理学である。……建築批評が一刻も早く必要としているのは、暫定的であっても実証に基づく自律した純粋な趣味の心理学である。それはア・プリオリな定説から解放された客観的な科学として認知され、研究され、実行されるような建築形態の心理学である」。

スコットがそういった科学の確立を急いだのは、建築においてて「様式の神秘」に関する回答として、他の目的のために考案された理論の転用が安易に受け入れられ、それが次から次へと現れる様式のリヴァイバルにつながっているとの危機意識からである。そこでスコットは蔓延する誤った理論として、「ロマン主義」「力学」「倫理」「生物学」の評価軸に加えて「アカデミズムの伝統」を抽出したと説明している。また逆に、こういった理論に侵されていないものが建築における〈量塊〉〈空間〉〈線〉〈一貫性〉の四要素であり、新たな探究の対象とすべきものとした。その探求では、「長期間快を与えていることが明白な」建築の建築形態の組み合わせや、建築の四要素の相互バランスとそれらの効果を精査することが求められた。「これが真の建築の美学となる。ここで見いだされる法則は、「よい建物」の三つ目の条件、「美（Delight）」にかかわる、仮説とはいえ妥当なものとなる、」と。

初版の最終章ではこの段階でルネサンス建築に関する言及がある。それは上記の探究をするうえでの理想的な研究対象としてである。スコットはその理由として以下の四点を挙げている。

一　ルネサンス建築は公正無私な趣味の建築であり、機能などの非――美観的要素がそれほど明瞭でないこと

二　ルネサンス建築は本質的に実験の建築であったこと

三　ルネサンス建築は多くの実験が厳密に限られた慣習（例えば共通の建築言語）の中で行われたこと

四　ルネサンス建築では建物用途との関係に対しても慣習があること

これらによって限られた形態の幅の中に無限大の用途を見いだすことができ、もし趣味に関する法則というものがあるとすれば、それはこういった好条件がそろっているルネサンス建築のなかから見いだせると結んでいる。

ここで紹介した第二版から割愛された部分、すなわち美を感じさせる量塊、空間、線、一貫性の組み合わせとバランスを探究することは、人間主義の価値の章での主張、「人間化された量塊や空間や線が美の基盤となる」ことを実証することに相当する部分で、副題の「趣味の歴史」を将来へ向けて展開するためには切り離すことができない課題である。

二つの最終章の比較で明らかになったことがもう一つある。それは第二版の「人間的価値」に書き加えられた最終段落の前半部分である。

「これまでに創造されたすべての様式のうちで、ギリシアとローマの形式は、それに続くルネサンスの形式とともに、この点で最も正確かつ厳格である。したがってそれらの形式は、機能とスケールという多様ではあるが鋭利な観念に明瞭さを与えるのに最も適した手段である。もちろん他の手段も、将来的には出てくるだろう。古典主義的デザインの射程が十八世紀まで絶えることなく拡大し続けたのだとすれば、その歴史が終結したと断言することはできない。しかし、まずはこの一世紀にわたる見当違いの論理を処分することから始めねばならない」（強調は引用者）

この文章は初版にはないものであるが、ここで初めてスコットは、古典主義的デザインが終結したと断言できないとしつつも、人間主義の建築が将来的にルネサンス建築以外の形をとりうることを示唆している。これはほんの数行に満たないが、スコット自身にとっては大きな転換、すなわちルネサンス建築が人間主義の建築として将来を担っていくことに確信が持てなくなったことを現していると、解釈することもできる。初版から十年の間で、建築の状況が変わったのか、あるいは本人の心境が変わったのかはわからないが、これが、最終章で将来へルネサンス建築をつなげていく試みの部分を削除したことと無縁だとは言い切れないだろう。

一九一四年の初版の書評を書き、スコットの長年の友人であった作家イーディス・ウォートンは回顧録〈A Backward Glance〉[*15]のなかで本書について「完璧な本、というよりも完璧な序論というべきかもしれない」と振り返っている。これは本書がスコットが認めるように、「論を構築するために土地を整える」ことが大半を占め、本来の目的であった「古典建築の原理の構築」がほとんど展開できなかったことを暗に示唆しているのかもしれない。しかも第二版では、これまで見てきたように本来の主張の部分をさらに後退させてしまった感もある。しかし当時のアーキテクチュラル・レビュー誌の書評で、「本書は、ロマン主義者とその同志たちに対して注目すべき勝利を収めた。スコットの上品な振る舞いにかかわらずその打撃は決定的だった」（一九一四年九月）と評されるように、本書は十九世紀の建築界における一連の外在要因による建築の批評体系への有効な反論材料を提供した。特に攻撃対象としていた批評体系が、その後出現した近代建築の理論の基礎ともなっていった事実を考え合わせると、その意義は大きい。また結果として「序論」にとどまり、明確な結論を導き出せなかったことで、スコットの整えた地盤は、逆にさまざまな解釈と将来の発展の萌芽を含んだ、可能性豊かなものになったように思われる。

　八十年代以降の本書の再出版にかかわったデヴィッド・ワトキン[*16]やヘンリー・ホープ・リードといった古典建築擁護派は、古典建築の再評価を促したことをスコットの功績とする。彼らは、「この本の最も核心にある部分（を）イタリアのルネサンスとバロック建築に受け継がれている古典主義の伝統に関する記述とこの伝統に寄与した人体の役割について」[*17]（リード）の記述だと捉える。一方バンハムなどは、スコットの理論を「建築における無責任な行為を説き勧めるもの」として切り捨てる一方、「建築は……光と影とを通して呈示される、空間と量塊と線との組み合わせである」との言葉に、第一次大戦後の抽象芸術理論に近い感覚を見いだし、ドイツ美学で使われるニュアンスでの「空間」という概念を英国に紹介したことを評価する。また、ロバート・マクロードなどはスコットを近代建築運動の先駆者とまで評価する。それはスコットが人間主義の建築について「将来的に他の方法」の可能性を示唆しながら論を展開していることで「十年後にドイツから輸入されることになるインターナショナルスタイルを受け入れる土壌と価値観を準備」[*18]することに貢献したから、との理由からである。

　さまざまな立場からの評価はあるものの、スコットのゆるぎない評価として以下の点だけは確実だといえよう。それは十九世紀末にさまざまな技術革新の出現によって芸術としての側面が忘れられつつあった状況において、建築が芸術としての正当な地位を回復することに貢献したということである。

*1 Geoffrey Scott, *The National Character of English Architecture*, 1908

*2 W. Rothenstein, *Men and Memories 1900-1922*, 1932 からの引用（*16）

*3 Reyner Banham, *Theory and Design in the First Machine Age*, 1960

*4 Richard M. Dunn, *Geoffrey Scott and the Berenson Circle: Literary and Aesthetic Life in the Early 20th Century*, 1998

*5 Iris Origo, *Images and Shadows: Part of a Life* からの引用（*6）

*6 Mark Campbell: Geoffrey Scott and the Dream-Life of Architecture, 2004. ビトスの治療法は「精神のコントロールと集中」を訓練するこ

とを重視し、不要な考えや心配事を払拭するために、単語等から文字を消去する訓練を行った。この療法は作家が書けなくなる障壁を取り除くだけでなく、詩を書くのに有用との説もある。これは同様な症状でそこに来た作家T.S.Eliotが療養中に詩集『荒地』をまとめたことからの推測である。

＊7 The Architectural Review, 1914, September

＊8 William Richard Lethaby, *Architecture, Introduction to the History and Theory of the Art of Building*, 1912

＊9 Joanna Merwood, *Symbolism in the Writing of William Richard Lethaby*, 2003

＊10 William Richard Lethaby, *Architecture, Mysticism and Myth*, 1891

＊11 Geoffrey Scott, *The Architecture of Humanism*, 1914, 第九章

＊12 John Ruskin, The Relationship of Art and Religion, 1870からの引用（＊13）

＊13 Deborah van der Plaat, Beyond Ruskin: Arnoldian Themes in William Lethaby's Conception of Architecture, 1999

＊14 William Richard Lethaby, Architecture of Adventure, 1910と題する講演からの引用（＊3）

＊15 Edith Wharton, *A Backward Glance*, 1934

＊16 David Watkin, 序文, *The Architecture of Humanism*, 1980

＊17 Henry Hope Reed, 序文, *The Architecture of Humanism*, 1999

＊18 Robert Macleod: *Style and Society: Architectural Ideology in Britain, 1835-1914*, 1971

ここで本書の翻訳に携わった面々について一言触れておきたい。本書は二〇〇六年にエイドリアン・フォーティー著『言葉と建築：語彙体系としてのモダニズム』の翻訳を手がけたチームA0による二冊目の訳書である。前述書と同様、本書も監訳者の坂牛が東京大学の文学部での建築意匠の講義を行った際の聴講生と始めた勉強会での教材であった。翻訳にあたっては、全体を通して章ごとのサマリーをつくり、内容を確認したうえで各担当に割り振り翻訳を行った。特に今回は、原書に執筆当時の古い言葉づかいやスコット独特の言い回しも多かったので、全体の読み合わせの回数を増やして訳文をまとめた。長期にわたった翻訳期間において、メンバーはそれぞれの研究、留学、仕事などの事情で関与の度合いが異なるが、以下に紹介するメンバーのうち、最後まで参加できたのは監訳者＋天内＋井上＋星野の五名である。

勉強会メンバー

天内大樹
一九八〇年生まれ。二〇〇八年東京大学大学院美学芸術学博士課程修了。日本学術振興会特別研究員を経て、東京大学美学芸術学研究室教務補佐、大学非常勤講師、近代日本の芸術・建築思想を専攻。

井上亮
一九七八年生まれ。東京大学文学部言語文化学科西洋近代語近代文学専修課程中退。SETENV副代表、翻訳、ウェブサイト制作、プロジェクト企画制作。

星野太
一九八三年生まれ。美学、表象文化論。東京大学大学院総合文化研究科博士課程単位取得満期退学。現在、日本学術振興会特別研究員、東京大学グローバルCOE「共生のための国際哲学教育研究センター（UTCP）」共同研究員。

天野剛
一九八一年生まれ。二〇一〇年Central Saint Martins College of Art and Design, Innovation Management修士課程修了。同博士課程に在籍するかたわら、ロンドンをベースにデザイナーを支援する活動を行う。

光岡寿郎
一九七八年生まれ。早稲田大学演劇博物館グローバルCOE研究助手、東京大学大学院人文社会系研究科博士候補生。メディア研究、ミュージアム研究を専門とする。

そして最後になるが、ここで翻訳の企画当時鹿島出版会編集部に在籍していた打海氏とその後引き継いでくださった川嶋氏に感謝したい。打海氏には企画の立案からいろいろとご指南いただき、また川嶋氏には、読み直しを繰り返すにしたがって数か月単位でのびていく出稿時期を許していただいた。翻訳メンバーを代表して、この場を借りてお礼申し上げたい。

邉見浩久

Bernard G.　11, 251
ホークスムーア、ニコラス
Hawksmoor, Nicholas　144
ポープ、アレキサンダー　Pope, Alexander 55, 211
ポッツォ、アンドレア　Pozzo, Andrea 97
ホラティウス　Horatius　103
ボルジア、チェーザレ　Borgia, Cesare 203
ボロミーニ、フランチェスコ
Borromini, Francesco　209

[マ]
マキャベリ、ニッコロ　Machiavelli, Niccolò　203
マデルノ、カルロ　Maderno, Carlo　34
マラテスタ、シジスモンド・パンドルフォ
Malatesta, Sigismondo Pandolfo　36
マルクス・アウレリウス・アントニヌス
Marcus Aurelius Antoninus　89, 260
マンテーニャ、アンドレア　Mantegna, Andrea　260
ミケランジェロ　Michelangelo　32, 34, 121, 122, 124, 125, 181, 191, 203, 210, 232, 260
ミリツィア、フランチェスコ Milizia, Francesco　220
ミル、ジョン・スチュアート　Mill, John Stuart　86
ムーア、チャールズ　Moore, Charles 171
メディチ、コジモ・デ（大コジーモ）
Medici, Cosimo de'（il Vecchio） 36,41
メディチ、ロレンツォ・デ　Medici, Lorenzo de'　36
モリス、ウィリアム　Morris, William 145, 149

[ヤ]
ユリウス二世　Julius II　39
ヨハネ　St. John　259, 261
[ラ]
ラスキン、ジョン　Ruskin, John　74, 87, 91, 103, 134, 135, 141, 142, 143, 146, 147, 148, 161, 184
ラファエロ　Raffaello　34, 183, 185, 188
ラングレイ、バッティ　Langley, Batty 58
ランケ、レオポルド・フォン　Ranke Leopold von　151
リー、ヴァーノン　Lee, Vernon　251
リップス、テオドール　Lipps, Theodor 4, 251
ルイ十四世　Louis XIV　37, 38, 56, 178
ルイ十五世　Louis XV　60
ルイ十六世　Louis XVI　61, 214
レオ十世　Leo X　39, 183
レザビー、ウィリアム・リチャード
Lethaby, William Richard　75
レン、クリストファー　Wren, Christopher　75, 144, 211, 267, 268
ローザ、サルヴァトール　Rosa, Salvator98
ロラン、クロード　Lorrain, Claude　98

[ワ]
ワーズワース、ウィリアム
Wordsworth, William　86, 89, 100, 103, 173
ワイアット、ジェームズ　Wyatt, James 62

ダニョーロ、バッチョ　D'angnolo, Baccio　220
ダン、ジョン　Donne, John　100, 269
ダンテ　Dante　259
チェリーニ、ベンヴェヌート　Cellini, Benvenuto　150
ティベリウス、ユリウス・カエサル　Tiberius Julius Caesar　153
デュ・ベレー、ジョアシャン　du Bellay, Joachim　203
ド・ブロス、シャルル　de Brosses, Charles　178
ドナテッロ　Donatello　181

[ナ]
ナッシュ、ジョン　Nash, John　264, 267, 268
ナポレオン・ボナパルト　Napoléon Bonaparte　61, 192
ニューマン、フランシス・ウィリアム　Newman, Francis William　140

[ハ]
ハイヤーム、オマル　Khayyám, Omar　227
パラディオ、アンドレア　Palladio, Andrea　32, 52, 88, 108, 132, 144, 148, 153, 161, 181, 200, 205, 206, 209, 211
ピアツェッタ、ジョヴァンニ・バッティスタ　Piazzetta, Giovanni Battista　68
ピウス二世　Pius II　39, 201
ピュージン、オーガスタス・ウェルビー・ノースモア　Pugin, Augustus Welby Northmore　140
ピラネージ、ジョヴァンニ・バッティスタ　Piranesi, Giovanni Battista　98, 99
ファーガソン、ジェームズ　Ferguson, James　219
フィッツジェラルド、エドワード　Fitzgerald, Edward　227
ブーシェ、フランソワ　Boucher, François　168
フォンターナ、ドメニコ　Fontana, Domenico　34, 151, 153
プッサン、ニコラ　Poussin, Nicolas　98
ブラッドロー、チャールズ　Bradlaugh, Charles　140
プラトン　Platon　139, 142, 149, 162, 216
ブラマンテ、ドナト　Bramante, Donato　32, 34, 156, 168, 183, 184, 186, 187, 188, 189, 190, 200, 201, 205, 236, 237, 260
フランソワ一世　Françpis I　206
フランチェスコ　St. Francis　178
ブルクハルト、ヤーコプ　Burckhardt, Jacob　11
ブルネレスキ、フィリッポ　Brunelleschi, Filippo　25, 32, 41, 42, 55, 61, 181, 183, 186, 187, 188, 190, 200, 201, 203, 205, 260
ブレイク、ウィリアム　Blake, William　55
フローベール、ギュスターヴ　Flaubert, Gustave　107
プロタゴラス　Protagoras　255
ブロムフィールド、レジナルド　Blomfield, Reginald　251
ベックフォード、ウィリアム・トマス　Beckford, William Thomas　62, 74
ベリーニ、ジョバンニ　Bellini, Giovanni　168
ペルッツィ、バルダッサーレ　Peruzzi, Baldasare　32, 34, 183, 188
ベルニーニ、ジャン・ロレンツォ　Bernini, Gian Lorenzo　33, 34, 97, 164, 186, 260, 268
ベレンソン、バーナード　Berenson,

[ア]

アウグストゥス　Augustus　33, 153, 206
アダム、ロバート　Adam, Robert　211
アディソン、ジョゼフ　Addison, Joseph　86
アルベルティ、レオン・バッティスタ　Alberti, Leon Battista　37, 52, 206
アンミアヌス・マルケリヌス　Ammianus Marcellinus　153
ヴァザーリ、ジョルジョ　Vasari, Giorgio　150, 232
ヴァンブラ、ジョン　Vanbrugh, John　211, 268
ウィトルウィウス　Vitruvius　29, 33, 132, 141, 144, 167, 202, 205, 206, 208, 209, 211, 214, 218, 220
ヴィニョーラ、ジャコモ・バロッツィ・ダ　Vignola, Giacomo Barozzi da　32, 209, 268
ウェルギリウス　Vergilius　98, 203, 259
ヴェルフリン、ハインリヒ　Wölfflin, Heinrich　4, 5, 11, 41, 236
ウォットン、ヘンリー　Wotton, Henry　20, 47
ヴォルテール　Voltaire　144
ウォルポール、ホレース　Walpole, Horace　59, 74
エマーソン、ラルフ・ワルド　Emerson, Ralph Waldo　87
オウィディウス　Ovidius　203

[カ]

ガリレイ、ガリレオ　Galilei, Galileo　203
キーツ、ジョン　Keats, John　84
グレイ、トマス　Gray, Thomas　57, 59, 260
ゲーテ、ヨハン・ヴォルフガング・フォン　Goethe, Johann Wolfgang von　60, 178
コールリッジ、サミュエル・テイラー　Coleridge, Samuel Taylor　64, 84
コルテス、エルナン　Cortés, Hernán　171
コルベール、ジャン＝バティスト　Colbert, Jean-Baptiste　74

[サ]

サヴォナローラ、ジロラモ　Savonarola, Girolamo　142
サンガッロ、アントニオ・ダ　Sangallo, Antonio da　189
サンガッロ、ジュリアーノ・ダ　Sangallo, Giuliano da　34, 36, 183
サンミケーリ、ミケーレ　Sanmicheli, Michele　32
シェリー、パーシー・ビッシュ　Shelley, Percy Bysshe　86, 237
ジオット　Giotto di Bondone　178
シクストゥス五世　Sixtus V　151, 201
シュート、ジョン　Shute, John　206, 207, 231, 220
ショー、ノーマン Shaw, Richard Norman　267
ジョコンド、フラ・ジョヴァンニ　Giocondo, Fra Giovanni　52
セバスティアヌス　St. Sebastian　134
セルリオ、セバスティアーノ　Serlio, Sebastiano　52, 206, 209, 211, 214
ソクラテス　Socrates　256

[タ]

ダ・ヴィンチ、レオナルド　da Vinci, Leonardo　183, 184, 218
ダヴィッド、ジャック＝ルイ　David, Jacques-Louis　99

著者

ジェフリー・スコット　Geoffrey Scott

建築家、伝記作家、詩人。一八八四年英国生まれ。オックスフォード大学ニュー・カレッジ卒業。イザベル・ド・シャリエールの伝記『ゼリーデの肖像』などの著作もある。一九二九年逝去。

監訳者

邉見浩久　へんみ・ひろひさ

建築家、鹿島建設勤務。一九五九年東京生まれ。東京工業大学大学院、イェール大学大学院修了。リチャード・マイヤー・アンド・パートナーズを経て現在に至る。担当作品に東京海上東日本研修センター、ベネトン・ジャパン本社ビルなど。著訳書に『東京発東京論』（共著、鹿島出版会）、『構造デザインとは何か』（共訳、鹿島出版会）、『言葉と建築』（監訳、鹿島出版会）など。

坂牛卓　さかうし・たく

建築家、東京理科大学教授。一九五九年東京生まれ。東京工業大学大学院修了。日建設計に勤務後、O.F.D.A. を共同設立。信州大学准教授、同教授を経て現在に至る。作品にするが幼稚園、リテーム東京工場など。著訳書に『東京発東京論』（共著、鹿島出版会）、『芸術の宇宙誌』（共著、右文書院）、『言葉と建築』（監訳、鹿島出版会）、『建築の規則』（ナカニシヤ出版）、『Architecture as Frame』（三恵社）など。

SD選書 259

人間主義《にんげんしゅぎ》の建築《けんちく》　趣味の歴史をめぐる一考察

発行	二〇一一年六月二〇日 第一刷
監訳者	邉見浩久＋坂牛 卓
発行者	鹿島光一
発行所	鹿島出版会
	〒一〇四―〇〇二八
	東京都中央区八重洲二―五―一四
	電話〇三（六二〇二）五二〇〇
	振替〇〇一六〇―二―一八〇八八三
印刷・製本	三美印刷

ISBN 978-4-306-05259-8　C1352

Printed in Japan

本書の内容に関するご意見・ご感想は左記までお寄せ下さい。

URL: http://www.kajima-publishing.co.jp

e-mail: info@kajima-publishing.co.jp

SD選書目録

四六判（*＝品切）

001 **現代デザイン入門** 勝見勝著
002* **現代建築12章** L・カーン他著 山本学治訳編
003* **都市とデザイン** 栗田勇著
004 **江戸と江戸城** 内藤昌著
005 **日本デザイン論** 伊藤ていじ著
006* **ギリシア神話と壺絵** 沢柳大五郎著
007 **フランク・ロイド・ライト** 谷川正己著
008 **きもの文化史** 河鰭実英著
009 **素材と造形の歴史** 山本学治著
010* **今日の装飾芸術** ル・コルビュジエ著 前川国男訳
011 **コミュニティとプライバシイ** C・アレグザンダー著 岡田新一訳
012 **新桂離宮論** 内藤昌著
013* **日本の工匠** 伊藤ていじ著
014 **現代絵画の解剖** 木村重信著
015 **ユルバニスム** ル・コルビュジエ著 樋口清訳
016* **デザインと心理学** 穐山貞登著
017 **私と日本建築** A・レーモンド著 三沢浩訳
018* **現代建築を創る人々** 神代雄一郎編
019 **芸術空間の系譜** 高階秀爾著
020 **日本美の特質** 吉村貞司著
021 **建築をめざして** ル・コルビュジエ著 吉阪隆正訳
022 **メガロポリス** J・ゴットマン著 木内信蔵訳
023 **日本の庭園** 田中正大著
024* **明日の演劇空間** 尾崎宏次著
025 **都市形成の歴史** A・コーン著 星野芳久訳
026* **近代絵画** A・オザンファン他著 吉川逸治訳
027 **イタリアの美術** A・ブラント著 中森義宗訳
028 **明日の田園都市** E・ハワード著 長素連訳
029* **移動空間論** 川添登著
030* **日本の近世住宅** 平井聖著
031* **新しい都市交通** B・リチャーズ著 曽根幸一他訳
032* **人間環境の未来像** W・R・イーウォルド編 磯村英一他訳
033 **輝く都市** ル・コルビュジエ著 坂倉準三訳
034 **アルヴァ・アアルト** 武藤章著
035 **幻想の建築** 坂崎乙郎著
036 **カテドラルを建てた人びと** J・ジャンペル著 飯田喜四郎訳
037 **日本建築の空間** 井上充夫著
038* **環境開発論** 浅田孝著
039* **都市と娯楽** 加藤秀俊著
040* **郊外都市論** H・カーヴァー著 志水英樹訳
041* **都市文明の源流と系譜** 藤岡謙二郎著
042 **道具考** 榮久庵憲司著
043 **ヨーロッパの造園** 岡崎文彬著
044* **未来の交通** H・ヘルマン著 岡寿麿訳
045* **古代技術** H・ディールス著 平田寛訳
046 **キュビスムへの道** D・H・カーンワイラー著 千足伸行訳
047* **近代建築再考** 藤井正一郎著
048* **古代科学** J・L・ハイベルク著 平田寛訳
049 **住宅論** 篠原一男著
050* **ヨーロッパの住宅建築** S・カンタクシーノ著 山下和正訳
051* **都市の魅力** 清水馨八郎、服部銈二郎著
052* **東照宮** 大河直躬著
053 **茶匠と建築** 中村昌生著
054* **住居空間の人類学** 石毛直道著
055 **空間の生命 人間と建築** 坂崎乙郎著
056 **環境とデザイン** G・エクボ著 久保貞訳
057* **日本美の意匠** 水尾比呂志著
058 **新しい都市の人間像** R・イールズ他編 木内信蔵監訳
059 **京の町家** 島村昇他編
060* **都市問題とは何か** R・パーノン著 片桐達夫訳
061 **住まいの原型Ⅰ** 泉靖一編
062* **コミュニティ計画の系譜** 佐々木宏著
063* **近代建築** V・スカーリー著 長尾重武訳
064* **SD海外建築情報Ⅰ** 岡田新一編
065* **SD海外建築情報Ⅱ** 岡田新一編
066 **天上の館** J・サマーソン著 鈴木博之訳
067 **木の文化** 小原二郎著
068* **SD海外建築情報Ⅲ** 岡田新一編
069* **地域・環境・計画** 水谷穎介著
070* **都市虚構論** 池田亮二著
071 **現代建築事典** W・ペーント編 浜口隆一他日本語版監修
072 **ヴィラール・ド・オヌクールの画帖** 藤本康雄著
073* **タウンスケープ** T・シャープ著 長素連他訳
074* **現代建築の源流と動向** L・ヒルベルザイマー著 渡辺明次訳
075 **部族社会の芸術家** M・W・スミス編 木村重信他訳
076 **キモノ・マインド** B・ルドフスキー著 新庄哲夫訳
077 **住まいの原型Ⅱ** 吉阪隆正他著
078 **実存・空間・建築** C・ノルベルグ=シュルツ著 加藤邦男訳
079* **SD海外建築情報Ⅳ** 岡田新一編
080* **都市の開発と保存** 上田篤、鳴海邦碩編
081 **爆発するメトロポリス** W・H・ホワイトJr.他著 小島将志訳
082 **アメリカの建築とアーバニズム(上)** V・スカーリー著 香山壽夫訳
083 **アメリカの建築とアーバニズム(下)** V・スカーリー著 香山壽夫訳
084* **海上都市** 菊竹清訓著
085 **アーバン・ゲーム** M・ケンツレン著 北原理雄訳

086* 建築2000 C・ジェンクス著 工藤国雄訳
087 日本の公園 田中正大著
088* 現代芸術の冒険 O・ビハリメリン著 坂崎乙郎他訳
089 江戸建築と本途帳 西和夫著
090* 大きな都市小さな部屋 渡辺武信著
091 イギリス建築の新傾向 R・ランダウ著 鈴木博之訳
092* SD海外建築情報V 岡田新一編
093* IDの世界 豊口協著
094* 交通圏の発見 有末武夫著
095 建築とは何か B・タウト著 篠田英雄訳
096 続住宅論 篠原一男著
097* 建築の現在 長谷川堯著
098* 都市の景観 G・カレン著 北原理雄訳
099* SD海外建築情報VI 岡田新一編
100* 都市空間と建築 U・コンラーツ著 伊藤哲夫訳
101* 環境ゲーム T・クロスビイ著 松平誠訳
102* アテネ憲章 ル・コルビュジエ著 吉阪隆正訳
103 プライド・オブ・プレイス シヴィック・トラスト著 井手久登他訳
104* 構造と空間の感覚 F・ウイルソン著 山本学治他訳
105* 現代民家と住環境体 大野勝彦著
106 光の死 H・ゼーデルマイヤ著 森洋子訳
107* アメリカ建築の新方向 R・スターン著 鈴木一訳
108* 近代都市計画の起源 L・ベネヴォロ著 横山正訳
109* 中国の住宅 劉敦槓著 田中淡他訳
110 現代のコートハウス D・マッキントッシュ著 北原理雄訳
111 モデュロールI ル・コルビュジエ著 吉阪隆正訳
112 モデュロールII ル・コルビュジエ著 吉阪隆正訳
113* 建築の史的原型を探る B・ゼーヴィ著 鈴木美治訳
114 西欧の芸術1 ロマネスク上 H・フォシヨン著 神沢栄三他訳
115 西欧の芸術1 ロマネスク下 H・フォシヨン著 神沢栄三他訳
116 西欧の芸術2 ゴシック上 H・フォシヨン著 神沢栄三他訳
117 西欧の芸術2 ゴシック下 H・フォシヨン著 神沢栄三他訳
118 アメリカ大都市の死と生 J・ジェイコブス著 黒川紀章訳
119 遊び場の計画 R・ダットナー著 神谷五男他訳
120 人間の家 ル・コルビュジエ他著 西沢信弥訳
121* 街路の意味 竹山実著
122* パルテノンの建築家たち R・カーペンター著 松島道也訳
123 ライトと日本 谷川正己著
124 空間としての建築(上) B・ゼーヴィ著 栗田勇訳
125 空間としての建築(下) B・ゼーヴィ著 栗田勇訳
126 かいわい[日本の都市空間] 材野博司著
127* 歩行者革命 S・プライネス他著 岡並木監訳
128 オレゴン大学の実験 C・アレグザンダー著 宮本雅明訳
129 都市はふるさとか F・レンツローマイス著 武基雄他訳
130 建築空間[尺度について] P・ブドン著 中村貴志訳
131 アメリカ住宅論 V・スカーリーJr.著 長尾重武訳
132 タリアセンへの道 谷川正己著
133 建築VS.ハウジング M・ポウリー著 山下和正訳
134 思想としての建築 栗田勇著
135* 人間のための都市 P・ペーターズ著 河合正一訳
136 都市憲章 磯村英一著
137* 巨匠たちの時代 R・バンハム著 山下泉訳
138 三つの人間機構 ル・コルビュジエ著 山口知之訳
139 インターナショナル・スタイル H・R・ヒチコック他著 武沢秀一訳
140 北欧の建築 S・E・ラスムッセン著 吉田鉄郎訳
141 続建築とは何か B・タウト著 篠田英雄訳
142 四つの交通路 ル・コルビュジエ著 井田安弘訳
143 ラスベガス R・ヴェンチューリ他著 石井和紘他訳
144 ル・コルビュジエ C・ジェンクス著 佐々木宏訳
145 デザインの認識 R・ソマー著 加藤常雄訳
146 鏡[虚構の空間] 由水常雄著
147 イタリア都市再生の論理 陣内秀信著
148 東方への旅 ル・コルビュジエ著 石井勉他訳
149 建築鑑賞入門 W・W・コーディル他著 六鹿正治訳
150 近代建築の失敗 P・ブレイク著 星野郁美訳
151* 文化財と建築史 関野克著
152 日本の近代建築(上)その成立過程 稲垣栄三著
153* 日本の近代建築(下)その成立過程 稲垣栄三著
154 住宅と宮殿 ル・コルビュジエ著 井田安弘訳
155 イタリアの現代建築 V・グレゴッティ著 松井宏方訳
156 バウハウス[その建築造形理念] 杉本俊多著
157 エスプリ・ヌーヴォー[近代建築名鑑] ル・コルビュジエ著 山口知之訳
158 建築について(上) F・L・ライト著 谷川睦子他訳
159 建築について(下) F・L・ライト著 谷川睦子他訳
160* 建築形態のダイナミクス(上) R・アルンハイム著 乾正雄訳
161 建築形態のダイナミクス(下) R・アルンハイム著 乾正雄訳
162 見えがくれする都市 槇文彦他著
163 街の景観 G・バーク著 長素連他訳
164 環境計画論 田村明著
165* アドルフ・ロース 伊藤哲夫著
166* 空間と情緒 箱崎総一著
167 水空間の演出 鈴木信宏著
168 モラリティと建築 D・ワトキン著 榎本弘之訳
169 ペルシア建築 A・U・ポープ著 石井昭訳
170 ブルネレスキ ルネサンス建築の開花 G・C・アルガン著 浅井朋子訳
171 装置としての都市 月尾嘉男著
172 建築家の発想 石井和紘著
173 日本の空間構造 吉村貞司著
174 建築の多様性と対立性 R・ヴェンチューリ著 伊藤公文訳
175 広場の造形 C・ジッテ著 大石敏雄訳
176 西洋建築様式史(上) F・バウムガルト著 杉本俊多訳
177 西洋建築様式史(下) F・バウムガルト著 杉本俊多訳
178 木のこころ 木匠回想記 G・ナカシマ著 神代雄一郎他訳

179* 風土に生きる建築　若山滋著
180* 金沢の町家　島村昇著
181* ジュゼッペ・テッラーニ　B・ゼーヴィ編　鵜沢隆訳
182 水のデザイン　D・ベーミングハウス著　鈴木信宏訳
183* ゴシック建築の構造　R・マーク著　飯田喜四郎訳
184 建築家なしの建築　B・ルドフスキー著　渡辺武信訳
185 プレシジョン(上)　ル・コルビュジエ著　井田安弘他訳
186 プレシジョン(下)　ル・コルビュジエ著　井田安弘他訳
187 オットー・ワーグナー　H・ゲレツェッガー他著　伊藤哲夫他訳
188 環境照明のデザイン　石井幹子著
189 ルイス・マンフォード　木原武一著
190 「いえ」と「まち」　鈴木成文他著
191 アルド・ロッシ自伝　A・ロッシ著　三宅理一訳
192 屋外彫刻　M・A・ロビネット著　千葉成夫訳
193 「作庭記」からみた造園　飛田範夫著
194 トーネット曲木家具　K・マンク著　宿輪吉之典訳
195 劇場の構図　清水裕之著
196 オーギュスト・ペレ　吉田鋼市著
197 アントニオ・ガウディ　鳥居徳敏著
198 インテリアデザインとは何か　三輪正弘著
199* 都市住居の空間構成　東孝光著
200 ヴェネツィア　陣内秀信著
201 自然な構造体　F・オットー著　岩村和夫訳
202 椅子のデザイン小史　大廣保行著
203 都市の道具　GK研究所、榮久庵祥二著
204 ミース・ファン・デル・ローエ　D・スペース著　平野哲行訳
205 表現主義の建築(上)　W・ペーント著　長谷川章訳
206 表現主義の建築(下)　W・ペーント著　長谷川章訳
207 カルロ・スカルパ　A・F・マルチャノ著　浜口オサミ訳
208 都市の街割　材野博司著
209 日本の伝統工具　土田一郎著　秋山実写真

210 まちづくりの新しい理論　C・アレグザンダー他著　難波和彦監訳
211 建築環境論　岩村和夫著
212 建築計画の展開　W・M・ペニヤ著　本田邦夫訳
213 スペイン建築の特質　F・チュエッカ著　鳥居徳敏訳
214 アメリカ建築の巨匠たち　P・ブレイク他著　小林克弘他訳
215 行動・文化とデザイン　清水忠男著
216 環境デザインの思想　三輪正弘著
217 ボッロミーニ　G・C・アルガン著　長谷川正允訳
218 ヴィオレ・ル・デュク　羽生修二著
219 トニー・ガルニエ　吉田鋼市著
220 住環境の都市形態　P・パヌレ他著　佐藤方俊訳
221 古典建築の失われた意味　G・ハーシー著　白井秀和訳
222 パラディオへの招待　長尾重武著
223 ディスプレイデザイン　魚成祥一郎監修　清家清序文
224 芸術としての建築　S・アバークロンビー著　白井秀和訳
225 フラクタル造形　三井秀樹著
226 ウイリアム・モリス　藤田治彦著
227 エーロ・サーリネン　穂積信夫著
228 都市デザインの系譜　相田武文、土屋和男著
229 サウンドスケープ　鳥越けい子著
230 風景のコスモロジー　吉村元男著
231 庭園から都市へ　材野博司著
232 都市・住宅論　東孝光著
233 ふれあい空間のデザイン　清水忠男著
234 さあ横になって食べよう　B・ルドフスキー著　多田道太郎監修
235 間(ま)――日本建築の意匠　神代雄一郎著
236 都市デザイン　J・バーネット著　兼田敏之訳
237 建築家・吉田鉄郎の『日本の住宅』　吉田鉄郎著
238 建築家・吉田鉄郎の『日本の建築』　吉田鉄郎著
239 建築家・吉田鉄郎の『日本の庭園』　吉田鉄郎著
240 建築史の基礎概念　P・フランクル著　香山壽夫監訳

241 アーツ・アンド・クラフツの建築　片木篤著
242 ミース再考　K・フランプトン他著　澤村明+EAT訳
243 歴史と風土の中で　山本学治建築論集①
244 造型と構造と　山本学治建築論集②
245 創造するこころ　山本学治建築論集③
246 アントニン・レーモンドの建築　三沢浩著
247 神殿か獄舎か　長谷川堯著
248 ルイス・カーン建築論集　ルイス・カーン著　前田忠直編訳
249 映画に見る近代建築　D・アルブレヒト著　萩正勝訳
250 様式の上にあれ　村野藤吾著作選
251 コラージュ・シティ　C・ロウ、F・コッター著　渡辺真理著
252 記憶に残る場所　D・リンドン、C・W・ムーア著　有岡孝訳
253 エスノ・アーキテクチュア　太田邦夫著
254 時間の中の都市　K・リンチ著　東京大学大谷幸夫研究室訳
255 建築十字軍　ル・コルビュジエ著　井田安弘訳
256 機能主義理論の系譜　E・R・デ・ザーコ著　山本学治他訳
257 都市の原理　J・ジェイコブズ著　中江利忠他訳
258 建物のあいだのアクティビティ　J・ゲール著　北原理雄訳
259 人間主義の建築　G・スコット著　邊見浩久、坂牛卓監訳